소도시 감성여행

일러두기

○ 이 책에 실린 내용은 모두 작가가 직접 취재한 정보를 바탕으로 구성했습니다. 여행에 관한 정보는 2013년 9월을 기준으로 적용했지만 물가 변동에 따라 차이가 생길 수도 있으므로 여행을 떠나기 전에 미리 확인해보는 것이 좋습니다.
그리고 여행 중 발견하신 잘못된 정보를 알려주시면 확인 후 개정 작업을 할 때 반영하겠습니다. 작은 정보라도 다음에 여행하는 사람들에게는 큰 도움이 될 것입니다.

○ **개정 정보 문의**
염관식 yeom0601@naver.com 옥미혜 nikifoto@naver.com 알에이치코리아 여행출판팀 02-6443-8891

소도시 감성여행

염관식·옥미혜
지음

이 책을 보는 방법

명소와 맛집, 숙박까지 여행 일정을 친절하게 가르쳐주는 여행서는 많습니다. 물론, 추천해준 코스대로 따라가면 편하긴 하지만 내 취향에 맞는 진정한 여행을 즐길 수 없습니다. 《소도시 감성여행》은 가르쳐주는 여행이 아니라 스스로 여행을 디자인할 수 있도록 도와주는 책입니다.

이 책에 소개한 열두 도시는 뚜렷한 자기 색깔을 지니고 있는 대한민국의 대표적인 로망 도시입니다. 처음에 나오는 에세이부터 여행 디자인하기, 테마명소, 맛집, 여행지까지 차근차근 읽어보면 그 도시를 어떻게 여행해야 할지 뚜렷한 그림이 떠오를 겁니다.

도시 여행의 로망을 불러일으키는 감성 에세이

여행의 시작은 로망입니다. 작가들이 다각적인 취재를 통해 도시별로 여행의 로망을 불러일으킬 수 있는 테마를 하나씩 선정했습니다. 그리고 그 도시의 매력을 쉽게 공감할 수 있도록 가벼운 에세이로 테마를 풀어보았습니다. 에세이를 읽다보면 그 도시의 매력이 무엇인지, 어떻게 여행을 하면 좋을지 전체적인 그림을 그릴 수 있습니다.

004 ○ 005

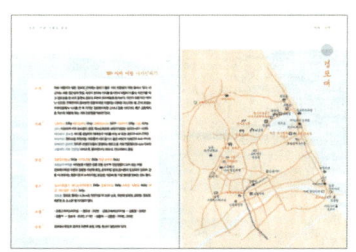

합리적인 여행을 계획해보는 여행 디자인하기

여행 디자인하기에서는 도시 여행을 가장 효율적으로 즐길 수 있는 방법을 제안합니다. 추천 맛집이나 명소는 붉은색으로 표시해서 강조하고 일러스트 지도에서 대략적인 위치를 파악할 수 있습니다. 조금 더 자세한 정보는 본문과 연동한 페이지로 가서 확인하면 됩니다.

테마 명소·맛집을 함축적으로 표현한 시

본문의 테마 명소와 맛집에는 작가의 감성을 오롯이 느낄 수 있는 짧은 시가 함께 들어 있습니다. 시를 통해 작가가 그곳에서 받은 느낌을 공유하면서, 일반적인 설명으로는 다소 부족한 그 명소와 맛집의 특징도 한눈에 파악할 수 있습니다.

함께 둘러보면 좋은 여행지

도시별 테마 여행을 즐긴 후, 여유가 있을 때 함께 둘러보면 좋은 여행지를 소개합니다. 많은 곳을 소개하기보다는 꼭 들러봐야 할 매력적인 명소를 엄선하여 알찬 여행을 즐길 수 있도록 배려했습니다.

이 책을 보는 방법 004   프롤로그 012

강릉 커피 여행의 로망

커피 마니아들이 강릉으로 간 까닭은? 016
맛있는 한 잔의 커피를 찾아 떠나는 강릉 020
커피 여행 디자인하기 024
보헤미안 030 · 테라로사 032 · 커피커퍼 034 · 산토리니 035 · 에티오피아 036
크레마코스타 037 · 커피작가 038 · 디핑 039 · 썬카페 040 · 쉘리스 커피 041

강릉의 맛집 042
강릉감자옹심 · 서지초가뜰 · 토담 순두부 · 사천물회 · 파도식당 · 바다마을 횟집

강릉 여행지 048
경포대 · 주문진 · 정동진 · 하슬라 아트월드

통영 항구 여행의 로망

감성 DNA를 자극하는 항구도시의 로망 056
통영 항구 여행 즐기기 059
섬 너머 섬, 한려수도의 아름다운 보석들 064
항구 여행 디자인하기 068
동피랑 벽화마을 072 · 서호시장과 중앙시장 074
통영항 걷기 1 076 · 통영항 걷기 2 078

통영의 맛집 080
벅수실비초밥 · 통영다찌 · 굴향토집 · 똥보할매김밥
원조사락국 · 오미사꿀빵 & 항남우짜 · 호동식당 · 통영맛집

통영 섬 여행지 088
미륵도 · 소매물도 · 욕지도 · 장사도 · 한산도 · 사량도 · 요트투어

○ 목차

전주 주점 여행의 로망

한량 되어 만끽하는 전주의 '잠들지 않는 밤' 098
전주의 술과 음식 101
한옥마을 제대로 즐기기 106
주점 여행 디자인하기 108
　용진집 112 · 막걸리일번지 113 · 옛촌막걸리 114 · 홍도주막 115
　전일슈퍼 116 · 영동슈퍼 117 · 오원집과 진미집 118 · 마차집 119
전주의 맛집 120
　삼백집 · 현대옥 · 왱이집 · 조점례 남문피순대 · 전주비빔밥과 반야돌솥밥 · 산책 · 외할머니 솜씨
　다문 · 한벽집 · 베테랑칼국수 · 풍년제과 · 교동다원 · CHOP 39-5 · 블루페코 · 공간 봄
전주 한옥마을 여행지 132
　한옥마을 걷기 1 · 한옥마을 걷기 2 · 남부시장 & 청년몰 레알뉴타운

경주 자전거 여행의 로망

세상에서 가장 우아한 두 바퀴 탈 것, 자전거 146
경주 자전거 여행 즐기기 149
자전거 여행 디자인하기 152
　자전거 여행 1 156 · 자전거 여행 2 162 · 자전거 여행 3 166
경주의 맛집 168
　원풍식당 · 숙영민속식당 · 팔우정 해장국 · 별채반 교동쌈밥
　연화바루 · 고색창연 · 맷돌순두부 · 경주의 빵
경주 여행지 176
　불국사 · 석굴암 · 양동마을 · 감포항과 경주 바다 · 신라밀레니엄파크 · 라궁 · 수오재

울릉도 트레킹 여행의 로망

시간이 멈춘 듯한 신비의 섬 울릉도 186

걸어야만 맛볼 수 있는 울릉도의 매력 189

트레킹 여행 디자인하기 192
내수전 옛길 트레킹 196 · 행남해안 산책로 198 · 울릉도 해안 트레킹 1 200
울릉도 해안 트레킹 2 202 · 울릉도 해안 트레킹 3 204
성인봉 등반 206 · 나리분지 트레킹 208

울릉도의 맛집 210
향우촌 · 보배식당 · 기쁨두배 · 다연식당 · 광장반점 · 신애분식
나리분지 야영장식당 · 저동 활어판매장

울릉도 여행지 218
도동과 도동항 · 저동과 저동항 · 유람선 일주 · 독도 · 죽도 · 어택캠프

남해 바다 여행의 로망

바닷가 사람처럼 230

보물섬이 숨겨놓은 종합선물세트 233

바다 여행 디자인하기 236
문항어촌 체험마을 240 · 두모마을 242 · 지족어촌 체험마을 244
남해 해바리마을 246 · 적량 해비치마을 248 · 은점어촌 체험마을 249
항도어촌 체험마을 250 · 유포어촌 체험마을 251 · 남해바래길 252

남해의 맛집 254
우리식당 · 다원 · 대청마루 · 달반늘 장어구이 · 촌놈횟집
지산졸복 · 미담 · 막싸도라 커피여행

남해 여행지 262
독일마을 · 가천 다랭이마을 · 물건리 여행지 · 금산 여행지 · 남해 해안도로 드라이브

○ 목차

가평 캠핑 여행의 로망

초보 캠퍼 나평범 대리의 오토캠핑 입문기 **274**

다양하게 진화하는 캠핑 문화 **276**

캠핑 여행 디자인하기 **278**
자라섬 오토캠핑장 282 · 유명산자연휴양림 오토캠핑장 284 · 휴림 오토캠핑장 286
산장관광지 288 · 연인산 다목적캠핑장 289 · 합소 오토캠핑장 290
유명산 파크밸리 291 · 가평 M파크 292 · 푸름유원지 오토캠핑장 293

가평의 맛집 **294**
송원막국수 · 명지쉼터가든 · 오성가든 · 소희네 묵집 · 들풀 · 나무아래오후

가평 여행지 **300**
남이섬 · 아침고요수목원 · 쁘띠프랑스 · 이화원 · 꽃무지풀무지

태안 펜션 여행의 로망

마법의 성, 태안의 펜션 **310**

보석 같은 태안 펜션 찾기 **314**

펜션 여행 디자인하기 **316**
모켄 펜션 322 · 게스트하우스 소소 324 · 지중해아침 펜션 326
나문재 328 · 더 클래식 펜션 330 · 힐마레 펜션 332
아그리나 펜션 333 · 린더버그 펜션 334 · 밀키블루 펜션 335

태안의 맛집 **336**
이원식당 · 해송꽃게집 · 풍년회센타 · 털보선장횟집 · 안면식당 · 산해진미

태안 여행지 **342**
안면도 여행지 · 태안 중부 여행지 · 태안 북부 여행지

담양 느린 여행의 로망

내 삶의 속도는 몇 킬로인가 350

담양 느린 여행 즐기기 353

느린 여행 디자인하기 356
삼지내마을 362 · 달팽이 여행 1 364 · 달팽이 여행 2 366
담양의 길 368 · 대나무 숲 여행 370

담양의 맛집 372
행복한 임금님 · 멘토르 · 갑을원 · 전통식당 · 덕인관 · 민속식당 · 명가혜 · 아트센터 대담

담양 여행지 380
정원과 정자 · 빈도림공방 · 한옥에서

삼척 기차 여행의 로망

'탈 것의 로망'을 완성하는 삼척 여행 386

삼척 2박 3일 기차 여행 389

기차 여행 디자인하기 394
바다로 가는 기차 398 · 바다열차 400 · 삼척해양레일바이크 402
환선굴 404 · 대금굴 405

삼척의 맛집 406
바다횟집 · 예향막국수 · 장호항 회타운 · 여정식당 · 텃밭에 노는 닭 · 해변으로

삼척 여행지 412
도계 탄광촌 시네마 여행 · 도계 유리마을 · 장호어촌 체험마을
덕풍계곡 · 묵호항 · 추암해변 · 무릉계곡 · 삼척 낭만가도 드라이브

○ 목차

평창 — 초원 여행의 로망

초원에서 설원으로 424

평창을 평창답게 만드는 것들 427

초원 여행 디자인하기 432
대관령 삼양목장 438 · 대관령 양떼목장 440 · 의야지 바람마을 442
목장길 트레킹 444 · 평창 겨울 축제 446

평창의 맛집 448
대관령황태촌 · 노다지 · 고향이야기 · 오대산 산촌식당 · 장평막국수 · 흔들바위

평창 여행지 454
평창 스키장 · 월정사 & 템플스테이 · 월정사 전나무 숲길
허브나라 농원 · 이효석문화마을

부산 — 사진 여행의 로망

여행과 사진, 그 아름다운 시너지 462

사진 여행의 파라다이스, 부산 465

사진 여행 디자인하기 470
부산 야경 사진 1 474 · 부산 야경 사진 2 476
일출과 일몰 사진 478 · 골목 사진 1 480 · 골목 사진 2 482 · 시장 풍경 사진 484
길거리 음식 사진 486 · 영화 촬영지 사진 488

부산의 맛집 490
백화양곱창 · 18번 완당집 · 무겐 · 긴타로 해운대 본점
쌍둥이 돼지국밥 · 동래할매파전 · 개금밀면 · 기장 외가집

부산 여행지 498
미포항, 태종대, 문탠로드 · 부산의 문화공간 · 바닷길 드라이브
부산 아쿠아리움 · 테라 게스트하우스 · 숨 게스트하우스

에필로그 506

여행의 시작은 로망이다

― 프롤로그

우선, 하나의 질문을 던져본다.
지금 어디론가 여행을 떠나고 싶은가? 왜 가고 싶은가?
그곳에는 내가 보고 싶은, 만나고 싶은, 맛보고 싶은, 경험하고 싶은 그 무엇이 있기 때문이다. 우리는 이것을 '로망'이라 부른다.

이 책은 '여행의 시작은 로망'이라는 전제로부터 출발했다.
떠나고 싶다는 기대감이 없다면 여행의 즐거움을 어디서 찾을 것인가? 여행은 지친 일상에서 잠시 벗어나 나를 다른 세상 속에 놓아보는 일이다. 그리고 이왕 떠난 김에 그 도시의 독특한 매력에 푹 빠져본다면 여행의 즐거움은 한층 배가될 것이다.

그렇게 여행자들의 로망을 따라가보는 여행책을 만들어보는 것은 어떨까 하고 덤벼든 것이 이 책의 출발이다. 로망이라고 해서 뜬구름 잡는 감상적인 내용이 아니라 그 도시의 숨은 매력을 만끽하는 방법까지 제대로 제안해주는 그런 책 말이다. 그리고 2년여에 걸친 방대한 자료 수집과 취재 끝에 드디어 책으로 결실을 맺게 되었다.

이 책에는 커피 명인 박이추의 커피를 즐길 수 있는 강릉, 펄떡이는 바다의 낮과 밤을 만끽할 수 있는 통영, 단돈 2만 원이면 상다리 부러지는 산해진미가 깔리는 막걸리집이 있는 전주, 자전거를 타고 벚꽃길을 달리는 경주, 원시 섬을 트레킹하는 울릉도, 바다에 풍덩 뛰어들어 즐기는 남해, 오토캠핑을 즐기기 좋은 가평, 바닷가 펜션에서 로맨틱한 하룻밤을 보낼 수 있는 태안, 달팽이처럼 느릿느릿 머무는 여행이 제격인 담양, 기차로 시작해 기차로 마무리하는 삼척, 푸른 초원과 순백의 눈밭을 찾아 떠나는 평창, 사진 찍을 거리가 넘쳐나는 부산, 열두 도시의 로망과 테마를 실었다.

여행지와 맛집, 잠자리까지 친절하게 지정해주는 여행책도 있고 느낌대로 발길 닿는 대로 떠나는 여행을 권유하는 책도 있다. 기존의 책들이 일품요리라면 이 책은 뷔페에 가깝다.
뷔페에 차려진 수십 가지의 요리들 가운데 하얀 접시에 애피타이저부터 메인 요리, 디저트에 이르기까지 내 입맛에 맞춰 골라 담듯이 여행자의 취향에 따라 나만의 여행을 디자인할 수 있도록 했다.
도시의 로망과 왜 그 도시로 떠나는가에 대해서 가볍게 읽을 수 있는 에세이, 도시 여행을 가장 효과적으로 할 수 있는 방법, 명소, 맛집 등에 대한 정보를 알차게 담았다. 특히, 맛집은 객관적으로 검증된 음식점을 중심으로 계절 별미, 지역 별미 등을 소개하여 한 끼를 먹더라도 최대한 먹는 즐거움을 만끽할 수 있도록 구성했다.

모쪼록 2년여 동안 집요하게 발굴해낸 여행 이야기와 정보가 담긴 이 책과 함께 행복한 여행자가 된다면 우리도 뿌듯한 마음으로 땀을 훔치게 될 것이다.

염관식
옥미혜

#01

강릉 커피 여행의 로망

커피 그리고 나

불현듯 그 커피가 그립다. 세벽 기차를 타고 찾아간 바닷가의 그 카페.
바닷바람에 빛바랜 나무문을 삐걱 열고 들어선 그곳엔 커피 볶는 향기로 가득하다.
예전처럼 그 창가에 앉아 에티오피아 예가체프를 주문한다.
웨지우드 커피잔에 담긴 예가체프 한 모금은
부드러운 신맛과 꽃향기로 나른했던 온몸의 촉수를 일깨운다.
창밖엔 바다. 카페 안엔 커피 그리고 나.

강릉, 커피 여행의 로망

커피 마니아들이 강릉으로 간 까닭은?

○ 　　　　아침에 눈을 뜨자마자 그라인더에 원두를 갈아 한 잔의 커피를 내린다. 아직 잠이 묻은 촉수를 하나하나 깨우는 커피 향기는 목구멍을 스르르 타고 넘어가는 쌉쌀하고 새콤하며 은은한 단맛으로 마무리 된다. 온몸을 기분 좋게 깨우는 나만의 커피 의식은 미망을 젖히고 또렷하게 깨어나는 '나'라는 존재와 홀연히 대면하는 순간이기도 하다. 아침의 커피 의식만큼이나 황홀하게 다가오는 건 피곤한 하루를 마감하며 마시는 커피 한 잔이다. 맛있는 커피 한 잔은 하루를 열심히 살아낸 나에 대한 선물이다.

커피 마니아라면 한 번쯤 찾게 되는 강릉은 인구대비 커피 전문점 수가 가장 많은 도시다. 22만 명의 인구에 200여 개에 달하는 커피 전문점이 있다.

그렇다면 커피 주산지도 아닌 우리나라 강릉이 커피 순례지로 떠오른 이유는 무엇일까.

강릉의 커피 고수들은 안목해변(강릉항)을 강릉 커피의 발상지라고 입을 모아 얘기한다. 한적한 안목해변은 강릉 시내에서 10여 분 거리로 퍽 가까운 바닷가다. 처음에 자판기 몇 대 서 있던 이곳은 강릉 사람들이 점심식사 후에 찾아오는 작은 휴식 공간이었다. 300원짜리 자판기 커피를 마시며 바닷바람을 쐴 수 있었던 안목해변은 '길카페', '안목카페'로 불리었고 급기야 70여 대의 자판기가 늘어서게 되었다. 지금도 그곳에는 300원짜리 자판기 커피와 만 원짜리 핸드드립 커피가 공존하고 있다.

강릉, 커피 여행의 로망

알아갈수록 그 깊이를 헤아릴 수 없는 커피의 세계는
우리에게 더 완벽한 한 잔의 커피에 대한
갈증을 불러일으킨다.

커피 한 잔의 행복

바닷가의 자판기 커피 한 잔에도 행복해하던 강릉 사람들을 깊고 그윽한 커피의 세계로 인도한 이는 '커피와 함께 행복해지기 위해' 강릉에 터를 잡았다는 커피 명인 박이추 선생과 '어느 날 커피가 내게로 왔다'는 테라로사 김용덕 사장이다. 그들은 커피 전문점을 열고 자기만의 방식으로 커피를 공부하는데 그치지 않고 커피 아카데미를 열어 강릉 사람들의 커피 사랑에 불을 지피게 된다. 그리고 스승들이 인도해준 커피의 세계에 매료된 제자들도 하나둘씩 자신의 로스터리 커피 전문점을 열게 된다. 박이추와 김용덕, 그리고 그들의 제자들이 끌어올린 강릉 커피의 수준은 오늘날의 커피 도시 강릉을 만들어낸 자양분이 되었으며 그들의 커피 사랑은 커피 축제로 이어져 지역 축제임에도 불구하고 폭발적인 반응을 불러왔다.

강릉시도 커피 공간 명주사랑채를 열어 누구나 커피를 배우고 즐길 수 있도록 배려하고 있다. 핸드드립 커피, 사이폰 커피, 더치 커피, 이브릭 커피, 티백 커피 등 언제 어디서나 커피를 즐길 수 있는 다양한 방법을 가르치고 있다. 누구나 바리스타가 되어볼 수 있는 명주사랑채는 커피를 함께 나누고 즐기려는 커피 도시 강릉의 열린 공간이기도 하다(문의 033-640-4808, 체험비 3,000원).

한 집 건너 카페 하나라고 느껴질 만큼 많은 강릉의 커피 전문점을 돌다보면 '도대체 커피란 무엇인가'에서부터 '무엇이 커피에 미치게 하는가'에 이르기까지 커피의 실존에 관한 질문을 하지 않을 수 없게 된다.

강릉, 커피 여행의 로망

맛있는 한 잔의 커피를 찾아 떠나는 강릉

생두 한 알에 1,000여 가지의 향을 품고 있다는 커피콩을 제대로 볶아 한 잔의 맛있는 커피로 탄생시키는 일은 생각처럼 쉬운 일이 아니다. 강릉의 커피 전문점들 가운데는 하스가란티나 후지로얄, 프로밧 등 값비싼 명품 로스터기로 커피콩을 볶는 커피 전문점들이 유난히 많다. 그런가 하면 개인의 취향에 맞춘 자작 로스터기에 참숯불을 이용하거나 직화식으로 로스팅하고 그 어렵다는 핸드드립은 기본, 융드립이나 사이폰 커피, 모카포트 커피, 더치 커피, 이브릭 커피 등 차별화된 자신만의 커피를 내놓는다.

갈고 닦은 내공의 커피 고수들이 내린 한 잔의 핸드드립 커피를 찾는 것, 그것이 강릉 커피 여행의 핵심이다. 그것은 커피 좀 마신다는 마니아들이 '초콜릿 같은 보디와 과일 같은 산미가 어우러진 퍼펙트한 커피 한 잔'을 위해 강릉을 찾는 이유이기도 하다. 하지만 강릉의 이 많은 커피 전문점을 다 돌아볼 수는 없는 법. 커피도 엄연한 기호식품이기 때문에 자신의 커피 취향대로 선택하면 되겠지만 적어도 커피 마니아라면 보헤미안이나 테라로사는 꼭 들러봐야 하는 명소다.

커피 명소 외에 그윽한 향기의 커피 한 잔 앞에 두고 파도치는 창가에 앉아 로맨틱한 감상에 젖어보고 싶다면 바닷가의 커피 전문점도 괜찮은 선택이 될 것이다. 강릉 시내에도 독특한 인테리어로 승부하거나 컵케이크, 초콜릿, 커피 체험 등 색다른 테마로 무장한 커피 전문점들이 많다.

커피 명소 가운데 맛있는 커피의 원형을 보여준다는 에티오피아 세리머니 못지않은 진지한 커피를 만날 수 있는 곳이 박이추 선생의 보헤미안이다. 그곳에는 커피 명인 박이추 선생의 핸드드립 커피가 있다. 왼쪽 팔을 테이블에 받치고 고개를 숙인 채 커피를 내리는 그의 모습은 커피가 단순한 '마실 것' 이상이라는 것을 온몸으로 보여준다. 커피가 인생의 오아시스라는 그의 커피는 힘 있는 커피가 무엇인지를 혀로 느끼게 해준다.

보헤미안과 더불어 강릉 커피의 양대 산맥이라 할 만한 곳이 바로 테라로사다. 우리나라 최초의 커피 공장이며 한국 원두커피 수준을 세계적으로 업그레이드시킨 주인공 김용덕 대표가 운영하는 테라로사. 이곳에서는 한국인 최초의 컵 오브 엑설런스 국제 심판관에 초빙된 커피 감별사 이윤선 씨가 커피콩 산지에서 엄선해온 질 좋은 커피콩으로 내린 구조감 있는 커피를 맛볼 수 있다.

그런가 하면 커피 농장을 운영하는 커피커퍼는 커피 박물관, 로스팅 체험 등 다양한 체험거리가 있는 곳이다. 왕산면에 있는 커피 농장에 가면 빨간 커피체리가 달린 커피나무를 볼 수 있고 커피 박물관에서 커피의 역사를 만나볼 수 있다.

이곳들은 바닷가가 아닌 연곡면(보헤미안), 구정면(테라로사), 왕산면(커피커퍼) 등에 위치해 있어서 어찌 보면 뚜벅이 여행자에겐 불친절한 입지일 수도 있다. 하지만 커피 순례자들은 찾아가는 수고로움을 기꺼이 감수하고 맛있는 커피 한 잔으로 보상받는다.

카페 창가에 앉아 커피 한 잔 마시면서 눈이 시리도록 바다 풍경을 감상할 수 있는 바닷가 카페가 많은 것도 강릉의 특징이다. 강릉에는 에스프레소와 수제 치즈케이크 한 조각의 환상적인 조화를 음미하거나 드라마 〈시크릿가든〉처럼 카푸치노를 마시면서 거품 키스라도 하고 싶은 바닷가 카페가 넘친다. 주문진항과 그 주변의 영진항, 사천진해수욕장, 경포대 주변, 강릉항 커피거리, 정동진 해변을 따라 형성된 커

커피의 천국, 강릉

피 전문점들이 그런 곳들이다.

그밖에 강릉 시내, 특히 교동택지지구와 솔올지구에 서울 홍대거리 카페 분위기로 꾸민 개성 강한 카페들이 많다. 대부분 샌드위치나 토스트, 수제 케이크 등의 사이드 메뉴들을 갖추고 있으므로 간단한 요기도 할 수 있다. 게다가 다른 도시에는 없는 커피 무한리필 시스템과 저렴한 커피 값으로 강릉의 넉넉한 인심을 보여준다.

한편, 매년 10월 중순쯤에 열리는 강릉 커피 축제를 적극적으로 즐겨보는 것도 좋은 방법이다. 매년 날짜와 프로그램은 조금씩 달라지지만 커피 로스팅, 추출, 시음행사와 커피 관련 세미나 그리고 문화가 버무려진 커피 축제는 해가 갈수록 내용이 더욱 풍부해지고 즐길거리가 많아지고 있다.

이래저래 강릉은 가히 커피의 천국이라 할 만하다.

TIP° 박이추 선생의 아들이 운영하는 보헤미안 경포점과 테라로사의 강릉 분점 격인 테라로사 경포점, 그리고 강릉항에 커피커퍼가 있어 굳이 본점을 찾지 않아도 바다를 감상하면서 맛있는 커피를 즐길 수 있다.

강릉, 커피 여행의 로망

커피 여행 디자인하기

소개
대표 여행지가 많은 경포대 근처에는 분위기 좋은 커피 전문점이 여럿 들어서 있다. 이 근처는 교통 접근성과 맛집, 숙박이 편리해 커피를 즐기면서 여행하기 좋다. 자전거를 타고 경포호를 한 바퀴 돌면서 경포대 주변의 문화재들을 둘러보자. 자전거 길을 약간 벗어난 선교장, 오죽헌까지 둘러보면 강릉의 대표 여행지는 대부분 마스터한 셈. 근처 초당순두부마을에서 식사를 한 후 가까운 경포해수욕장 근처나 강릉 커피거리, 혹은 교동택지 중 자신의 취향에 맞는 커피 전문점을 택하면 된다.

커피
산토리니. 035p 에티오피아. 036p 크레마코스타. 037P 커피작가. 038p 디핑. 039p
코지. 아프리카 커피 로스팅이 강점. 에스프레소와 라떼가 맛있는 곳(033-651-1235)
테라로사 경포점. 바다를 감상하며 테라로사 커피를 마실 수 있는 곳(033-648-2780)
히피커피. 핸드드립 무한리필. 여유롭게 커피 즐기기 좋은 바닷가 카페(033-644-9949)
보헤미안 경포점. 박이추 선생의 아들이 운영하는 핸드드립 커피 전문점(033-646-5365)
교동택지 커피 전문점. 비터스윗. 플로렌티아. 파티나. 안드로메다. 풀잎

맛집
강릉감자옹심. 042p 서지초가뜰. 043p 토담 순두부. 044p
초당순두부마을. 바닷물을 이용한 강릉 전통 순두부 전문점들이 모여 있는 마을
경포해수욕장 주변과 강릉항 주변에 횟집, 순두부집 등의 음식점이 밀집되어 있으며 강릉 시내에서는 중앙시장의 소머리국밥, 닭강정, 떡갈비 등 시장 별미를 맛보는 것도 좋다.

명소
허균·허난설헌 기념관. 048p 참소리축음기·에디슨과학박물관. 049p 강릉선교장. 049p 오죽헌·박물관. 049p 아라나비 강릉점. 049p
경포호. 경포호 둘레는 4.3km로 자전거로 약 30분 소요. 주변에 방해정, 금란정, 경호정, 해운정 등 소소한 볼거리들이 많다.

교통
• 강릉고속버스터미널 → 경포대 : 202번 • 강릉고속버스터미널 → 강릉항 : 223번
• 강릉역 → 경포대 : 202번, 313번 • 강릉역 → 강릉항 : 300번, 223번

숙박
경포해수욕장과 경포대 주변에 호텔, 모텔, 펜션이 밀집되어 있다.

강릉. 커피 여행의 로망

주문진

향호
- 향호해변
- 주문진해변 관광지
- 소돌 아들바위공원
- 숙박지역
- 주문진등대
- 커피바다
- 숙박지역
- 파도식당
- 주문진 수산시장
- 주문진항
- 실비생선구이
- 주문진고속버스 종합터미널
- 쿠바
- 강원도립대학교
- 숙박지역
- 브라질
- 보헤미안
- 영진항
- 연곡면사무소
- ← 소금강 양떼목장 방면
- 연곡해수욕장
- 하슬라사천 커피공방
- 사천진해수욕장
- 쉘리스 커피
- 리퀴슈
- 사천물회
- 북강릉IC

커피 여행 디자인하기

소개
강릉 커피 여행에서 빼놓을 수 없는 보헤미안이 위치한 주문진 권역은 대부분의 커피 전문점들이 바닷가에 위치하고 있어 바다와 핸드드립 커피의 낭만을 만끽할 수 있는 곳이다. 게다가 주문진 수산시장이 있어 해산물을 좋아하는 식도락가에게는 최고의 선택이 될 것이다. 근처의 주문진등대와 소돌 아들바위공원을 돌아보자. 사천진해수욕장 근처에서 물회로 식사를 한 후 바닷가 앞의 로스터리 커피 전문점에서 핸드드립 커피로 입가심을 하자. 여유가 된다면 오가는 길에 소금강 양떼목장과 비경을 간직한 오대산 소금강도 함께 둘러보면 좋다.

커피
보헤미안. 030p 쉘리스커피. 041p
커피바다. 통유리창을 통해 바다를 감상하며 커피를 마실 수 있는 곳(033-662-8277)
쿠바. 영화 〈내가 고백을 하면〉 촬영장소였던 쿠바 커피 전문점(033-662-0118)
브라질. 영진항에 위치한, 브라질 라틴음악을 즐길 수 있는 커피 전문점(033-662-1259)
하슬라사천커피공방. 착한 가격의 커피와 커피 관련 소품들이 많은 곳(033-641-6991)
라뤼슈. 더치커피로 숙성시킨 돈가스가 인기(033-642-2223)

맛집
사천물회. 045p 파도식당. 046p
실비생선구이. 주문진항에 위치한 숙성 생선구이와 청어알젓이 맛있는 집(033-661-4952)

명소
소금강 양떼목장. 050p 소돌 아들바위공원. 051p
주문진등대. 100여 년 역사의 동해안 최초의 등대로 마을을 낀 해안 풍경을 감상할 수 있다.

교통
- 동서울종합터미널 → 주문진고속버스종합터미널 : 1일 약 18회 운행, 06:31-20:50
- 강릉종합버스터미널 → 주문진항 : 302번, 315번

숙박
영진항부터 소돌해변 사이에 모텔과 바다가 보이는 펜션들이 모여 있다.

강릉, 커피 여행의 로망

☕ 커피 여행 디자인하기

소개 　바다+기차+커피의 로망은 정동진에서 답을 얻을 수 있다. 드라마 〈모래시계〉 이후 밤기차 여행지의 대명사가 된 정동진 근처에는 아쉽게도 로스터리 커피 전문점이 단 한 곳뿐이다. 커피 맛 자체보다는 바다의 풍광을 즐기기 좋은 커피 전문점들은 몇 곳 있다. 자동차를 이용한다면 테라로사나 커피커퍼 커피 농장에서 커피를 마신 후 정동진으로 이동해 여행지를 둘러보는 것이 좋다. 정동진에는 숙박시설과 식당이 밀집되어 있긴 하지만 괜찮은 맛집은 찾기 어려운 편이다. 정동진역에서 멀지 않은 하슬라 아트월드에 들러 야외조각공원과 갤러리를 둘러보고 바다와 가장 가까운 드라이브 코스인 헌화로를 달려보자. 정동진에서는 약간 떨어져 있지만 남강릉 IC 근처에 위치한 구정면의 커피 공장 테라로사와 커피 농장, 커피 박물관이 있는 왕산면의 커피커퍼도 꼭 들러봐야 할 커피 명소.

커피 　테라로사. 032p 커피커퍼. 034p 썬카페. 040p
　델라루즈 요트클럽 카페. 바다에 떠 있는 듯한 느낌이 독특한 카페(033-610-7000)

맛집 　바다마을 횟집. 047p
　하슬라 아트월드 장 레스토랑. 갤러리 속의 품격 있는 레스토랑(033-644-9411)

명소 　하슬라 아트월드. 053p
　썬크루즈 리조트. 정동진의 랜드마크로 호화 유람선 모양의 종합리조트(033-610-7000)
　헌화로 드라이브 코스. 금진항에서 심곡항까지 바다를 끼고 달리는 드라이브 코스
　등명락가사. 신라 선덕여왕 때 자장율사가 창건한 바다가 보이는 풍광이 좋은 절

교통 　• 청량리역 → 정동진역 : 1일 약 7회 운행, 07:10-23:15
　• 강릉역 → 정동진 : 좌석 109번, 일반 112, 113번 버스
　• 강릉고속버스터미널 → 정동진 : 좌석 109번 버스
　• 강릉고속버스터미널 → 테라로사 : 일반 101, 102번 버스
　• 강릉고속버스터미널 → 커피커퍼 : 일반 507번 버스

숙박 　정동진역 주변에 모텔이 모여 있다

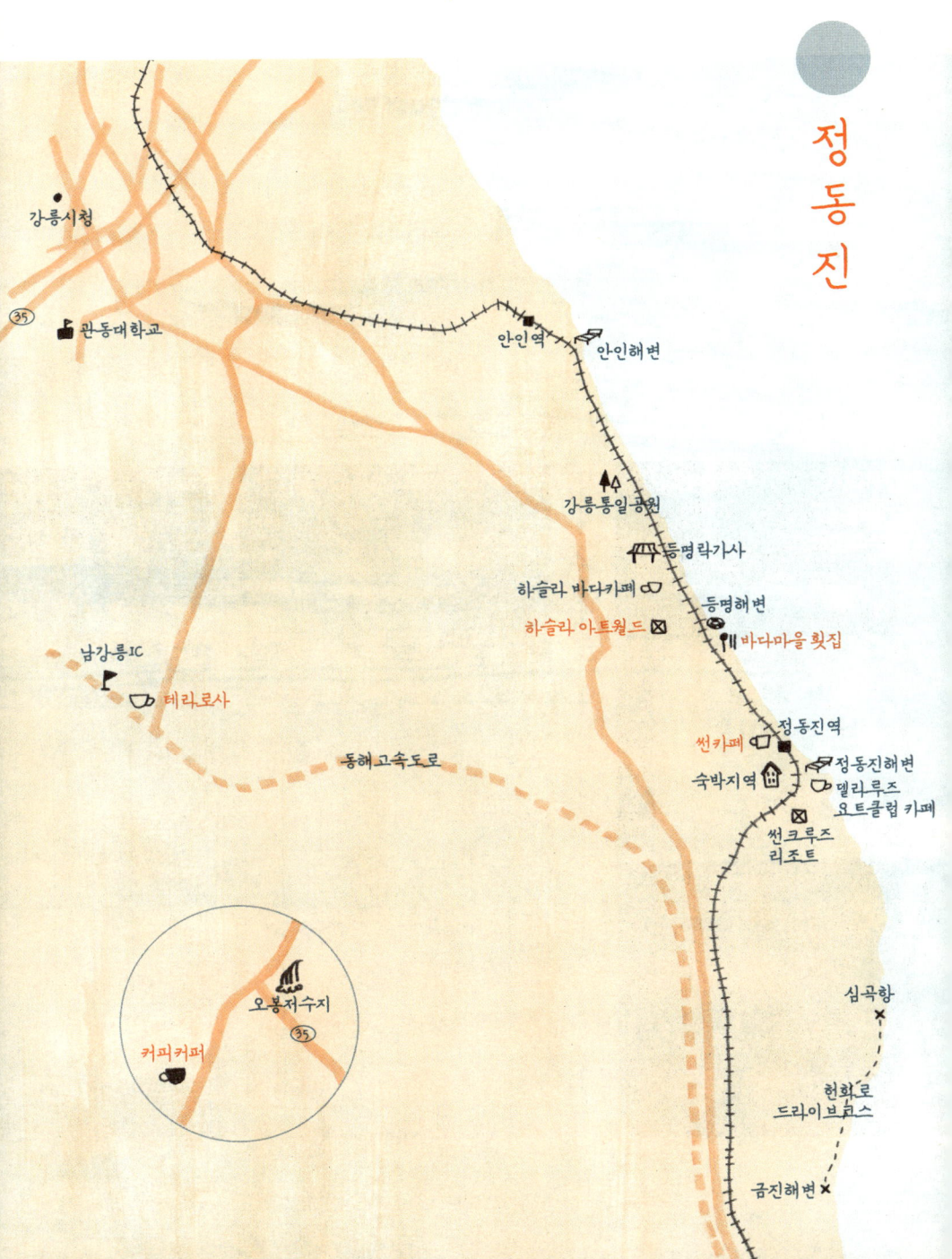

강릉. 커피 여행의 로망

박이추의 커피
커피가 사람을 변화시킨다는 커피 철학이 담긴 커피 한 잔
커피가 속삭이는 얘기를 듣고
커피로 자유를 찾은 영원한 보헤미안.
핸드드립하는 그의 모습은
커피와 사랑에 빠진 나르시서스 같다.
오늘 그의 커피 한 잔을 마셨거든
깃털처럼 자유로워져라.

커피 장인 박이추의
보헤미안

'커피 장인' 박이추 선생이 운영하는 커피 전문점 보헤미안. 목요일부터 일요일까지만 문을 여는 이곳에서는 선생이 직접 핸드드립한 커피를 마실 수 있다. 커피 잔에 빨려 들어가듯 집중하며 커피를 내리는 그의 모습은 마치 의식을 치르는 사제처럼 엄숙하기만 하다. 메뉴판에는 아시아, 아프리카, 북아메리카 커피 등 산지별 커피 메뉴가 빼곡히 적혀 있어서 취향에 맞는 커피를 골라 주문하면 된다. 150ml 커피 한 잔에 사랑을 담는다는 그가 가장 추천하는 것은 '보헤미안 하우스 블랜드'. 케냐, 브라질, 콜롬비아, 과테말라 네 종류의 원두를 섞어 '힘 있는 커피'로 탄생시킨 이 커피는 선생 자신이 꿈꾸는 커피에 가장 가까운 것이다. 우유를 담은 도자기 사발에 얼린 에스프레소 큐브를 녹여가면서 마시는 아이스 카페오레는 보헤미안의 이색적인 메뉴. 오전 11시까지 제공하는 커피, 토스트, 감자 크로켓, 삶은 계란으로 구성된 모닝서비스❶도 인기 만점.

주소. 강릉시 연곡면 영진리 181 운영. 08:00-17:00(매주 월, 화, 수 휴무) 비용. 보헤미안 하우스 블랜드 4,000원, 하와이안코나 6,000원, 모닝서비스 6,000원, 아이스 카페오레 5,000원 문의. 033-662-5365

커피감별사가
엄선한
테라로사

커피로 그린 풍경

테라로사, 커피가 잘 자라는 비옥한 보랏빛 땅.
빈티지한 하얀 나무 문 삐걱 열고 들어가면
커피로 그린 풍경이 테라로사를 이룬다.
갓 구운 슈톨렌에 르완다 마헴베 한 잔.
와인 맛 감도는 신맛에 깊은 단맛, 입 안을 꽉 조이는 보디감.
테라로사 커피에는 뭔가 특별한 것이 있다.

주소. 강릉시 구정면 어단리 973-1 **운영.** 09:00-22:00 **비용.** 아메리카노 4,500원, 핸드
드립 커피 5,000-8,500원, 커피 테이스팅 코스 8,000원, 빵과 케이크 2,000-7,000원
문의. 033-648-2760

김용덕 사장이 운영하는 공장형 커피 전문점. 따뜻한 분위기의 나무 인테리어로 꾸며진 실내에는 로스팅실과 베이커리, 이탈리안 레스토랑, 커피나무가 자라는 온실과 각국 커피를 맛볼 수 있는 카페가 오픈된 공간에 자연스럽게 섞여 있다. 국제 커피 감별사가 선별해서 들여온 생두를 직접 로스팅하는 테라로사의 커피는 쓴맛, 단맛, 신맛의 구조감이 뛰어나다. 다른 곳에선 좀처럼 만나기 어려운 커피들을 한자리에서 즐길 수 있는 것이 큰 장점으로 바리스타가 추천하는 3가지 종류의 커피를 한번에 맛볼 수 있는 커피 테이스팅 코스❶가 인기다. 직접 반죽해 구워내는 유럽 빵과 티라미수, 치즈케이크 등 커피와 어울리는 사이드 메뉴도 다양하며 오전 11시부터 저녁까지는 브런치 메뉴를 즐길 수 있다. 저렴한 가격으로 커피를 테이크아웃 할 수 있고 1,000원을 추가하면 리필도 가능하다.

강릉, 커피 여행의 로망

커피 박물관이 있는
커피커퍼

○

커피의 역사

먼 옛날 에티오피아에 살던 염소치기 소년 칼디
커피체리를 먹고 염소랑 함께 춤을 추었다는데
이제 강릉 땅에서도 커피체리가 꽃처럼 피었다.
빨갛고 탱글탱글한 국산 커피체리는
한 잔의 커피가 되어 커피 마니아들의 기쁨이 되었다.

커피커퍼는 강릉에만 여섯 개의 커피 전문점을 가지고 있다. 그 가운데 커피커퍼 왕산점은 커피 농장과 커피 박물관을 겸하고 있어 커피에 관한 모든 것을 한자리에서 둘러보고 커피에 관련된 체험도 할 수 있는 곳이다. 커피 농장에서는 빨갛게 열린 커피체리❶를 매달고 있는 크고 작은 커피나무들을 만날 수 있고 구입도 가능하다. 커피의 역사를 일목요연하게 정리해놓은 로스팅관에서 커피 소품 전시관까지 다섯 개의 테마로 꾸민 커피 박물관은 유익한 볼거리로 가득하다. 마지막 코스에서 티켓을 제시하면 커피 한 잔이 제공되고 앙증맞은 병에 담긴 더치 커피도 부담 없는 가격으로 구입할 수 있다.

―
주소. 강릉시 왕산면 왕산리 806-5
운영. 09:30-19:00
비용. 커피 박물관 관람료 어른 5,000원.
어린이 4,000원. 커피 체험 10,000원
문의. 033-655-6644

❶

> 강릉의 산토리니
> 하얀 회벽과 파란 창. 이곳은 강릉의 산토리니.
> 창밖으로 푸른 파도가 밀려왔다 밀려간다.
> 커피 볶는 구수한 향기에 행복해지고
> 빵빵하게 부풀어 오르는 핸드드립 커피 가루가 신선하다.
> 오감을 자극하는 바다내음과 진한 커피향기 속에서
> 화창한 어느 봄날.
> 좋은 사람과 함께 핸드드립 커피를 마시고픈
> 그곳. 산토리니.

인테리어가 돋보이는
산토리니

강릉항 입구의 3층 건물로 하얀 회벽과 파란 창으로 마무리한 그리스 산토리니풍의 인테리어가 독특하다. 커피 고수들 사이에서도 인정받는 산토리니 사장님이 직접 내리는 핸드드립 커피❶가 맛있다. 3층에 로스팅실이 있어 직접 로스팅한 질 좋은 원두로 내린 에스프레소를 이용한 베리에이션 메뉴와 직접 구워내는 와플도 인기가 좋다. 특히 핸드드립 커피나 라떼아트 커피를 테이크아웃해 바닷가에서 즐길 수 있는 것도 산토리니만의 매력.

주소. 강릉시 견소동 5 **운영.** 10:00-01:00 **비용.** 에스프레소 베리에이션 3,500-6,000원, 핸드드립 커피 5,000-10,000원, 플레인 와플 7,000원 **문의.** 033-653-0931

강릉, 커피 여행의 로망

참숯불 로스팅
에티오피아

주소. 강릉시 안현동 792-2
운영. 10:00-22:30
비용. 핸드드립 커피 4,500-9,000원
융드립 커피 5,500원, 더치 커피 5,500원
커피 세레모니 10,000원
문의. 033-644-1277

참숯 커피 볶는 남자

그는 '아프리카에서 온 검고 사악한 콩'과 사랑에 빠졌다.
쉽게 타오르지 않는 콩, 천여 가지의 비밀을 품은 콩.
아주 오랜 시간이 흐른 뒤 은밀한 콩은
숯불 위에서 매혹적인 야생의 향기를 뿜고
그을린 까만 피부는 반질반질 윤기가 흐른다.
그 콩으로 내린 커피 한 잔의 깊이, 마셔보면 알게 된다.

심권섭 사장이 주로 로스팅하는 것은 에티오피아산 생두. 그 풍미를 최대한 끌어내는 방법으로 참 숯불 로스팅만을 고집한다. 스모키한 향이 입 안 가득 차는 에티오피아 커피는 커피 취향이 까다로운 커피 마니아들을 단골로 만든다는 평. 핸드드립, 모카포트, 사이폰 커피, 아이스드립 커피 등 다양한 종류의 커피 추출기구와 원두를 갖추고 있으며 세 가지 커피를 제공해주는 커피 세레모니 메뉴도 준비하고 있다.

불편한 커피 한 잔

G1, C.O.E, Q-grader*······

크레마코스타 커피의 맛을 보증하는 이름들.

에스프레소와 어울리는 달콤한 티라미수도

아이스크림 잔뜩 얹어 먹는 와플도 없지만

크레마코스타에서 마시는 한 모금의 커피에는

에티오피아 커피 세레모니의 정수가 고스란히 담겨 있다.

* G1 : 300g의 생두 안에 결점두가 0~3개인 등급
C.O.E (cup of excellence) : 회원국의 커피 농장에서 출품한 우수한 커피를 5차례 이상의 엄격한 심사를 거쳐 해당국의 '그 해 최고 커피'로 인정하는 명칭
Q-grader : 미국 스페셜티 커피협회에서 실시하는 커피의 맛과 품질을 평가할 수 있는 자격시험에 합격한 국제 커피 감정사

마이크로 핸드드립
크레마코스타

국제 커피 감정사인 최중균 사장이 엄선한 스페셜티 커피콩으로 내린 커피가 맛있는 곳. 커피에 곁들이는 사이드 메뉴는 일체 배제한 채 오로지 커피의 맛으로 승부하는 점이 특별하다. 생두에서부터 로스팅, 그리고 정교한 마이크로 핸드드립❶이나 라마르조꼬 스트라다 EP 같은 최고의 에스프레소 머신을 사용하여 가장 맛있는 커피 한 잔을 내린다. 커피 맛을 안다고 자부하는 커피 마니아들이 멀리서 일부러 찾는 곳이기도 하다.

주소. 강릉시 대전동 475-4
운영. 11:00-19:00(토요일은 21:00)
비용. 아메리카노 4,300원.
핸드드립 커피 6,000-15,000원.
커피투어 스페셜(2인 이상) 10,000-15,000원
문의. 033-648-0333

강릉, 커피 여행의 로망

커피가 맛있는 집
커피작가

커피를 연주하는 풍경

커피 로스터는 피아노 연주자와 같다.
피아노, 포르테, 포르테시모······
커피 로스팅에도 셈여림이 중요하다.
커피의 일생에서 가장 중요한 로스팅,
그것은 경험과 감각의 문제.
온도와 시간과의 싸움.

2012년 제4회 커피 축제에서 골든커피어워드 싱글오리진 부분 은상을 수상한 커피작가는 '커피가 맛있는 집'으로 공인받은 커피 전문점이다. 방송작가였던 황광우 대표가 내세운 이 카페의 모토는 '싸고, 맛있고, 양은 많게'란다. 맛있는 커피는 당연히 질 좋은 커피콩이 출발점인 만큼 최고의 생두만을 고집해 맛있는 커피를 내린다. 그의 독특한 커피 사랑은 커피를 이용한 커피양갱, 커피젤리 등 다양한 사이드메뉴를 쉴 새 없이 개발하는 원동력이 된다.

주소. 강릉시 교동 1812-4
운영. 10:00-23:00
비용. 에스프레소 메뉴 3,000-4,000원
문의. 033-653-0037

중독성 강한 초콜릿 메뉴
디핑

주소. 강릉시 지변동 692
운영. 10:00-24:00
비용. 에스프레소 3,000원, 핫초코 5,000-6,000원,
찐득한 핫초코 6,000원, 파베 1,000원,
퐁당오쇼콜라 5,000원
문의. 033-648-3718

세련된 인테리어의 수제 초콜릿 전문점 디핑 dipping. 100% 카카오로 만든 수제 초콜릿의 주원료는 세계 최고의 품질로 인정받는 벨기에산이다. 인기 메뉴는 카카오 함량 58%와 70%의 두 가지 중에서 선택할 수 있는 핫초코, 초콜릿이 줄줄 녹아내리는 퐁당오쇼콜라는 젊은층이 좋아하고 찐득한 핫초코❶는 초콜릿 자체를 녹인 것으로 '초콜릿의 에스프레소'라고 불릴 만큼 진한 것이 특징이다. 신이 내린 선물이라는 초콜릿과 쌉쌀한 에스프레소의 조화를 즐길 수 있는 곳.

○

달콤쌉싸름한 유혹

마음이 헛헛할 때는 찐득한 핫초코 한 잔을
누군가 그리울 땐 퐁당오쇼콜라를-
진한 초콜릿 같은 사랑에 퐁당 빠지고 싶다.
피곤한 오후에는 쌉쌀한 에스프레소 한 잔과 파베 한 점
세상에 이보다 멋진 조화가 또 있을까.
그러니
디핑의 달콤쌉싸름한 유혹은 건디지 말 것.

강릉. 커피 여행의 로망

해돋이와 커피 한 잔
썬카페

주소. 강릉시 강동면 정동진리 328-3
운영. 04:25-18:00
비용. 드립 커피 6,000-7,000원, 베리에이션 커피
5,000-6,000원, 차 & 주스 6,000원
문의. 033-644-5466

1월 1일, 정동진 썬카페에서
너와 함께 오길 잘했어.
밤기차를 타고 정동진으로 향하는 길
내 어깨에 머리를 묻고 잠든 너의 손은 따뜻했지.
기억나니? 새벽 정동진역에 내려
썬카페에서 마셨던 따뜻한 한 잔의 커피가.
새해 첫날의 태양은 장엄하게 떠오르고
행복했지. 너랑 이 아름다운 순간을 함께 한다는 것이.

통나무로 지어진 아늑한 분위기의 카페로 이곳에 도착하는 첫 기차 시간에 맞춰서 문을 연다. 정동진에 있는 유일한 로스터리 카페로, 프로밧 로스터기로 볶아낸 커피 맛이 훌륭하다. 정동진에 무박 여행을 오는 여행자들이 해돋이를 기다리며 케이크나 토스트에 커피를 곁들여 간단한 요기를 하기 좋은 공간이다. MBC〈우리 결혼했어요〉에서 정용화·서현 커플이 다녀간 곳으로 알려져 있으며 빼곡히 꽂혀 있는 100여 권의 방명록이 이 카페의 추억과 역사를 말해준다.

바닷가의 빈티지 카페
쉘리스 커피

그 바다의 커피

푸른 바다가 보고 싶어 쉘리스로 달려간다.

바다의 손때 묻은 빛바랜 문을 열면

거기 커피 향으로 가득 찬 나만의 공간이 있다.

어린 시절 다락방 구석으로 숨어들듯

연기처럼 나, 그곳에 스미다.

오늘의 선택은

투샷의 에스프레소 한 잔과 치즈케이크 한 조각

황금빛 크레마의 힘은 바다에 취한 나를 흔들어 깨운다

바닷가 카페에서의 커피 한 잔이 그리울 때 찾아가면 좋은 쉘리스 커피는 사천진 바닷가에 있다. 바닷바람에 빛바랬지만 따뜻한 온기를 느끼게 하는 카페는 이국적이면서도 빈티지한 무드. 프로밧 로스터기로 직접 볶은 유기농 원두로 손님의 소소한 커피 취향까지 일일이 맞춰 커피를 내놓기 때문에 '나만의 커피'를 마시기 위해 이곳을 찾는 단골이 많다. 핸드메이드 디저트류와 브런치도 맛있다.

주소. 강릉시 사천면 사천진리 266-31 운영. 10:00-24:00 비용. 핸드드립 커피 5,000-10,000원, 아포가토 8,000원, 밀크빙수 9,000원 문의. 033-644-2355

강릉의 맛집

사각거리는 감자옹심의 비밀
강릉감자옹심

30여 년이 넘는 오랜 전통의 강릉감자옹심은 강릉 여행자라면 꼭 들러봐야 할 향토음식 전문점이다. 감자를 갈아 물기를 꼭 짜내 납작하게 빚고 서늘한 곳에서 물기를 빼 두었다가 끓는 멸치 육수에 칼국수를 넣어 끓이면 수프처럼 진득한 옹심이칼국수❶가 된다. 감자옹심이는 쫄깃하면서도 감자 고유의 섬유질이 사각거리면서 씹히는 식감이 압권. 오래된 집의 구조를 고스란히 살린 정감 있는 실내에서는 KBS 〈1박 2일〉 팀이 다녀간 흔적들도 발견할 수 있다. 담백한 팥소를 넣고 만든 감자송편도 별미.

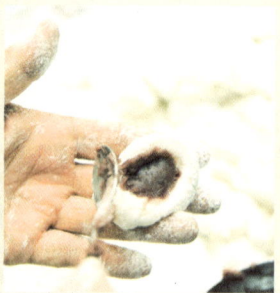

감자 한 알의 마법
강판에 갈아 내린 감자 속엔
사각사각 섬유질과
쫄깃한 녹말가루가 듬뿍
감자 한 알의 섬유질은
부드러움 속에 사각거림을 간직한
옹심이가 되고
감자 한 알의 녹말가루는
쫄깃쫄깃한 감자송편이 된다.
감자 한 알에 숨은 두 가지 마법의 맛.

주소. 강릉시 임당동 19-22 운영. 09:30-20:00 비용. 옹심이칼국수 7,000원, 감자송편 4,000원, 순감자옹심이 8,000원, 동동주 5,000원 문의. 033-648-0340

영동 한정식의 전통을 잇고 있는
서지초가뜰

마음이 담긴 소박한 밥상
못밥은 모내기할 때
마을사람들에게 내는 음식
질상은 모내기 후에
함께 먹는 잔치 음식
곤궁기에도 볍쌀을 남겼다가
일꾼들에게 해주었던 씨종지떡은
사람에 대한 연민이 담긴 떡
자연의 선물이 맛있게 익어가는
송죽두견주 항아리에는
지혜롭고 따사로운
할머니의 숨소리가 담겨 있다.

영화배우 배용준이 펴낸 책 《한국의 아름다움을 찾아 떠난 여행》에서 첫 번째로 소개한 곳. 음식을 통해 옛 선조들의 생활철학을 다시 한 번 되새겨보게 하는 못밥과 질상은 창녕 조씨 9대 종부인 최영간 씨가 시어머니로부터 배운 종가 음식을 재현해 낸 것이다. 직접 재배한 재료로 조미료를 사용하지 않은 깔끔하고 정갈한 건강식을 만날 수 있다. 서지초가뜰의 트레이드마크가 된 씨종지떡❶은 쌀이 귀하던 옛날, 일꾼들을 위해 볍씨 일부를 남겼다가 해주었던 의미 있는 떡이다.

주소. 강릉시 난곡동 259 운영. 12:00-21:00 비용. 못밥(2인 이상) 15,000원, 질상(2인 이상) 20,000원, 손님상(4인 이상) 30,000원, 송죽두견주 10,000원 문의. 033-646-4430

강릉의 맛집

묵은지 순두부전골이 맛있는
토담 순두부

따끈한 순두부
한 그릇을 만들기 위하여
어머니는 평생 새벽잠을 자지 못했다.
새벽 4시, 남들은 곤히 잠든
칠흑의 어둠 속에서
콩을 갈고, 삶고, 끓이고,
콩에 바닷물을 붓는다.
바닷물을 껴안은 구수한 콩은
몽글몽글 순두부가 되고
단단한 모두부로 변신한다.
어머니의 마음 같은 부드러운 순두부전골
밤새 속 쓰리던 사람들을
따뜻하게 위로한다.

초당두부는 소금 대신 바닷물을 간수로 사용하여 쓴 맛이 없고 고소한 점이 특징이다. 매일 새벽 4시부터 밤새 불린 콩을 갈고, 끓이고, 바닷물을 부어 재래식으로 순두부를 만드는데❶ 방금 만든 따끈한 모두부를 맛보기 위해 아침부터 손님이 찾아든다. 토담 순두부전골은 강릉 사람들 사이에서 입소문이 난 맛. 3년 묵은지를 깔고 순두부에 양념장을 얹어 끓여낸 순두부전골은 자꾸 숟가락을 재촉하는 깊은 맛이다.

주소. 강릉시 초당동 388(허균·허난설헌 기념관 옆) 운영. 07:00-22:30 비용. 순두부전골 7,000원, 두부전골 8,000원, 순두부백반 6,000원, 모두부 6,000원 문의. 033-652-0336

자연에서 얻어낸 물회를 맛볼 수 있는
사천물회

럭셔리한 바다가 한 양푼
푸른 바다에서 갓 잡아 올린
싱싱함이 아니라면
물회는 꿈도 꾸지 못하는 음식.
맛있게 숙성시킨 달콤한 배즙과
살얼음 사각사각 씹히는 시원한 육수
잘게 썬 가자미회에
전복, 해삼, 멍게가 가득
사천물회 한 양푼에는 럭셔리한 바다가
고스란히 담겨 있다.

사천물회는 수산물 요리경진대회에서 2회 연속 최우수상과 대상을 수상한 물회 전문점. 선장인 남편이 잡아 올린 싱싱한 활어와 해녀가 채취한 해산물을 재료로 하고, 숙성시킨 배즙과 고추장을 주재료로 한 소스를 쓴다. 이 집의 물회는 육수를 약간 얼려 살얼음이 고루 씹히며 시원한 맛을 낸다❶. 특히 스페셜 물회는 성게알, 해삼, 전복 등 귀한 해산물을 고명으로 올려 럭셔리한 맛을 즐길 수 있다.

주소. 강릉시 사천면 사천진리 32-6(사천진리 시내버스 종점) 운영. 09:00-20:00 비용. 오징어 물회 12,000원, 스페셜 물회 15,000원, 잡어 물회 10,000원 문의. 033-644-0077

❶

강릉의 맛집

생물 생선의 고소한 맛이 살아있는
파도식당

매력
알 톡톡 밴 도루묵
깔끔하게 끓여낸 도루묵찌개
그냥 훌렁 넘어가는
부드러운 속살의 물곰탕.
입안에서 파도치는
생선의 고소한 살점과
속을 확 풀어주는 시원한 국물은
바닷가가 아니라면 맛볼 수 없는 호사.
겨울철 동해안을 찾게 만드는
제대로 끓여낸 생선찌개 한 냄비.

현지인들이 즐겨찾는 숨은 맛집이었다가 점점 외지인들 사이에서도 꽤 알려진 주문진 맛집의 대명사. 주문진항 앞에 위치하여 갓 잡은 신선한 생선들을 재료로 하기 때문에 모든 메뉴가 신선하고 맛깔나다. 특히 겨울철에 알이 톡톡히 밴 도루묵 생물로 끓여낸 도루묵찌개와 생물이 아니면 맛을 낼 수 없는 맑은 탕이 압권. 생물이기 때문에 그날의 입찰가에 따라 가격이 달라지기도 하므로 참고하자.

주소. 강릉시 주문진읍 주문리 270-36 **운영.** 07:00-21:00 **비용.** 도루묵찌개 20,000-40,000원, 물곰탕 12,000원, 회무침 15,000원 **문의.** 033-662-4140

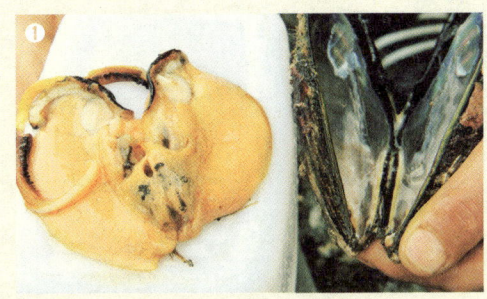

섭으로 요리한 모든 것
바다마을 횟집

섭
'섭'은 강원도 자연산 홍합의 이름이다. 깊고 깊은 바다 속에서 고즈넉이 온몸에 얼룩덜룩 해초를 잔뜩 붙이고 플랑크톤을 먹으며 살다가 어느 날 땅 위로 올라와 횟집 수족관에 머문다. 선홍빛 쫄깃한 속살은 얼큰한 섭해장국이 되고, 섭칼국수가 되고 섭파전이 되고 섭전골이 되니 별미 중의 별미라 말한다.

자연산 홍합인 섭①은 양식에 비해 크기도 네댓 배나 되고 진홍빛에 속살이 단단하면서도 쫄깃하다. 바다마을 횟집 수족관에는 해초가 잔뜩 붙은 섭이 가득하다. 등명 앞바다에서 해녀가 직접 채취한 4년 이상 자란 섭을 넉넉히 써서 매콤하게 끓여낸 섭해장국은 이 집의 별미다. 섭으로 육수 내서 감자, 부추, 파 등 채소를 넣고 집된장과 고추장을 섞어 만든 막장을 풀어서 수제비와 홍합살을 넣는다. 이 해장국 한 그릇이면 간밤의 숙취를 한방에 해소할 수 있다.

주소. 강릉시 강동면 정동진1리 456-2 운영. 09:00-21:00 비용. 섭해장국 10,000원, 섭파전 15,000원, 섭전골 30,000-50,000원, 섭칼국수 8,000원 문의. 033-644-5747

강릉 여행지

☕ 경포대

추천 자전거 코스
경포대해수욕장. 경호호 → 방해정. 금란정. 경호정 → 참소리축음기·에디슨과학박물관 → 경포대 → 해운정 → 강릉선교장 → 오죽헌·박물관 → 허균·허난설헌 기념관

강릉의 유적지들은 경포호를 중심으로 모여 있어서 그 근처에서 자전거를 빌려 경포호 하이킹을 겸해 한 바퀴 돌다보면 그 대부분을 들르게 된다. 경포호를 출발해서 방해정, 금란정, 경호정을 지나면 참소리축음기·에디슨과학박물관이 나온다. 이곳은 에디슨의 3대 발명품인 축음기, 전구, 영사기를 비롯해 그의 고향인 미국보다도 더 많은 발명품과 유품들을 보유하고 있다. 박물관 다음은 완만한 언덕 위에서 경포호를 굽어보는 경포대다. 하늘, 바다, 술잔, 경포호, 그리고, 마주앉은 이의 눈 속에 뜬 달까지 5개의 달이 뜬다는 그 운치 있는 경포대는 관동팔경 중의 하나. 이곳에서 자전거 트랙을 살짝 벗어나 5분 정도 달리면 해운정과 강릉선교장에 다다른다. 300년 역사와 전통을 이어가는 강릉선교장은 사랑채인 열화당을 비롯해 안채, 연꽃 연못 안에 세워진 활래정 등이 있는 한국 최고의 99칸 전통 가옥이다. 이곳에서 멀지 않은 곳에 있는 오죽헌·박물관도 들러보자. 강릉시립박물관, 대관령박물관과 함께 통합된 오죽헌은 율곡 이이가 태어난 곳. 경포대의 반대편에 쭉쭉 뻗은 멋진 소나무 숲 안쪽으로 들어가면 조선시대 여류 문인인 허난설헌과 《홍길동》의 저자 허균 남매에 관련된 유물과 유적을 만날 수 있는 허균·허난설헌 기념관(033-640-4798)이 있다. 여유가 되면 도르래를 타고 하늘을 나는 아라나비 체험을 해보는 것도 좋다.

**참소리축음기·
에디슨과학박물관**
주소. 강릉시 저동 35-1
운영. 09:00-17:00
(연중무휴)
비용. 어른 7,000원
어린이 5,000원
문의. 033-655-1130

강릉선교장
주소. 강릉시 운정동 431
운영. 하절기 09:00-
18:00, 동절기 09:00-
17:00(명절 당일 휴무)
비용. 어른 3,000원,
어린이 1,000원
문의. 033-646-3270

오죽헌·박물관
주소. 강릉시 율곡로
3139번길 24
운영. 하절기 08:00-18:00,
동절기 08:00-17:30
(1월 1일, 명절 당일 휴무)
비용. 어른 3,000원,
어린이 1,000원
문의. 033-640-3304

아라나비 강릉점
운영. 10:00-17:00
(월요일 휴무,
여름 성수기 제외)
비용. 1회 편도 13,000원
문의. 033-653-7002

강릉 여행지

☕ 주문진

소금강 양떼목장
주소. 강릉시 연곡면
삼산1리 소금강 장천마을
운영. 09:00-18:00
비용. 양떼 체험 어른 3,000원,
모짜렐라치즈(4인) 60,000원,
피자 만들기(2-3인분) 18,000원
문의. 033-661-3395

추천 코스
주문진항 → 주문진등대 → 소돌 아들바위공원 → 소금강 양떼목장 → 오대산 소금강

주문진 권역 여행은 주문진항을 중심으로 하여 북쪽으로 주문진등대와 소돌 아들바위공원, 남쪽으로는 영진항, 연곡해수욕장, 사천진해수욕장까지 이어진다. 주문진항은 횟감과 건어물, 젓갈 쇼핑과 더불어 신선한 생선으로 요리한 별미를 맛볼 수 있는 동해의 대표적인 항구. 수산시장에서 저렴하게 구입해 초장집에 가서 먹을 수 있는

횟감과 복어탕, 물곰탕, 장치찜, 도치탕, 도루묵찌개, 연탄생선구이 등 별미로 유명한 음식점들도 많다. 주문진항에서 식사를 한 후에 주문진등대로 향한다. 주문진등대에 올라 시원하게 펼쳐진 바다를 보고 그 너머에 있는 소돌 아들바위공원에 가면 일억 오천만 년 전 쥐라기 시대에 바다 속에 있다가 지각변동으로 인해 솟아오른 바다가 빚어낸 절경을 볼 수 있다. 주문진 권역을 돌아본 후 주문진항에서 약 17km 거리에 위치한 오대산 소금강 계곡을 함께 묶어 여행 계획을 세운다면 산과 바다를 동시에 즐기는 알뜰한 여행이 될 것이다. 소금강 계곡으로 가는 길 입구에 양들에게 먹이도 주고 함께 뛰어 놀 수 있는 소금강 장천마을의 소금강 양떼목장도 들러보자. 모짜렐라치즈와 피자 만들기 같은 음식 체험도 재미있는데 직접 만든 음식을 즉석에서 맛볼 수 있어서 인기가 좋다.

☕ 정동진

추천 코스
정동진역 → 정동진해변 → 모래시계공원 → 썬크루즈 리조트, 델라루즈 요트클럽 카페 → 하슬라 아트월드 → 등명락가사

기차를 타고 낭만 여행을 즐기고 싶거나 철썩이는 파도를 바로 곁에서 느끼며 드라이브를 만끽하고 싶다면 정동진 지역을 추천한다. 정동진 바다를 끼고 있는 정동진역을 비롯해 하슬라 아트월드, 등명락가사, 해안드라이브 코스 등이 이 지역에 모여 있다. 밤기차 여행의 로망 1번지인 정동진은 바다와 가까운 정동진역 근처의 소나무와 모래시계공원, 호텔과 레스토랑 테마공원 등이 있는 복합 공간 썬크루즈 리조트, 델라루즈 요트클럽 카페 등 볼거리가 더욱 풍성해졌고 새해 첫날 일출을 보기 위해 찾는 여행자들이 많다. 자가용을 이용해 여행한다면 안인항, 정동진 해변, 옥계항까지 이르는 해안도로를 달려보자. 특히 심곡항에서 금진항에 이르는 헌화로는 파도가 금방이라도 덮칠 듯이 바다에 가까이 붙어 있는 해안도로로 수로부인 얽힌 동해의 설화를 품고 있는 최고의 드라이브 코스.

썬크루즈 리조트
주소. 강릉시 강동면 헌화로 950-39
운영. 04:30-21:00(주말 및 성수기)
비용. 공원 입장료 5,000원
문의. 033-610-7000

델라루즈 요트클럽 카페
운영. 11:00-23:00
문의. 033-610-7054

☕ 하슬라 아트월드

영화 〈내 아내의 모든 것〉 촬영지이기도 했던 하슬라 아트월드는 야외조각공원을 비롯해 뮤지엄 호텔과 장 레스토랑, 미술관으로 이루어져 있다. 파도치는 동해 바다가 한눈에 내려다보이는 언덕 위에 위치한 야외조각공원은 자연 그 자체가 예술. 실내 갤러리에는 상설 전시관과 피노키오 & 마리오네트 미술관이 있다. '작품 속에 눕다'라는 캐치프레이즈에 걸맞게 그 자체가 작품으로 평가받는 뮤지엄 호텔 객실은 엄마의 자궁을 형상화한 거대한 침대로 유명하다. 객실을 이용하기 부담스러운 여행자라도 호텔 안에 있는 미술관, 레스토랑, 선물 코너, 웨딩홀 등을 둘러보면서 안목을 높일 수 있고 카페에서 테이크아웃한 커피를 마시며 바다가 보이는 벤치에 앉아 쉬어가는 특별한 경험을 할 수 있다.

주소. 강릉시 강동면 율곡로 1441 운영. 08:30-18:30(연중무휴) 비용. 공원 입장료 6,000원, 미술관 입장료 7,000원, 공원+미술관 10,000원 문의. 033-644-9411-5

#02

통영 항구 여행의 로망

'자다가도 일어나 바다로 가고 싶은' 곳, 통영

섬 너머 섬이 그려내는 환상적인 다도해 풍경은 말을 잊게 하고 낮과 밤, 새벽이 저마다 다른 풍경을 그려낸다.
카메라를 메고 바쁜 걸음을 옮기는 여행자들의 풍경이 낯설지 않은 낮과 다찌집에서 싱싱한 해산물 안주에 불콰한 얼굴로 술잔을 비워내는 통영 사람들이 만들어 내는 밤풍경. 그리고 통영의 크고 작은 섬들.
이것이 통영의 전형적인 얼굴이다. 그리고 통영의 별미를 통영 사람 식으로 즐겨보는 것은 그 정서를 가장 가까이 느낄 수 있는 방법이다.

통영, 항구 여행의 로망

감성 DNA를 자극하는 항구도시의 로망

○ 활기 넘쳤던 항구에 블루벨벳 같은 어둠이 내리면 고단한 하루를 접고 항구에 깃든 고깃배들 너머로 하나둘씩 별이 뜬다. 바다 위로 휘황한 선술집의 불빛들이 어룽대고 사람들은 불나방처럼 그 불빛들 속으로 쏟아져 들어간다. 선술집 부엌마다 매운탕이 끓고, 해산물을 손질하는 아낙네의 손길이 바쁘다. 선술집마다 사람 냄새로 열기를 뿜는 항구의 밤은 생명력이 넘친다. 어둠이 깃드는 항구는 저녁 외출을 준비하는 여인처럼 로맨틱하면서도 유혹적이기까지 하다.

삼삼오오 무리를 지어 선술집의 문을 호기롭게 여는 사람들. 이 항구의 풍경 속에는 가난한 예술가들의 모습이 그림자처럼 드리워져 있다. 좁은 골목길의 허름한 선술집에서 술잔을 기울이는 이들의 모습에서 '사랑하였으므로 행복했다는' 유치환을, '눈을 감는 순간까지도 고향 통영을 그리워했다는' 윤이상을, 그리고 꽃의 시인 김춘수를 만난다.

통영의 바다는 왠지 감성을 자극하는 센티멘탈한 바다다. 태양이 수평선과 만나 붉은 빛으로 녹아내리는 저녁, 동피랑 마을 언덕에 올라가 바다를 바라보라. 조명을 밝힌 해저터널과 충무교, 통영대교 그리고 통영운하를 오가는 배들이 그려내는 통영항의 야경을 바라보고 있노라면 가슴 한구석에 쓸쓸한 노스탤지어마저 스며든다. 촉촉한 그 바다는 청마와 김춘수의 시를, 윤이상의 교향곡을, 박경리의 소설을, 전혁림의 그림을 낳게 한 자양분이 되었을 것이다.

밤에 항남동 뒷골목과 항구 근처를 정처 없이 헤매본 사람이라면 나를 지치게 했던 도시의 스트레스가 봄볕에 눈 녹듯이 스르르 녹아버리는 것을 깨닫게 될 것이다. 항구에 촉촉이 비라도 내리는 저녁에는 왠지 허름한 선술집에 가서 모르는 이와 한 잔 술 나누며 산다는 것에 대해 진지하게 얘기를 나누고 싶어진다. 누군가를 만나 우연히 사랑에 빠지게 된다면 그곳이 바로 통영의 밤바다이리라.

통영, 항구 여행의 로망

동양의 나폴리라 불릴 정도로
아름다운 통영항

통영 항구 여행 즐기기

○ 　　　　통영 시내의 웬만한 볼거리는 중앙시장과 서호시장을 연결하는 길에 대부분 모여 있어서 이곳만 왔다 갔다 해도 새벽 경매, 선술집과 다찌집, 해장국집, 예술가들의 생가에 동피랑까지 다 돌아볼 수 있다. 그 중에서도 통영의 온전한 얼굴을 모두 보고 싶다면 통영의 새벽 경매시장부터 들러보자. 밤새 고기잡이를 나갔던 고깃배는 동이 트기도 전에 항구에 배를 대고, 물칸에서 뜰채로 활어를 꺼내 종종걸음 치는 어부들은 경매를 위해 통영수협도천공판장으로 향한다. 펄떡이는 활어와 선어를 둘러싼 경매인의 우렁찬 호명소리와 은밀히 수신호를 보내는 중매인들의 소리 없는 경쟁은 뜨겁고, 커피 한 잔으로 새벽의 한기를 녹이며 호기심어린 표정으로 기웃거리는 여행자들도 보인다.

가까운 곳에 위치한 서호시장은 바다에 기대어 사는 통영 사람들의 일상을 피부로 느낄 수 있는 곳이다. 동 트기 전부터 수족관을 청소하고, 경매장에서 구입한 활어를 수족관에 넣거나 빨간 대야에 멍게나 해삼, 활어를 가득 담고 활기차게 하루 장사를 준비한다. 좀 한가한 아침에 시장을 기웃거리다보면 맛 좀 보라며 멍게를 썰어 내밀기도 한다. 배가 출출하거든 서호시장의 시락국으로 아침을 해결하는 것도 좋다. 구수한 시락국에 제피와 청양고추를 듬뿍 넣어 매콤함을 더하면 아침부터 에너지가 팍팍 솟구칠 것이다.

서호시장에서 멀지 않은 중앙시장은 제철을 맞은 다양한 자연산 활어가 총집결하는 곳. 좁은 골목에 빼곡히 자리한 아줌마들이 벌여놓은 좌판에는 도다리, 멸치, 볼락,

갑오징어, 갯장어, 졸복, 굴, 멍게 등 거의 없는 게 없을 정도. 바다를 통째로 옮겨놓은 듯하다. 주말이면 흥정을 붙이는 시장 아줌마들과 관광객들로 발 디딜 틈이 없다.
중앙시장 위쪽으로 조금 올라가면 동피랑 벽화마을 입구에 다다른다. 가파른 골목을 천천히 오르며 벽화들을 감상하다보면 미로처럼 꺾어진 골목들이 이리저리 이어진다. 동피랑은 높은 언덕에 위치한 만큼 맑은 공기와 풍경이 압권이고 아래쪽으로 내려다보이는 통영항을 배경으로 사진 찍기에도 그만이다. 이 동피랑에는 소설가와 시인들 몇몇이 살면서 창작에 몰두하고 있다. 늘 이런 풍경을 보고 살다보면 영감이 충만해질 듯하다.
이제 통영 시내 구경을 할 차례다. 아직도 그 모습을 잃지 않고 남아 있는 일본 가옥들과 오래된 교회, 서점, 목욕탕 굴뚝이 인상적인 항남동 뒷골목엔 청마거리와 시조시인인 초정 김상옥거리, 김춘수의 〈꽃〉 시비 등을 만날 수 있다. 일제 강점기에 가난한 예술가들이 밤마다 배회했던 선술집들은 대부분 사라졌지만 아직도 그 골목엔 옛 노래가 흐르고 교복을 입은 소녀들은 그 시절의 소녀들처럼 여전히 수줍은 미소를 건넨다. 저들 중에 소녀 박경리가 있었으리라.

통영 사람들의 일상을
피부로 느낄 수 있는 재래시장

통영, 항구 여행의 로망

3박 4일을 매끼 다른 메뉴로
골라도 다 먹어보지 못할 별미 천국

통영 여행을 즐겁게 하는 별미들은 대부분 항구에서 크게 벗어나지 않는다. 그리고 통영의 음식들은 통영에서 먹어야 제맛이다. '바다가 냉장고'인 통영 사람들이 즐기는 음식들은 대부분 바다에서 바로 건져낸 싱싱한 해산물이기 때문이다. 특히 제 철 해산물이 골고루 상에 오르는 다찌는 통영 해물 안주의 최고봉. 저렴하게 통영의 신선한 회나 해산물과 술 한 잔 하고 싶다면 막썰이회나 현지 사람들이 애용하는 재래시장에서 회를 떠다가 숙소에서 맛보는 것이 좋다. 그리고 봄철의 도다리쑥국처럼 통영 사람들이 즐기는 계절 별미와 볼락, 호래기(꼴뚜기), 졸복국, 장어국, 굴·멍게 요리 등 3박 4일을 매끼 다른 메뉴로 골라도 다 먹어보지 못할 정도로 통영은 별미 천국이다.

예부터 음식 맛있기로 소문난 전라도와 버금갈 만한 경상도 맛의 고장으로 통영을 꼽는 미식가들도 많다. 통영 사람들이 고향의 맛에 대한 자부심이 높은 것도 전라도 사람과 닮았다. 부둣가에 앉아 짭짤한 바닷바람을 맞으며 투박하게 썰어낸 회 한 점에 소주 한 잔, 또는 통영 사람들처럼 음식의 비린내를 즐길 수 있을 정도가 되면 아마 '반은 통영 사람'이라고 할 수 있을지도 모른다.

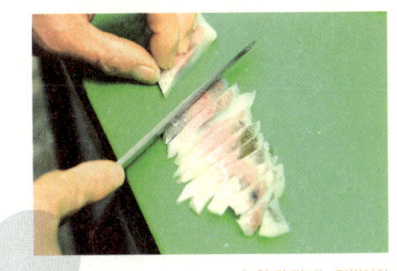

술 한 잔 당기는 막썰이회

통영, 항구 여행의 로망

⚓ 섬 너머 섬, 한려수도의 아름다운 보석들

○ 한려해상국립공원의 일부이자 미륵도와 유·무인도를 합해 200여 개의 섬이 속해 있는 통영은 섬 여행의 천국이다. 소매물도, 욕지도, 장사도, 한산도, 사량도 등 어느 섬을 여행하더라도 제각기 다른 개성을 지니고 있는 통영의 섬들, 그 가운데서도 여행자들이 가장 많이 찾는 섬 몇 개를 소개해본다. 그리고 요트 마니아들 사이에 전국에서 요트 즐기기 가장 이상적인 고장이라는 통영의 요트학교에서 운영하는 요트 체험프로그램도 부담 없이 이용해볼 만하다.

통영에서 1시간 30분이면 닿을 수 있는 소매물도는 '쿠크다스섬'이라고 불리는 등대섬이 절경으로 잘 알려져 있다. 등대 정상에서 내려다보는 아찔한 수직 절벽, 그리고 바다 쪽의 촛대바위, 글썽이바위 등 어떤 앵글, 어떤 방향을 향해 셔터를 누르든 그대로 작품이 된다. 한번 오르면 내려가기 싫어지는 이 절경을 만나려면 물때 정보는 필수.

몇 해 전 KBS〈1박 2일〉에 소개된 이후로 많은 관광객들이 찾는 섬 욕지도는 전망 좋은 언덕에서 바라보는 예쁜 바다 풍경이 좋다. 특히 삼여전망대에서 조망할 수 있는 세 개의 여(礖, 물에 잠긴 바위)는 욕지도 최고의 절경. 섬 주민들이 '욕지고매'라고 부르는 욕지도 고구마 맛은 꼭 볼 것.

통영, 항구 여행의 로망

한려수도의 아름다움을 담고 있는
통영은 섬 여행의 천국이다.

장사도 해상공원 까멜리아는 동백꽃을 의미하는 '까멜리아'가 섬 이름에 붙을 정도로 수백 년 묵은 동백나무 10여 만 그루가 자생하고 있는데 특히 절정을 이루는 1-2월에는 섬 전체가 검붉은 동백꽃으로 뒤덮이는 장관을 연출한다. 개장한 지 2년도 채 안되어서 〈런닝맨〉 십이간지레이스 편에 소개되더니 입소문을 타고 기하급수적으로 입장객이 늘고 있다.

통영여객터미널에서 30분 정도로 가까운 거리에 있는 한산도는 위인전기로만 접했던 이순신 장군의 숨결이 느껴지는 섬이다. 이곳에 있는 휘하 장군들을 모아 작전회의를 하던 제승당과 영정을 모신 영당, 145m 거리에서 장군이 활쏘기 연습을 하던 한산정과 적의 동정을 염탐하던 수루 등 충무공 유적지들을 둘러보다 보면 한산대첩의 현장이 눈앞에 그려지는 듯하다.

사량도는 한국 100대 명산 가운데 하나인 지리산과 옥녀봉을 오르려는 등산객들과 대물을 노리는 낚시꾼들이 많이 찾는 섬이다. 힘든 산행 후 부둣가 포장마차에서 직접 담근 막걸리에 해삼이나 멍게 안주 곁들이거나 손수 낚은 물고기로 즉석에서 회를 떠 소주 한 잔 곁들이는 맛을 잊지 못해 다시 찾게 된다. 유람선은 정확한 시간에 출발하는 것이 아니라 인원 및 날씨에 따라 출항시간이 다르기 때문에 집으로 돌아가야 할 시간에 맞춰 계획을 짜야 한다. 그리고 유람선을 탈 때 충무김밥을 간식으로 준비해가지고 가면 좋다. 배 안에서 펼쳐놓고 먹는 충무김밥 맛은 돌아와서도 잊기 힘들다는 평. 유람선 대신 요트를 이용해서 통영의 섬들을 돌아보는 요트 체험도 특별한 추억이 될 것이다.

통영, 항구 여행의 로망

통영 항구

⚓ 항구 여행 디자인하기

소개

통영처럼 여행지가 밀집되어 있는 곳도 흔치 않다. 통영 시내와 미륵도 두 곳을 돌아보면 통영의 대부분 여행지를 돌아볼 수 있기 때문에 여행의 동선과 계획을 짜기도 쉬운 편이다. 1박 2일 통영 여행을 계획한다면 하루는 통영 시내와 미륵도를 돌아보고 다음날은 섬 여행을 계획해보자. 중앙시장, 서호시장 등 항구 주변의 재래시장에서 항구의 별미를 맛보는 것에서부터 항구도시 통영의 여행은 시작된다. 이와 더불어 시내 가까이 모여 있는 이순신장군과 예술가들의 자취를 찾아 둘러보는 식의 테마 여행을 계획해보는 것도 좋다. 이순신장군에 관련된 문화마당의 거북선을 비롯해 세병관, 충렬사, 향토역사관, 이순신공원 등과 통영 출신 예술가들의 향기를 따라 걷는 토영이야길 1코스를 돌아보자. 숙소는 통영여객터미널 주변, 동피랑 벽화마을과 동호항 사이에 모여 있다.

명소

동피랑 벽화마을. 072p 서호시장. 074p 중앙시장. 074p 강구안 문화마당. 076p 남망산 조각공원. 076p 청마문학관. 076p 세병관. 079p 청마거리, 초정거리. 079p 윤이상기념공원. 079p 해저터널. 079p
이순신공원. 한산도와 쪽빛 바다 풍경이 매력
충렬사. 이순신장군의 신위를 모신 사당

맛집

벅수실비초밥. 080p 통영다찌. 081p 굴향토집. 082p 똥보할매김밥. 083p 원조시락국. 084p 오미사꿀빵. 085p 항남우짜. 085p 호동식당. 086p 통영맛집. 087p
한일김밥. 통영시 항남동 79-15(055-645-2647)
물보라다찌. 통영시 항남동 139-21(055-646-4884)
분소식당. 통영시 서호동 177-337(055-644-0495)

교통

- 서울고속버스터미널 ↔ 통영 : 1일 16회 운행, 07:00-00:30(1688-4700)
- 서울남부터미널 ↔ 통영 : 1일 19회 운행, 06:30-23:10(02-521-8550)
- 통영종합버스터미널 → 강구안 : 일반버스 101번, 301번, 231번(중앙시장 정류장 하차) 문의 055-644-0017, 8

통영, 항구 여행의 로망

⚓ 항구 여행 디자인하기

소개

유인도와 무인도를 합해 150여 개의 섬이 속해 있는 통영은 항구도시이자 섬 여행의 천국이다. 통영대교로 연결되어 있어 이제는 섬 아닌 육지가 된 미륵도를 비롯해서 임진왜란 한산대첩의 중심지였던 한산도, 등대섬으로 유명한 소매물도, 한국 100대 명산으로 꼽히는 지리망산과 옥녀봉이 있는 사량도, 〈1박 2일〉 촬영지로 유명해진 욕지도 등 우리에게 익숙한 섬들도 꽤 많다. 1박 2일 일정의 둘째 날은 가장 가고 싶은 섬으로 떠나보자. 빠듯한 일정이지만 보다 많은 섬을 가보고 싶다면 여객터미널에서 통영 섬 운항 시간을 체크해서 가까운 또 다른 섬을 가볼 수도 있겠다. 여객터미널 앞에 충무김밥집들이 모여 있으므로 배를 타기 전에 미리 사두고 섬에서 한 끼를 해결하는 것도 알뜰 여행의 팁. 통영의 섬들을 오가는 배편이 워낙 다양하고 비수기와 성수기의 운항 스케줄이 다르므로 사전에 꼭 확인해봐야 무리 없는 섬 여행을 즐길 수 있다.

섬

미륵도. 088p 소매물도. 090p 욕지도. 091p 장사도. 092p 한산도. 093p 사량도. 094p

명소

한려수도 조망케이블카. 089p 박경리 기념관. 089p 장사도 해상공원 까멜리아. 092p 제승당. 093p 통영 요트학교. 095p

교통

배편
- 소매물도. 통영여객터미널, 1일 3회 운항, 07:00, 11:00, 14:30(055-642-0116)
- 욕지도. 통영여객터미널, 1일 5회 운항, 06:50-15:00(055-642-0116)
- 장사도. 통영유람선터미널, 수시 운항 09:00-17:00(055-645-2307)
- 한산도. 통영유람선터미널, 매시 정각 운항, 07:00-17:00(055-645-2307)
- 사량도. 가오치 선착장, 1일 6회 운항, 07:00-17:00(055-647-0147) / 통영여객터미널, 1일 1회 운항, 15:00(055-642-0116)

통영. 항구 여행의 로망

통영의 몽마르뜨
동피랑 벽화마을

○

동피랑 블루스

가파른 동피랑 언덕길 오르다 보면
골목마다 피어난 벽화들의 얘기꽃이 한창이다.
우와, 몬당서 채리보이
토영항 갱치가 참말로 쥑이네
(와- 언덕에서 바라보니 통영항 경치가 정말 그만이네)
붓끝에서 피어난 희망, 순박한 동피랑의 꿈
동피랑 언덕에 서면 강구안 포구 위로 사람도 풍경이 되는
통영의 몽마르뜨.

주소. 통영시 동호동
문의. 055-649-2263

'동피랑'이란 이름은 '동쪽 비탈'이라는 뜻이다. 구불구불한 오르막 골목길을 따라 강구항이 한눈에 내려다보이는 동피랑 마을에 오르면 담벼락마다 그려진 각양각색의 벽화가 마치 야외 미술관 같은 느낌을 준다. 불과 7년 전만 해도 비탈진 산기슭을 따라 낡은 집들이 오밀조밀하게 처마를 맞대고 있는 달동네였던 동피랑. 언덕 전망대에서 강구안 일대의 항구 풍경을 감상하다보면 왜 통영을 '한국의 나폴리'라고 하는지 실감하게 된다. 특히 해 저물 녘의 강구안 풍경은 로맨틱하기 그지없다. 이와 함께 2년마다 새로 단장하는 담벼락의 벽화들은 연간 100만여 명의 발길을 끌어들이는 매력 포인트. 날개 벽화 앞에서 천사가 되어 기념사진을 찍는 '동피랑 인증샷'의 열기는 여전히 식지 않았지만 그 사이에 열 곳이 넘는 카페가 생겨났고 게스트하우스, 동피랑 점방, 캐리커처 화가들, 언덕 위 쉼터인 정자까지 들어서면서 더욱 다양한 재미를 더하며 변신에 변신을 거듭하고 있다.

통영, 항구 여행의 로망

사람 내음 넘치는 곳
서호시장과 중앙시장 (통영활어시장)

○ 통영시장

이른 아침 통영시장에 가면

생선 숫자만큼이나 사람의 숫자도 많다.

졸복국, 도다리 쑥국, 시락국 먹을 것도 넘치고

이른 아침, 발그레한 두 볼의 활어좌판 아주머니의 외치는 소리

"아가씨! 여기 와서 무바라, 싸게 줄게."

막썰이 회 한 점 초고추장 푹 찍어 상추에 싸 먹으면

그만 통영에 눌러 앉아 살고만 싶어진다.

주소. 통영시 서호동 177-417(서호시장),
통영시 중앙동 38-4(중앙시장)
문의. 055-643-3024(서호시장),
055-645-2887(중앙시장)

서호시장과 통영활어시장으로 간판이 바뀐 중앙시장은 통영의 대표적인 양대 재래시장이다. 서호시장이 관광객으로 북적거린다면 중앙시장은 통영 사람들이 애용하는 재래시장. 갓 잡은 싱싱한 활어와 해산물로 넘쳐나는 이들 시장을 둘러보다가 맘에 드는 곳에서 흥정만 잘 하면 된다. 활어를 사면 즉석에서 회를 떠주는데❶ 시장 내에 양념과 야채를 따로 제공하는 초장집이 있어서 횟집을 가지 않아도 부담 없이 회를 즐길 수 있다. 원조 시락국 집 앞에 가면 해물탕 재료 한 바구니에 단돈 몇천 원에 파는 좌판 아주머니도 있다❷. 통영시장은 이왕이면 아침 일찍 가는 것이 좋다. 밤새 고기 잡은 배가 새벽에 들어오기 때문에 신선도가 생명인 해산물의 특성상 아침이나 오전에 대부분 거래가 끝나는 경우도 있기 때문이다. 항구도시 통영의 생생한 삶의 현장을 보고 싶다면 서호항의 새벽 경매 풍경❸을 보러가자. 중개인들의 치열한 눈치작전도 재미있지만 즉석에서 약간의 웃돈을 주고 신선한 생선을 살 수 있다.

통영, 항구 여행의 로망

가슴이 따뜻해지는
통영항 걷기 1

남망산 조각공원
주소. 통영시 동호동 230-1
문의. 055-648-8417

청마문학관
주소. 통영시 정량동 863-1
운영. 09:00-18:00(3월-10월),
09:00-17:00(11월-2월),
매주 월요일 휴무
비용. 무료
문의. 055-650-4591

추천 걷기 코스 1
강구안 문화마당 → 남망산 조각공원 → 청마문학관 → 이순신공원 → 동피랑 벽화마을

항구도시인 통영의 매력을 가장 피부로 느끼는 방법은 역시 항구를 중심으로 느릿느릿 걷는 방법이다. 그런데 많은 볼거리가 산재해 있는 통영 시내조차 한 번에 다 돌아보기가 힘들다. 그렇기 때문에 강구안을 중심으로 동쪽과 북서쪽을 나눠서 걷는 코스를 제안한다.

강구안을 중심으로 볼 때 동쪽 방향에는 중앙시장과 동피랑 벽화마을, 남망산 조각공원, 청마문학관, 이순신공원 등의 여행지가 있다. 동쪽 코스의 보너스는 언덕에서 아래쪽으로 시원하게 펼쳐진 통영항 풍경을 다른 앵글에서 감상할 수 있다는 것이다.

'개울물이 바다로 흘러가는 입구'라는 뜻을 가진 강구안의 중심이 되는 문화마당은 통영 여행의 이정표가 되는 곳으로 항구에 정박해 있는 고깃배들과 한강에서 공수해온 거북선을 만나게 된다. 다른 곳에선 쉽게 구경할 수 없는 거북선을 이곳에선 자유롭게 살펴볼 수 있다. 강구안에서 멀지 않은 남망산 조각공원은 통영 시민들의 쉼터로 세계적인 조각가들의 작품과 청마 유치환 시비, 초정 김상옥 시비가 있는 곳이다. 이곳에서 바다 쪽으로 시선을 돌리면 한산도, 죽도 등 한려수도 절경이 한눈에 펼쳐진다.

남망산 조각공원을 내려와 부두를 끼고 걷다 보면 망일봉 기슭에 자리한 청마문학관에 다다른다. 이곳에는 소박한 초가집 형태로 복원된 시인 유치환의 생가가 있고 문학관 내부에는 빛바랜 육필 원고와 각종 문헌 자료 350여 점이 전시되어 있다. 청마문학관이 있는 언덕에서는 또 다른 얼굴을 한 통영항 풍경이 펼쳐진다.

청마문학관을 둘러본 뒤 데크로 단장한 산책길을 걷다 보면 이순신공원에 이른다. 통영 동호항을 향해 서 있는 이순신장군의 동상을 만날 수 있는 이곳은 일출 포인트이기도 하다. 강구안 중앙시장, 시장과 연결된 동피랑 벽화마을 근처에는 충무김밥집, 중앙시장의 해산물들, 빼떼기죽 같은 간식거리와 카페가 있으므로 이쯤에서 배도 채우고 커피도 한 잔 하면서 쉬어가자.

통영, 항구 여행의 로망

⚓
역사 문화의 발자취
통영항 걷기 2

추천 걷기 코스 2
세병관 → 충렬사 → 향토역사관 → 청마거리, 초정거리 → 윤이상 기념공원 → 해저터널

강구안을 중심으로 북서쪽에 있는 볼거리를 찾아 나서는 걷기의 여정은 북쪽의 충렬사와 세병관에서부터 남쪽 방향으로 내려와 통영운하와 해저터널까지 이어진다. 이 루트에는 향토역사관, 청마거리, 초정거리, 서호시장을 거쳐 윤이상 기념공원, 해저터널, 통영운하까지 포함된다.

세병관
주소. 통영시 세병로 27
운영. 24시간 개방, 연중무휴
비용. 어른 200원,
어린이 50원
문의. 055-650-4590

윤이상 기념공원
주소. 통영시 도천동 148
운영. 09:00-18:00,
매주 월요일 휴무
비용. 무료
문의. 055-644-1210

해저터널
주소. 통영시 당동 1-3
운영. 24시간 개방,
연중무휴
비용. 무료
문의. 055-650-4683

통영은 삼도 수군통제사였던 충무공 이순신의 숨결을 가장 생생하게 느낄 수 있는 고장이다. 통영이라는 이름 자체가 조선 선조 26년 한산도에 설치한 군영인 '통제영'에서 비롯되었고 충렬사, 세병관, 향토역사관, 착량묘, 당포성지, 한산도 제승당, 이순신공원 등 이충무공 유적지만 찾아 다녀도 하루가 부족할 정도로 충무공과 관련된 장소가 많다. 특히 국보 305호로 지정되어 있는 세병관은 경상·전라·충청 3도의 수군을 총 지휘했던 통제영의 상징적인 건물이다. 이 세병관과 충무공의 위패를 봉안한 사당인 충렬사를 둘러본 후 근처의 향토역사관에 가면 더욱 체계적으로 통영의 역사를 이해할 수 있게 된다.

통영은 내로라하는 예술가들을 배출한 예향이기도 하다. 향토역사관을 나와 강구안이 있는 남쪽으로 방향을 잡아 걷다 보면 항남동 청마거리와 초정거리가 나온다. 청마 유치환과 초정 김상옥의 이름을 딴 이 거리의 뒷골목에는 옛날 문인들의 체취가 고스란히 남아 있는 통영중앙동 우체국과 시비가 서 있는데 이곳은 또한 젊은이들이 활기차게 거리를 활보하는 통영의 명동이기도 하다. 통영여객터미널을 왼쪽으로 보며 바닷길을 따라 걷다보면 통영이 낳은 세계적인 작곡가 윤이상을 기리는 기념공원에 이른다. 윤이상 선생의 생가 부지에 들어선 이 모던하고 멋스러운 윤이상 기념공원에는 선생이 생전 독일 베를린에서 거주하며 남긴 유품과 사진들이 전시되어 있다. 이 걷기 코스의 마지막인 해저터널에 이를 때쯤 뉘엿뉘엿 해가 지고 있다면 금상첨화가 될 것이다. 통영운하와 충무교가 그려내는 로맨틱한 해저물녘 풍경을 감상하며 다찌집이나 선술집에서 해물을 안주삼아 술잔을 기울이다 보면 하루의 피로가 싹 가실 것이다.

진짜배기 통영다찌의 원형
벅수실비초밥

다찌의 매력
다찌란 말의 유래에 대해서는 통영 사람들조차 의견 분분하지만, 이름이 어떻게 생겨났는지 그건 중요하지 않다. 벅수실비초밥 집 골방 아랫목에 앉아 얼음 채운 양동이에 담긴 술병들을 옆에 끼고 바다에서 막 건져낸 해물을 안주 삼아 밤새도록 노닐며 술병으로 병풍을 두르다보면 알게 된다. 사람냄새 나는 통영 사람들의 깊은 매력을.

통영의 내로라하는 토박이 애주가들이 강추하는 정통 다찌집이다. 골목에 꼭꼭 숨은 이 집의 가장 큰 매력은 옛날 통영다찌의 원형을 고수하고 있다는 점이다. 다시 말해, 관광객의 입맛에 맞춰 상업적으로 운영하지 않는 뚝심과 변하지 않는 주인장의 손맛이 통영 애주가들의 러브콜을 받고 있다 하겠다. 그렇기 때문에 진짜 통영다찌를 만나고 싶다면 벅수실비가 답이다. 두 사람이 기본을 주문하면 소주 3병이나 맥주 5병과 함께 얼음을 가득 채운 버켓에 술병이 담겨져 나오고❶ 이어서 회, 무침, 구이, 찜, 탕이 코스 요리처럼 줄줄이 나오는 것은 여느 다찌집과 같다. 다른 점이 있다면 그 요리들이 하나같이 입에 쩍쩍 달라붙는다는 것.

주소. 통영시 항남동 188 운영. 16:00-24:00 비용. 2인 기본 60,000원(추가시 1인 30,000원), 소주 10,000원, 맥주 6,000원 문의. 055-641-4684

세련된 분위기의 퓨전 다찌집
통영다찌

횟집이 밀집해 있는 미수동에 위치한 통영다찌는 일식집 스타일의 퓨전 다찌집이다. 홍콩의 세계적인 스타 성룡을 비롯해 국내외 명사들의 사인을 볼 수 있는 통영다찌의 가장 큰 장점은 바닷가 건물의 3층에 위치해 시원하게 트인 통창 너머로 바다 풍경을 즐기며 해산물을 곁들인 술자리를 가질 수 있다는 것. 통영다찌는 오랜 전통의 정통 다찌집에 비해 비교적 관광객의 입맛에 맞춘 안주 메뉴를 내놓는다. 일식집이나 일반 횟집 같은 분위기로 깔끔하게 다찌를 즐기고 싶은 젊은층에게 편안하다. 일식집 분위기의 주방과 바다 풍경을 즐기며 다찌 문화를 즐길 수 있는 것이 큰 특징.

비디를 품은 다찌
바다를 향해 탁 트인
다찌집에 앉아
술잔을 기울이면
잉크빛으로 저물어가는
통영의 하늘과
등대불 깜박이는 저문 바다가
술잔에 가득 찬다.
오늘 저녁, 통영식으로
술 한 잔 어때요?
통영다찌에서.

주소. 통영시 미수동 8-2 마이웨이 빌딩 3층 운영. 17:00-24:00 비용. 2인 기본 60,000원상 , 100,000원상 문의. 055-649-5051

굴요리의 모든 것
굴향토집

지금은 다른 굴요리 전문점들이 생겨나긴 했지만 굴향토집은 전국 굴 생산량의 80%를 차지하는 통영 최초의 굴구이 요리 전문점이다. 굴향토집의 굴코스 요리가 상에 가득 펼쳐지면 삼척동자도 다 아는 영양가 높은 굴을 이렇게 다양한 방법으로 요리할 수 있구나, 하고 고개를 끄덕이게 된다. 이 음식점의 모든 굴요리가 총집합하는 향토코스는 탱탱한 굴회부터 시작해서 굴구이, 굴전, 굴찜, 굴무침, 굴밥이 고루 등장한다. 손님들에게 가장 인기 있는 코스는 향토코스에서 굴무침만 빠진 굴 A코스라고.

굴의 변신
통영에선 굴을 '꿀'이라 한다.
굴 하나에 꽉 들어찬
남해바다의 푸른 물빛과 금빛 햇살.
그래서 통영 굴 맛은 꿀맛인 걸까?
굴회, 굴구이, 굴전,
굴찜, 굴밥, 굴무침……
굴향토집에선 굴 한 가지가
날마다 변신을 한다.

주소. 통영시 무전동 1061-10 운영. 09:00-21:00 비용. 향토코스 1인 22,000원(3인 이상), 굴 A코스 1인 17,000원(2인 이상), 굴 B코스 1인 11,000원(2인 이상) 문의. 080-933-9999

매콤새콤 충무김밥의 원조
뚱보할매김밥

코페르니쿠스적 전환
김밥에 밥과 속을 함께 넣어야만 한다는 상식은 김밥 따로, 반찬 따로인 충무김밥에 의해 수정되었다. 충무김밥집 아주머니의 발상의 전환, 기발하다. 통영의 코페르니쿠스는 다름 아닌 충무김밥집 아주머니.

심심한 꼬마 김밥, 매콤한 오징어무침, 큼직하게 썬 새콤한 석박지가 환상적인 조합을 자랑하는 충무김밥. 통영에 가면 충무김밥집과 꿀빵집이 반반이라 할 정도로 많은 충무김밥집이 있는데, 원조는 뚱보할매김밥이다. 매콤한 오징어무침과 새콤한 석박지의 맛을 맨밥이 담담하게 감싸주는 충무김밥은 원래 배에서 먹을 수 있는 도시락 형태로 팔았던 것. 지금도 이 집의 오픈된 주방에서는 많은 여행자들이 테이크아웃해갈 수 있도록 김밥을 싸는 모습을 볼 수 있는데, 잽싼 손놀림에 놀라고 엄청나게 쌓인 충무김밥이 순식간에 동이 나는 광경에 또 놀라게 된다.

주소. 통영시 중앙동 129-3 운영. 07:00-01:00 비용. 충무김밥 4,500원 문의. 055-645-2619

몸이 든든해지는 영양식
원조시락국

시락국은 시락국이 아니다.
시락국은 단지 시락국이 아니다.
그것은 위로 한 그릇이다.
눈 비비고 새벽시장을
여는 사람들에게도
잠 묻은 얼굴로 밤 버스에서
내린 여행자들에게도
밤새 펄펄 끓는 장어 머리 국물만큼
지극한 위로이다.
웅크린 어깨로 시락국집 문을
들어서는 나그네들
저마다 시락국에 밥 한 공기
훌훌 말아먹는다.
그릇이 비워져갈수록
마음에는 힘이 솟고
땀 훔치며 일어서서
씩씩하게 세상 속으로 들어간다.

시락국은 장어 머리만 모아 15시간 푹 고아 만든 진한 국물에 시래기의 통영 사투리인 '시락'을 넣은 간단한 국이다. 아무리 먹어도 속이 편안한 구수한 국물과 쫄깃한 무시래기 건더기가 조화를 이룬다. 10여 가지의 반찬은 냉장 상태를 유지하는 스테인리스 반찬통에 나란히 갖춰져 있어 필요한 만큼 덜어 먹을 수 있는 뷔페 스타일❶. 부추, 청양고추, 감가루와 특제 양념장을 넣으면 더욱 풍부한 맛을 즐길 수 있다.

주소·경남 통영시 서호동 177-408 운영. 04:30-18:30 비용. 시락국밥 5,000원
문의. 055-646-5973

전통을 자랑하는 통영의 별미
오미사꿀빵 & 항남우짜

별미가 많기로 둘째가라면 서러운 통영에서도 유독 중독성이 있다는 오미사꿀빵. 오직 통영에서만 맛볼 수 있는 50여 년 전통의 명물 간식거리로 빵빵하게 들어찬 팥앙금과 부드러우면서도 느끼하지 않을 만큼 단맛이 '하나 더'를 부른다. 180도의 온도로 일정하게 튀기고 기름을 잘 빼내 담백한 맛이 압권이다❶. 오미사꿀빵과 더불어 통영에서만 맛볼 수 있는 독특한 메뉴로 '우짜'가 있다. 우짜란 우동과 짜장의 첫 글자를 따서 만든 이름. 우짜가 우동과 짜장을 섞은 맛일 거라고 생각하지만 생면에 짜장소스, 오뎅, 단무지, 각종 양념을 넣고 디포리 육수를 부어 색다른 제3의 맛이 난다❷.

변하지 않는 것은 다 아름답다
꿀빵.
입술에만 올려도 그대로
꿀이 묻어날 것 같은 달콤한 이름.
우짜.
짜장에 우동 국물을 부어 태어난 '우짜'.
꿀빵과 우짜에는
통영 사람들의 추억이 묻어 있고
여행자들은 통영의
추억 하나를 먹는다.

오미사꿀빵 주소. 통영시 항남동 270-21 운영. 08:30-다 팔릴 때까지 비용. 꿀빵 10개 8,000원 문의. 055-645-3230
항남우짜 주소. 통영시 항남동 239-20 운영. 10:00-04:00 비용. 우짜 4,000원. 짜장면 4,000원, 우동 4,000원, 국수 4,500원 문의. 055-646-6547

통영의 맛집

시원한 복매운탕의 명가
호동식당

해장지존解醒之尊, 졸복국
술 마실 때처럼
속도 같이 풀어야 진짜 술친구
너는 맑은 복국 나는 얼큰한 복매운탕
머리를 맞대고
바쁘게 숟가락질하며 땀을 낸다.
손가락만한 졸복이라 깔보면 안되지.
작은 졸복들 모아 우려내는
진한 국물 맛이란 !
"캬. 거 참 시원하구만! 해장지존일세"
복매운탕 먹고 속이 확 풀리는 것처럼
오늘 하루도 확 풀렸으면.
호동식당 나서는 발걸음이 가볍다.

주량이 세기로 유명한 통영 사람들이 손꼽는 50년 전통의 졸복국 집으로 KBS 〈생생정보통〉에도 소개된 바 있으며 홍상수 감독의 〈하하하〉 촬영지이기도 하다. 작은 졸복의 뼈와 머리를 우려낸 국물에 신선한 졸복과 콩나물, 미나리 등을 넣어 맑게 끓인 복국은 진하며 맛은 담백하다. 졸복은 작지만 복어 특유의 독을 가지고 있는데 이 독을 깔끔하게 제거하는 것이 키포인트❶. 보통 맑은 탕에 넣어먹는 양념장은 그 자체로도 맛있어 밥에 비벼 먹어도 한 그릇 뚝딱이다.

주소. 통영시 서호동 177-102 운영. 07:00-19:30, 둘째 주 월요일 휴무 비용. 복국(맑은 탕) 10,000원, 복매운탕 12,000원, 특복국 19,000원 문의. 055-645-3138

바다의 맛을 느낄 수 있는 멍게요리
통영맛집

멍게를 맛있게 먹는 방법
쌉쌀하면서도 달콤한 멍게는 스태미나식으로도 최고. 갓 잡아 올린 멍게를 뚝 잘라서 한 입 물면 향긋한 바다 향이 입 안에 퍼져친다. 잘게 다진 멍게 살에 유곽 양념을 얹고, 김가루를 뿌려 썩썩 비벼 먹으면 멍게의 또 다른 세계가 펼쳐진다. 날로 먹거나 비벼먹거나 맛있으면 OK!

통영맛집의 멍게유곽비빔밥은 잘게 다진 생 멍게와 채소, 조선 된장을 볶아 만든 유곽이 주재료다. 대합조개 살과 갖은 채소를 다져 함께 구워낸 유곽❶은 조선시대 궁중요리 가운데 하나. 주재료에 자연산 조개를 농축한 조개농축액 소스를 끼얹고 통영 별미인 석모라는 해초와 김가루 그리고 식용 꽃을 얹어 내는데 이것을 함께 비벼 먹는다. 신선한 생 멸치에 야채를 얹고 초고추장 양념에 무쳐낸 생멸치회무침도 봄철 별미.

주소. 통영시 항남동 139-17 **운영.** 08:00-21:00 **비용.** 멍게유곽비빔밥 10,000원, 성게비빔밥 15,000원, 생멸치회무침 10,000원 **문의.** 055-641-0109

⚓ 미륵도

교통편
통영 문화마당 → 미륵도 달아공원 : 513번, 530번, 532번, 536번 버스 /
통영 문화마당 → 한려수도 조망케이블카, 유람선터미널 : 100번, 101번, 141번 버스

추천 코스
통영 시내 → 통영대교 → 한려수도 조망케이블카 → 충무 마리나리조트 → 통영 수산과학관 → 달아공원 → 박경리 기념관

통영 시내를 벗어나 통영대교를 건너면 미륵도가 시작된다. 섬이면서도 충무교, 통영대교, 해저터널로 연결된 까닭에 육지나 다름없다. 볼거리가 많은 미륵도에는 미륵산에서 바라본 한려수도, 달아공원 일몰, 통영대교 등 통영 8경 중 세 가지가 있고 박경리 기념관과 통영 수산과학관도 가볼 만하다. 미륵도 여행은 이 섬을 한 바퀴 휘감아 도는 연장 23km의 산양일주도로를 이용하면 되는데 일몰 때 펼쳐지는 풍광이 꿈길 같다 하여 '꿈길 드라이브 60리'라고도 불린다.

통영대교를 건너 왼쪽으로 꺾으면 유람선터미널 가기 전에 한려수도 조망케이블카가 나온다. 쪽빛 바다에 점점이 박힌 섬들이 그려내는 한려수도의 아름다움을 가장 극적으로 보여주는 한려수도 조망케이블카는 통영을 찾는 관광객들에게 최고의 인기 코스. 미륵산 정상까지 운행되는 케이블카를 타고 1,975m를 올라가면 나타나는, 정상에서 내려다보는 다도해의 풍광이 그림처럼 펼쳐져 있다. 해안선을 따라 달리다보면 가까운 거리에 요트가 점점이 떠있는 충무 마리나리조트가 왼쪽으로 보인다. 이곳에서 남쪽으로 내려가다 보면 통영 수산과학관을 지나 한려해상국립공원의 일몰이 장관인 달아공원에 이르게 된다. 미륵도가 위치해 있는 산양읍에는 박경리 작가의 기념관이 있다. 25년에 걸쳐 대하소설 《토지》를 완성한 작가의 친필 원고와 사진 등 유품들을 만날 수 있고 공원에서 잠시 쉬어가면 좋다.

한려수도 조망케이블카
주소. 통영시 발개로 205
운영. 09:30-17:00(10월-2월),
09:30-18:00(3월·9월), 09:30-19:00(4월-8월),
둘째, 넷째 주 월요일 휴무
비용. 왕복 기준 어른 9,000원, 어린이 5,000원
문의. 1544-3303

박경리 기념관
주소. 통영시 산양읍
산양중앙로 173
운영. 09:00-18:00
(매주 월요일 휴무)
비용. 무료
문의. 055-650-2541-3

통영 수산과학관
주소. 통영시 산양읍
미남리 682-1
운영. 09:00-18:00
비용. 어른 2,000원,
청소년 1,500원(7-18세)
문의. 055-646-5704

통영 섬 여행지

⚓ 소매물도

배편
운영. 통영여객터미널 → 소매물도,
1일 3회 운항, 07:00-17:30
비용. 편도 기준 어른 16,050원,
어린이 7,650원
문의. 055-642-0116
(통영여객터미널)

통영항에서 127km 떨어져 있는 소매물도는 배편으로 1시간 30분 정도를 달려야 만날 수 있는 예쁜 섬이다. 주말이면 여행자들로 북적이는 소매물도는 40명 안팎의 인구가 사는 작은 섬. 망태봉에 올라 감상하는 등대섬과 바다에 점점이 떠 있는 남쪽 바다의 섬들이 빚어내는 비경이 압권이다. '쿠크다스' 광고 배경으로 유명한 등대섬은 이 섬의 하이라이트. 하루에 두 번 바닷길이 열릴 때 자갈길인 열목개를 걸어 등대섬까지 오르려면 물때를 잘 맞춰야 한다. 등대섬 등탑에 올라 절벽 아래를 내려다보면 푸른 바다와 기암절벽이 어우러진 아찔한 아름다움을 감상할 수 있는데, 갯바위에서 낚시를 즐기는 사람들도 많다. 깎아지른 기암괴석 사이를 누비며 남매바위, 글씽이굴 등을 돌아보는 유람선 일주는 다른 앵글에서 소매물도의 절경을 만끽하는 즐거움을 준다.

⚓ 욕지도

욕지도는 수십 개의 섬으로 이루어진 연화열도에서도 규모가 가장 큰 섬으로 3,000여 명에 가까운 주민들이 살고 있다. 섬은 크지만 배 시간에 맞춰 운행하는 마을버스 외에는 달리 교통수단이 없어서 주로 차량을 싣고 들어가 일주도로를 따라 드라이브하면서 즐기는 것이 일반적이다. 해안도로를 따라 달리다보면 해안절벽과 백사장 그리고 작은 어촌이 숨바꼭질이라도 하듯 나타난다. 일주도로 곳곳에 전망대가 있지만 특히 삼여전망대에서 바라보는 세 개의 여(礖·물에 잠긴 바위)가 압권이다. 동항리 일대에는 천연기념물 제 343호인 100여 그루의 모밀잣밤나무숲이 있고 여름이면 몽돌해변이 예쁜 덕동해수욕장과 유동해수욕장에 피서객들이 찾아든다. 고등어 가두리 양식으로 유명한 욕지도의 별미는 신선하고 고소한 고등어회와 자연산 해산물. 해녀가 운영하는 김금남 포차가 유명하다.

배편
운영. 통영여객터미널 → 욕지도,
1일 5회 운항, 06:50-15:00 /
삼덕항 → 욕지도,
1일 8회 운항, 06:45-15:30
비용. 통영여객터미널 → 욕지도
편도 기준 어른 9,700원, 어린이 4,700원 /
삼덕항 → 욕지도
편도 기준 어른 7,600원, 어린이 3,800원
문의. 055-642-0116(통영여객터미널), 055-642-2542(삼덕항)

⚓ 장사도

거제 외도에 필적할 만한 독특한 흡인력을 지닌 장사도 해상공원 까 멜리아가 탄생한 것은 2012년 1월이다. 통영과 거제도 사이에 위치하고 있으며 거제 외도의 2.7배 크기인 이 섬의 매력은 가꾸지 않은 듯한 자연스러움에 있다 하겠다. 자생꽃 200여 종과 1,000여 종의 다양한 식물이 사계절 피고 지며 10만여 그루의 동백나무와 후박나무 등이 지천으로 자생하고 있는 자연 그대로의 식물원이다. 특히, 초겨울 동백꽃이 다투어 필 때는 온 섬이 붉게 타오른다. '제 2의 외도'라고 불리며 매스컴에서 다투어 소개했던 장사도 해상공원은 개장 이래 벌써 수십 만 명이 다녀갔을 정도로 폭발적인 인기를 얻고 있다. 전망대에 오르면 사량도, 거제도, 매물도, 미인도 등이 한눈에 들어오고 동백터널길, 미로정원, 허브가든 등 20여개의 코스별 주제정원을 꾸며 놓아 이리저리 둘러보다 보면 시간 가는 줄 모른다.

배편
운영. 통영유람선터미널 ↔ 장사도,
수시 운항. 09:00-17:00(성수기),
10:00-16:00(비수기)
비용. 왕복 기준 어른 21,000원,
어린이 13,000원
문의. 055-645-2307(통영유람선터미널)

장사도 해상공원 까멜리아
운영. 08:00-19:00(4월-9월),
08:30-17:00(10월-3월)
비용. 어른 8,500원, 어린이 5,000원
문의. 055-633-0362

⚓ 한산도

통영항에서 뱃길로 20분쯤 되는 거리에 한산도 제승당이 있다. 통영항에서 그리 멀지 않은 곳에 위치한 한산도는 임진왜란 당시 삼도수군 통제영이 있던 곳으로 그 앞바다는 충무공 이순신이 학익진 전법으로 한산대첩을 승리로 이끈 곳이기도 하다. 한산도 이충무공 유적지에는 3도 수군을 지휘하던 제승당을 중심으로 적의 동태를 살피던 망루인 수루, 충무공의 영정을 모신 영당 등 여러 채의 건물들이 모여 있다. 제승당에는 이충무공의 전적을 그린 5폭의 해전도와 현자총통, 거북선 모형 등이 전시되어 있어 임진왜란 당시의 상황을 유물로나마 짐작해볼 수 있게 한다.

배편
운영. 통영여객터미널 ↔ 한산도, 수시 운항, 07:00-18:00
비용. 왕복 기준 어른 5,250원, 어린이 2,600원
문의. 055-642-0116(통영여객터미널)

제승당
비용. 어른 1,000원, 어린이 200원
문의. 055-642-8377

⚓ 사량도

주민들이 많이 모여 사는 윗섬만 해도 2,000여 명이 살고 있는 사량도는 결코 작지 않은 섬으로 크게 윗섬과 아랫섬, 수우도 등 3개의 섬으로 이루어져 있다. 특히 지리산에서 옥녀봉까지 이어지는 윗섬의 산행코스는 철사다리, 밧줄타고 오르기, 수직 로프 사다리 등 꽤나 험한 유격 코스 같은 길인 까닭에 등산객들이 유난히 많이 찾는다. 한적한 해변의 정취를 품고 있는 대항해수욕장은 사량도의 하나뿐인 해수욕장으로 가장 짧은 거리에서 산에 오를 수 있기 때문에 등산객들의 발길이 잦은 곳이기도 하다. 사량도행 배편은 도산면 오륜리에 있는 가오치선착장에 있다.

배편
운영. 가오치선착장 → 사량도 금평항, 1일 6회 운항, 07:00-17:00 / 통영여객터미널 → 사량도 금평항, 1일 1회 운항, 15:00
비용. 가오치선착장 → 사량도 금평항 편도 기준 어른 5,000원, 어린이 2,500원
통영여객터미널 → 사량도 금평항 편도 기준 어른 4,500원
문의. 055-647-0147(가오치 선착장), 055-642-0116(통영여객터미널)

⚓ 요트투어

특별한 통영 여행을 원한다면 통영 요트학교에서 운영하는 체험 프로그램을 이용해보자. 요트 전문 강사가 동승해서 세일링 기초교육을 해주고 직접 마스터키를 잡아보는 선장 체험, 갈매기 먹이주기 체험 등을 한다. 또한, 한 시간가량의 딩기요트 체험부터 욕지도나 비진도를 가는 1박 2일 코스까지 다양한 프로그램이 있다. 요트 세일링은 침실과 키친 그리고 화장실까지 겸비된 크루저를 이용하는데, 무동력으로 바람의 힘을 이용하여 시속 20km 정도로 미끄러져 가는 요트의 낭만은 상상 이상이다.
요트의 맛을 보는 정도라면 요트를 타고 한산도 제승당까지 돌아보는 한산섬 세일링을 선택해보자. 색다른 추억이 될 것이다. 편안한 운동화와 썬크림, 미리 예약하는 것도 잊지 말자.

통영 요트학교
주소. 통영시 도남동 639 통영해양 스포츠센터 2층
비용. 크루저 요트체험 12-20인승 시간당 120,000-200,000원
문의. 055-641-5051

전주 사람처럼……

전주는 나지막하고, 순박하고, 조용하다.
전주에서 관리를 지낸 바 있는 고려시대 최고의 문장가 이규보가 기행문《남행월일기》를 통해 적은 것처럼 '전주는 인물이 많아 번화하고 가옥이 즐비하며 오랜 역사를 지닌 나라의 풍모를 지닌 곳'이다. 국제슬로시티, 유네스코 음식창의도시, 한국관광의 별, 한국관광 으뜸명소 등 4관왕에 빛나는 전주 여행의 키워드는 딱 세 가지. 먹고, 걷고, 구경하라.
전주는 이 세 가지를 즐기며 여행하기 참 좋은 도시다.

#03

전주 주점 여행의 로망

전주, 주점 여행의 로망

한량 되어 만끽하는 전주의 '잠들지 않는 밤'

○   전주의 풍류는 여행자들을 저절로 '한량'으로 거듭나게 하는 독특한 마력이 있다.
전주에는 막걸리집만 대략 300여 곳. 20,000원짜리 막걸리 한 주전자면 스무 가지가 넘는 안주가 딸려 나오는 '안주의 춘추전국시대'가 펼쳐진다. 신선한 제철 재료를 이용해 즉석에서 버무려내는 따끈한 안주에는 엄마 손맛이 배어 있고, 주모의 정이 담뿍 담겨 있다. 흥이 있고, 맛좋은 막걸리가 있고, 맛깔스러운 산해진미까지 더해지니 이보다 더 좋을 수는 없다. 거기에 맥주를 부르는 두툼하고 쫄깃한 황태구이와 소주를 부르는 연탄 돼지구이 상추쌈은 또 어떤가. 흥에 취해 밤새 '달린' 여행자를 위한 24시간 콩나물국밥집과 피순대국밥집의 육수는 오늘도 펄펄 끓고 있다.
전주가 맛의 고장이란 것쯤은 알고 있는 여행자도 전주비빔밥 한 그릇 먹어보고 이제 전주의 맛을 알았다며 만족하기도 한다. 길을 걷다가 '막걸리집', '가맥집'이란 간판을 접해도 그 허름한 외관이 주는 이미지 때문에 그냥 지나치는 경우도 많다. 그러나 전주 막걸리집 문을 열고 들어가 보기 전에 섣부른 상상은 금물이다. 가게 맥주를 의미하는 가맥집 문을 밀치고 들어가면 상상 그 이상의 별천지가 펼쳐진다. 만원 짜리 한 장이면 두툼한 황태구이 한 마리에 맥주 한 병은 기본으로 즐길 수 있다. '연탄냄내'가 살아있는 연탄 돼지구이로 유명한 실비집들은 오늘도 군침 넘어가는 냄새로 주당들의 발길을 붙든다.

이렇듯 전주의 술집들은 가벼운 주머니로 들어가도 비싼 술값과 안주 값 때문에 괜히 꿀릴 일 없이 기를 펴고 한 잔 할 수 있는 곳이 많다. 게다가 빈속으로 술 마시면 속 버린다며 엄마처럼 살뜰하게 챙겨주는 이런저런 서비스 안주거리들이 다양하다. 주머니가 가벼운 이들에게 전주는 애주가의 천국이다. 막걸리면 막걸리, 맥주면 맥주, 소주면 소주, 저마다 다양한 안주 메뉴와 빼어난 손맛을 자랑하는 서민적인 술집이 널려 있어 선택의 폭이 넓다.

맛과 멋, 그리고 풍류라는 고명을 얹은 독특한 전주의 술과 음식 문화의 시원은 '정'이다. 이런 전주 사람들의 끈끈한 정 문화를 이해하지 못한다면 전주의 맛에 대한 이해도 더딜 수밖에 없을 것이다. 전주 여행을 왔다면 전주 사람들 속에 섞여서 막걸리 잔을 기울여보고, 가맥집에서 맥주도 한 잔 해보고, 새벽에 남부시장의 뜨거운 피순대국밥을 훌훌 말아먹어도 보고, 아침 해장으로 전주 콩나물국밥도 먹어봐야 한다. 먹고, 걷고, 구경하기의 삼박자가 척척 맞아 떨어지는 여행지로 전주만한 곳이 없다.

전주, 주점 여행의 로망

막걸리 한 사발로 풍류를
즐길 수 있는 전주의 막걸리집

전주의 술과 음식

○ 전주가 세계에서 네 번째로 유네스코 음식창의도시로 선정되었다는 것은 전주의 음식 문화를 세계가 인정했다는 뜻이다. 최근 〈뉴욕타임스〉에도 '한국 식도락가들의 낙원'이라고 소개되었을 정도이니 점잖은 전주 사람들도 고향의 맛에 대한 강한 자부심을 숨기지 않는 것이 당연한 일일지도 모른다.

전주에는 막걸리 지도가 따로 있을 만큼 막걸리가 특화된 고장이다. 전주 막걸리집이 전국적으로 유명세를 타는 것은 특히 막걸리 한 주전자에 한 상을 가득 채우는 푸짐하고 맛깔난 안주들 때문. 전주 막걸리집은 삼천동, 서신동, 경원동, 평화동 등지에 포진되어 있지만 특히 여행자들에게 잘 알려진 곳은 삼천동 막걸리 골목과 서신동이다. 전주 막걸리집의 원형을 보여주는 곳이 삼천동이라면 서신동은 2차로 갈 곳이 많다는 점 때문에 젊은 여행자들이 선호하는 편이다.

대부분의 전주 막걸리집은 750ml 막걸리 세 병으로 한 주전자를 채운다.

"흔든 걸로 드릴까, 맑은 걸로 드릴까?"

전주에서는 가라앉힌 맑은 막걸리가 대세다. 트림이 나지 않고 머리가 아프지 않기 때문이다. 하지만 막걸리 애주가들은 탁주를 선호한다. 전주 막걸리집은 막걸리만 고르면 된다. 안주 값을 머릿속으로 계산할 필요도 없다. 그러나 전주의 모든 막걸리집들이 이런 안주를 내놓는 것은 아니다. 주모의 영업 스타일과 손맛, 테이블 회전율에 따라 안주도 천차만별이다. 그러니 사전에 잘 알아보고 가야 한다. 대개 오후 서너 시부터 문을 여는데 저녁쯤 되면 이미 빈자리가 없을 정도로 성업 중인 곳이 많다. 그러므로 여유 있게 즐기고 싶다면 막걸리집 시간에 맞춰 일찌감치 가는 것이 좋다. 빈속으로 가는 것은 필수조건이다.

전주, 주점 여행의 로망

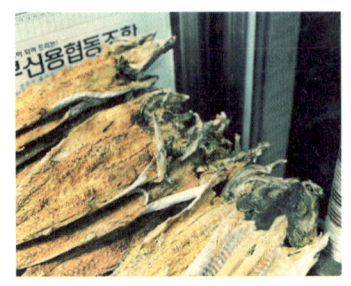 

이제는 너무나도 잘 알려진 전주 가맥의 출발은 동네 구멍가게의 '파라솔 밑 맥주 한 잔'과 다를 바가 없었다. 주로 관공서나 언론사 그리고 대학가가 밀집되어 있던 경원동의 가게들이 그 원조다. 주머니 가벼운 손님들에게 멸치 안주만 내놓기가 '마음이 짠했던' 구멍가게의 '이모'들이 뭔가 더 영양가 있는 안주를 챙겨준 것이 오늘날 전주 가맥의 전통이 되었다. 한때 '8천만 원에 비법을 팔았다'고 전주 시내에 소문이 났던(주인아주머니께 여쭤보니 헛소문이라 한다) 간장소스와 해머로 두들겨 연탄불에 구운 황태와 갑오징어로 '전주 가맥의 지존'이 된 전일슈퍼, 튀긴 닭발 서비스로 유명한 영동슈퍼, 북어를 촉촉하게 슬라이스해 내놓는 촉태의 본향 임실슈퍼 등 통계에도 잡히지 않는 수백 곳의 가맥집이 성업 중이다. 가맥집에서 만 원짜리 한 장으로 맥주 한 병에 황태 하나를 차지하고 홀짝거리다보면 임금님이 부럽지 않다.

소주파를 위한 실비집도 있다. 소주와 어울리는 건 역시 빨갛게 고추장 양념한 돼지고기가 아닐까.

전국 각지에 연탄 돼지구이가 있지만 오원집과 진미집의 연탄 돼지구이는 상추 위에 돼지고기와 새콤한 깍두기, 김밥 한 점을 올려 상추쌈을 해서 먹는다. 볼이 미어지도록 몰아넣은 상추쌈을 꼭꼭 씹고 있노라면 제 3의 오묘한 맛의 세계로 빠져들

맛과 멋, 그리고 풍류가 있는 전주의 주점 문화

전주, 주점 여행의 로망

애주가들의 쓰린 속을
달래줄 해장 음식들

어간다. 맵고 칼칼하게 양념해 구운 돼지족발을 들고 입가에 묻혀가며 뜯는 양념족발은 또 어떤가. 밀밭 근처에만 가도 취하는 여행자라도 소주 한 잔 아니 들고는 못 배길 것이다.

'술 부르는' 전주의 별미에 흠뻑 빠지다보면 속쓰림의 쓰나미가 자연스럽게 몰려오게 된다. 이런 여행자들의 쓰린 속을 달래줄 해장 음식들 또한 24시간 대기하고 있다. 콩나물국밥과 피순대국밥은 전주 해장국의 양대지존이다.

전주 콩나물국밥은 뚝배기째 끓여내는 삼백집식과 육수에 콩나물과 밥을 넣고 토렴하는 남부시장식이 있는데 특히 남부시장식은 삶은 오징어를 따로 주문해 야들야들한 오징어 씹는 맛을 더하는 게 특징이다. 콩나물국밥에는 모름지기 전주의 향토음식인 모주 한 잔을 곁들여야 제맛이다.

헛헛한 속을 따끈하게 풀어주는 또 하나의 단골 메뉴는 피순대국밥이다. 한옥마을 길 건너편에 위치한 남부시장에 가면 콩나물국밥집과 더불어 순대국밥집들이 24시간 풀가동하고 있다. 이 가운데 주말이면 줄 서서 먹는 조점례 남문피순대의 순대국과 피순대는 한 번 맛보면 잊을 수 없는 감칠맛으로 여행자의 입맛을 사로잡는다.

그런가 하면 특별히 전주에 와야만 제대로 된 맛을 볼 수 있는 음식도 있다. 전주비빔밥과 전주 오모가리탕, 그리고 전주 돌솥밥이 그것이다. 그러나 같은 이름의 음식이라 해도 저마다의 노하우가 있다. 그러니 전주에 와서 좀 먹어봤다는 말을 하려면 최소한 스타일이 다른 두 가지를 모두 맛본 후에 비교, 분석해서 얘기할 정도는 되어야 할 것이다.

전주 여행이 즐겁고 또 다시 찾고 싶은 이유는 한옥마을뿐만 아니라 구석구석에서 만나는 별미 때문일 것이다. 기본적으로 맛있고, 푸짐하고, 저렴한 '맛집의 3대 요소'를 두루 갖춘 별미만 찾아다녀도 2박 3일이 부족하다.

전주, 주접 여행의 로망

한옥마을 제대로 즐기기

○ 10년 전, 불과 30만에 불과했던 전주 한옥마을 관광객 수가 이제 500만 명을 넘어섰다. 제주도를 능가하는 폭발적인 관광객의 증가세는 전주 사람들조차 놀랄 정도이다. 우리나라에서 첫 번째로 한국관광의 별로 등극한 전주 한옥마을은 우리나라 관광 트렌드를 주도하는 좋은 본보기가 되고 있다. 그렇다면 전주 한옥마을이 여행자들을 끌어당기는 그 매력은 무엇일까.

전주 한옥마을은 박제되지 않은 살아 숨 쉬는 마을이며 그 자체가 오래된 문화이기도 하지만 젊은이들에겐 새로운 문화이기도 하다. 여성 여행자들이 좋아할 만한 감성적인 풍경과 공간들이 많고, 엄마가 아이를 데리고 편안한 마음으로 여행할 수 있는 교육적이고 안전한 여행지이기도 하다. 물론 전주 한옥마을이 관광지로 급부상하면서 외지인들이 들어와 자리를 잡으면서 상업적인 느낌이 강해진 것도 사실이지만 540여 채의 전통 한옥이 밀집해 있는 명실상부 국내 최대의 한옥밀집 지역이라는 타이틀은 여전히 가치가 있다.

전주 한옥마을 안에는 경기전을 비롯해, 오목대, 전동성당 등 전통적인 역사가 고스란히 살아 있고 전통 문화시설들, 그리고 그 사이사이에 깨알같이 박혀 있는 무한한 꺼리의 공간들이 많아 마을에 들어서면 마치 분홍토끼를 따라 이상한 나라에 간 앨리스처럼 시공간을 초월하게 된다.

느린 걸음으로 이 골목 저 골목을 걷다보면 전주의 장인들과 예술인들이 만들어낸 작품들을 만날 수 있고 그것을 구입할 수도 있으며 또 체험프로그램을 통해 직접 배울 수도 있다.

한 상에 수십 만 원짜리 전통 한정식집이 있는가 하면 유명한 몇 천 원 짜리 분식집도 있다. 인도 명상음악이 은은하게 깔리는 고즈넉한 찻집이 있는가 하면 클래식 음악을 들을 수 있는 로스터리 카페도 있다. 70년대로 되돌아가게 하는 추억의 구멍가게가 있는가 하면 세련된 인테리어로 무장한 기념품숍도 있다. 극과 극, 그리고 그 사이의 다양한 개성의 공간들까지 한데 버무려진 전주 한옥마을은 비빔밥의 정신인 '화이부동 和而不同'의 정신, 즉 섞이되 개성을 잃지 않고 조화를 이루는 모자이크의 마을이다.

걷고, 구경하고, 먹으며 즐긴 한옥마을, 그 하이라이트는 전통 한옥에서 자보는 것이다. 역사가 스며 있는 오래된 한옥에서 하룻밤 자보는 것은 그 집이 들려주는 길고 긴 이야기를 밤새 듣는 것과 같다. 그러니 이왕이면 학인당, 동락원, 승광재 같이 스토리가 있는 전통 한옥에서 한 번쯤 잠을 청해보는 게 좋지 않을까.

전주, 주점 여행의 로망

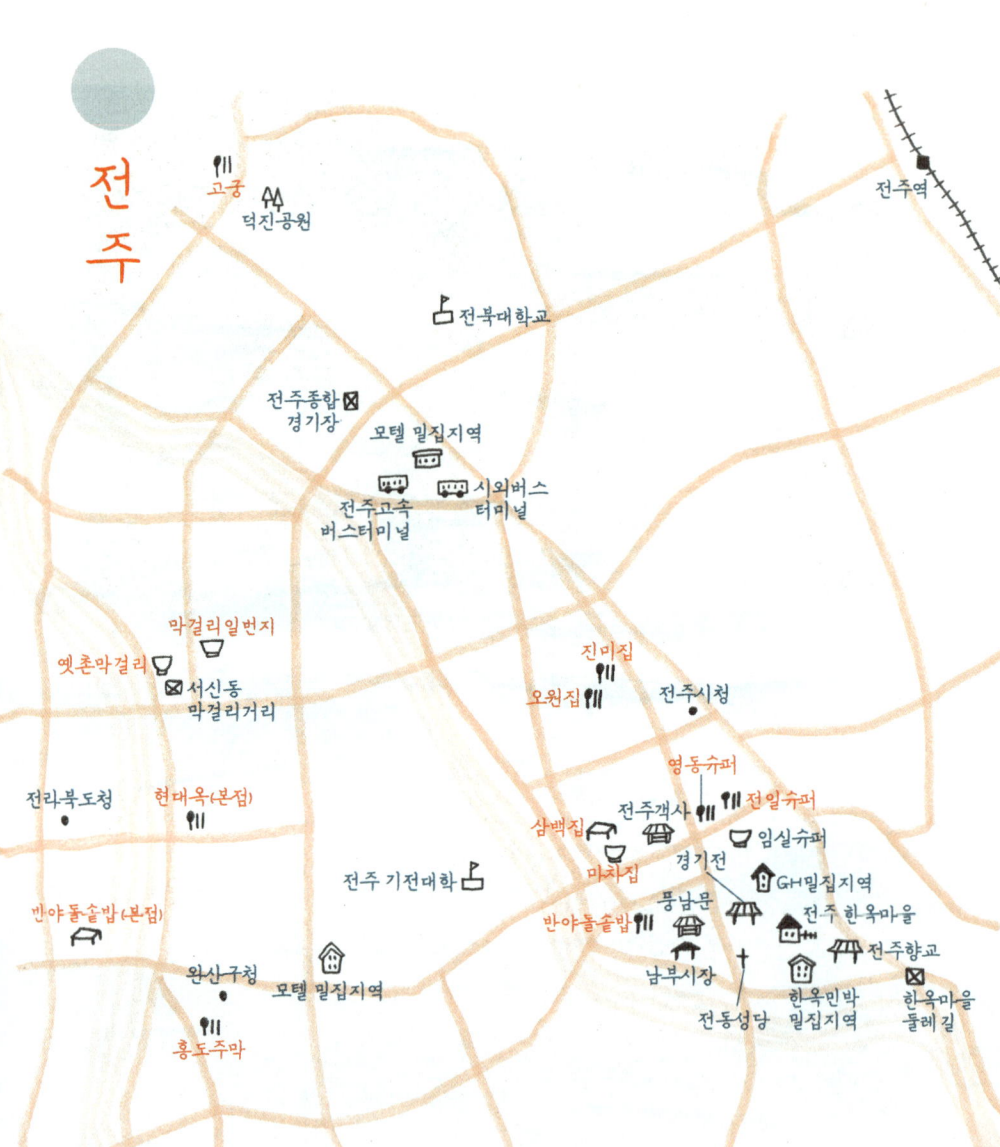

주점 여행 디자인하기

소개

전주 술과 음식 여행의 중심지는 전주 한옥마을과 시내의 번화가 주변이다. 막걸리집, 가맥, 실비집, 비빔밥, 전주 콩나물국밥 등을 이 근처에서 다 해결할 수 있지만 전주스러운 막걸리집이나 실비집 몇 곳은 다소 떨어져 있다. 하지만 진짜배기를 탐닉하고 싶다면 택시로 이동하자. 1박 2일 여행을 계획한다면 전주 여행의 중심지인 전주 한옥마을 주변에 숙소를 정하고 먹어봐야 할 음식과 맛집의 위치를 고려한 여행계획을 세울 필요가 있다. 고속버스, 기차를 이용해 도착한 후 전주 한옥마을까지는 버스나 택시를 이용하는 데 별 무리가 없다. 숙박도 한옥 민박이 많고 한옥풍의 호텔, 게스트하우스까지 잠자리의 불편함은 거의 없다.

코스

추천 전주 1박 2일 여행 코스
1일차. 전주 도착 → 점심(전주비빔밥) → 전주 한옥마을 → 한옥마을 핵심 코스 걷기 → 간식 → 막걸리집(막걸리 + 저녁 해결) → 가맥집 또는 실비집
2일차. 전주 콩나물국밥 → 한옥마을 고즈넉한 산책 코스 걷기 + 남부시장 → 남부시장 피순대국밥

주점

용진집. 112p 막걸리일번지. 113p 옛촌막걸리. 114p 홍도주막. 115p 전일슈퍼. 116p 영동슈퍼. 117p 오원집. 118p 진미집. 118p 마차집. 119p
두여인막걸리. 해물안주와 주모의 입담이 술맛을 돋우는 삼천동 막걸리집(063-221-0271)
임실슈퍼. 촉촉하게 도려낸 황태인 촉태 안주가 독특한 가맥집(063-288-1896)

맛집

삼백집. 120p 현대옥(본점). 121p 고궁. 125p 반야돌솥밥. 125p

교통

- 센트럴시티터미널 → 전주고속버스터미널, 05:30-24:00, 10분 간격으로 운행(02-6282-0114)
- 동서울종합터미널 → 전주고속버스터미널, 06:00-22:10, 30분 간격으로 운행(1544-5551)
- 전주고속버스터미널 → 전주 한옥마을 : 190번, 165번, 61번, 380번 버스
- 전주역 → 전주 한옥마을 : 119번, 551번, 79번 버스

전주, 주점 여행의 로망

전주 한옥마을 여행 디자인하기

소개
전주의 술 문화를 경험할 수 있는 막걸리집과 실비집을 제외하고는 전주 한옥마을과 가까운 주변에 전주의 대표적인 여행지와 맛집, 숙박시설이 밀집되어 있다. 전주 한옥마을은 그리 넓은 공간은 아니지만 문화재, 박물관, 체험관, 카페, 유명 맛집 등이 산재되어 있어 뚜렷한 여행 목적지와 맛집 등을 미리 정해놓지 않을 경우 다리품을 꽤 팔아야 한다. 동서로 뻗은 태조로와 남북을 가로지르는 은행로를 중심으로 각각의 여행 목적에 맞는 동선을 고려해볼 필요가 있다. 당일 여행으로 전주 한옥마을을 둘러볼 수는 있지만 1박 2일 동안 소소하고 깨알 같은 재미를 누려봐야 그 맛을 제대로 알 수 있다. 전주 한옥마을을 이미 방문한 여행자라면 상업적이고 사람이 붐비는 여행지를 피해서 중심지에서 벗어난 고즈넉한 길 주변 걸어 보거나 가까운 남부시장 & 청년몰 레알뉴타운에서 재미를 느껴보자.

체험
승광재(삼도헌). 134p 학인당. 134p 동락원. 135p
양사재. 향교의 부속 건물로 한옥 민박과 야생차 체험 공간(063-282-4959)
풍남헌. 녹차체험프로그램을 운영하는 한옥 민박(010-2757-7673)
청명헌. 전통 황포묵만들기와 우리소리 체험프로그램 운영(063-287-1677)

맛집
현대옥(남부시장). 121p 왱이집. 122p 조점례 남문피순대. 123p 성미당. 124p 가족회관. 124p 산책. 126p 외할머니 솜씨. 127p 다문. 128p 한벽집. 128p 베테랑칼국수. 129p 풍년제과. 129p 교동다원. 130p CHOP 39-5. 130p 블루페코. 131p 공간 봄. 131p

명소
전동성당. 133p 최명희문학관. 134p 경기전(어진박물관). 135p 전주 전통술박물관. 135p 오목대. 136p 자만마을 벽화골목. 137p 전주향교. 141p 한벽당. 141p 남부시장 & 청년몰 레알뉴타운. 142p
전주 부채문화관. 134p 전주 소리문화관. 134p 전주 전통한지원. 134p 전주 한방문화센터. 134p 여명카메라박물관. 135p 전주 전통문화연수원(동헌). 136p 완판본 문화관. 141p

한옥마을

최고의 별미 안주
용진집

엄마 솜씨

신선한 재료에 정을 버무려

즉석에서 요리해내는 안주로 유명한

용진집 안주인 용자 씨.

안주 가짓수가 많다는 게 자랑이 아니라

어느 것 하나 젓가락 가지

않는 것이 없다는 게 이 집의 자랑

이렇게 내놔도 남는 건 있을까

손님이 더 미안해지는 곳.

2001년에 문을 연 용진집은 입맛 까다로운 전주 애주가들 사이에서 주모가 직접 버무려낸 맛깔스런 안주로 인정받는 집. 세월은 흘렀어도 여전히 이곳을 찾는 문화예술 쪽 단골손님들도 많고 막걸리는 술술 넘어간다. 이 집에서 기분 좋게 취한 손님들은 불콰해진 얼굴로 벽에 낙서를 하며 그 감동을 전하곤 한다. 키조개살, 굴, 꼬막, 꽃게무침 등의 해산물 위주로 15가지 이상의 음식이 따라 나오는 첫 주전자 안주❶도 맛깔스럽지만, 안주의 하이라이트는 세 번째 주전자에 따라 나오는 간장게장 비빔밥과 게장 비빔밥❷.

 ❶
 ❷

주소. 전주시 완산구 삼천동 1가 627-9 운영. 04:00-01:00(첫째, 셋째 일요일 휴무)
비용. 막걸리 첫 주전자 20,000원, 추가 17,000원, 게장 비빔밥 5,000원 문의. 063-224-8164

푸짐한 인심 한 사발
막걸리일번지

주소. 전주시 완산구 서신동 835-13
운영. 16:00-01:00(첫째, 넷째 일요일 휴무)
비용. 천둥소리 쌀막걸리
첫 주전자 20,000원, 추가 15,000원,
산삼 막걸리 한 주전자 30,000원부터
문의. 063-254-7800

게임 한 판

주모 인심은 객(客)의 주량에서 나온다나.
막걸리 주전자는 산처럼 쌓여만 가고
객의 배는 산처럼 불러만 가는데도
안주의 행렬은 끝이 없다.
어디까지 나오나 끝까지 가보자는
얼마나 더 먹나 끝까지 주고 보자는
주모와 객의 정겨운 게임 한 판.

막걸리 첫 주전자에 따라 나오는 안주❶가 단연 일품인 서신동 막걸리집. 오랫동안 음식점을 경영했던 주모의 음식 솜씨가 발휘된 맛있는 안주들이 배가 부를 대로 불러도 계속 나온다. 이 집은 대한민국 막걸리 품평회에서 대통령상을 받은 천둥소리 쌀막걸리와 함께 산삼 막걸리를 취급한다. 어느 것을 먼저 맛봐야 좋을지 마음이 방황할 정도로 푸짐한 첫 주전자 안주. 그 중에서 젊은 층에게 인기 있는 날치알쌈도 당연히 공짜다. 주전자를 추가할수록 낙지와 과메기, 홍어삼합, 피조개, 장어구이 등 업그레이드된 안주들이 줄줄이 나온다.

전주, 주점 여행의 로망

색다른 안주 미학
옛촌막걸리

주소. 전주시 완산구 서신동 843-16
운영. 16:00-03:00(둘째, 넷째 일요일 휴무)
비용. 막걸리 첫 주전자 20,000원,
추가 15,000원, 막걸리 한 주전자 8,000원
문의. 063-272-9992

첫 주전자에 따라 나오는 육류 안주가 특징인 집. 그래서 중년층보다는 육류를 선호하는 젊은층이 압도적으로 많이 찾는다. 첫 주전자 안주는 족발과 묵은지 돼지고기찜, 삼계탕, 부침개 등의 먹을 만한 음식 몇 가지❶로 전주 막걸리집 가운데서도 색다른 안주로 승부를 거는 집이다. 본점 내부에는 알 만한 연예인들이 다녀간 흔적이 남아 있어서 이 집의 인기를 짐작하게 한다. 특히 주말에는 장시간 줄을 서는 경우가 많기 때문에 미리 서둘러야 한다.

❶

○
통 큰 안주

이 집의 첫 주전자 안주는 삼계탕, 돼지족발, 김치찜.
젊은이들이 환호한다. "이건 내 스타일이야!"
식성 좋은 젊은이들을 부르는 고기 안주로 유명한 집.
"첫 인상이 중요해요.
이왕이면 처음부터 젊은이들이 좋아하는 걸로
통 크게 쏘는 거죠."
퍼주면 언젠가 남는다는 게 주모의 경영철학.

안도현 시인이 추천한
홍도주막

홍탁삼합의 지존

홍도를 가보는 게 꿈이었던 소녀가
어느덧 주모가 되었다.
무뚝뚝해보여도 속정이 깊은 주모는
막걸리 소믈리에.
그녀가 고른 막걸리에
홍도주막 홍어삼합을 곁들여야
홍탁삼합洪濁三合, 진짜 전라도 술맛을 알게 된다.

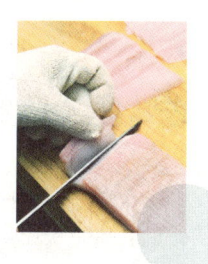

안도현 시인이 추천하는 막걸리집이자 고 노무현 대통령과의 인연으로도 화제가 되는 집이다. 횟집을 경영하다가 주막으로 업종전환을 한 까닭에 주로 해산물 안주 위주다. 특히 홍어는 홍도주막에서 빠뜨릴 수 없는 주재료. 그 가운데 삭힌 홍어와 돼지고기 수육, 묵은 김치가 어우러진 홍어삼합 ❶은 이 집의 거친 밀막걸리와 가장 잘 어울리는 안주다. 삭힌 홍어도 약간 삭힌 것과 제대로 삭힌 것, 두 가지 버전이 준비되어 있으므로 감당할 수 있는 버전으로 주문해야 한다.

주소. 전주시 완산구 효자동 1가 620-11 **운영.** 16:00-01:00(명절, 현충일 휴무) **비용.** 막걸리 첫 주전자 17,000원, 추가 15,000원, 홍어삼합 25,000원, 홍어탕 25,000원, 홍어찜 12,000원, 홍어전 12,000원, 수육 12,000원 **문의.** 063-224-3894

전주, 주점 여행의 로망

최고의 전주 가맥집
전일슈퍼 (전일갑오)

전주 가맥집의 지존
쉴 새 없이 마른 황태를 두들겨대는
전동해머 소리 요란하고
연탄불에 황태 굽는 주인장 손길이 바쁘다.
불콰해진 얼굴로 목소리를 높여가며
속엣 얘기 나누는 저녁 6시,
전일슈퍼 안은 벌써 빈자리가 없다.

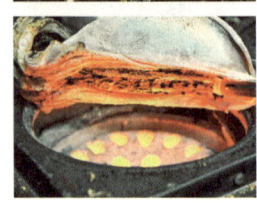

가게 맥주 값에 보슬보슬해질 때까지 두들겨 바삭하게 구워낸 두툼한 러시아산 황태와 갑오징어가 이 집의 주 메뉴다. 씹으면 씹을수록 구수한 맛이 우러나는 안주들은 이 집만의 특제 간장소스 ❶에 찍어 먹는데 '며느리도 모르는' 주인장만의 비법이 여기에 담겨 있다. 칼칼하고 달콤짭짤한 이 소스는 두툼한 뚱뚱 계란말이에도 찍어 먹는데 출출할 때 든든한 요기가 된다. '내가 바쁘니까 저 스스로 맥주 갖다 먹고, 소스 리필해 먹고, 과자 갖다 먹고, 카드도 지가 긁는다'는 주인아주머니의 말씀처럼 시끌벅적, 그저 내 집처럼 편안한 분위기다.

주소. 전주시 완산구 경원동 3가 13-12 운영. 15:00-01:00(일요일 휴무) 비용. 맥주 2,200원, 황태구이 8,000원, 갑오징어구이 15,000원, 계란말이 6,000원 문의. 063-284-0793

인기만발 닭발튀김
영동슈퍼

주소. 전주시 완산구 경원동 3가 15-6,
경원동 KT 후문 앞
운영. 15:00-01:00(첫째 일요일 휴무)
비용. 맥주 2,500원, 황태구이 10,000원,
갑오징어구이 15,000원, 계란말이 6,000원
문의. 063-283-4997

닭발튀김의 위로

골동품 연탄난로를 부동자세로 호위하는 북어들
구수한 냄새 올리며 꼬들꼬들 말라가고
오늘을 열심히 살아낸 단골들을 위로해주던
'이모'의 튀긴 닭발은 영동슈퍼의 명물
닭발 들고 뜯으며 하루를 위로받던 사람들은
긴 세월의 강을 건너서도 이 집을 찾는다.

영화배우 이선균이 전주국제영화제 때 추천한 가맥집 영동슈퍼는 유난히도 정이 많은 사장님 부부를 찾는 단골들이 많은 곳. 영동슈퍼의 명물이 된 닭발튀김❶은 원래 통닭집을 하려던 주인이 당시 값이 저렴했던 닭발을 튀겨서 서비스로 내놓았던 것. 닭발튀김의 인기를 몰아 청양고추가 듬뿍 든 매콤한 청양통닭도 등장해 애주가들의 사랑을 받고 있다. 그밖에 매맞은 오징어, 말많은 노가리, 쫄깃 똥집튀김 등 톡톡 튀는 재미난 이름의 안주들이 이 집의 분위기를 짐작하게 한다.

전주, 주점 여행의 로망

연탄냄새

빨간 고추장 양념을 한 돼지고기와 연탄불이 만나 풍기는 '연탄냄새'만큼 원초적 식욕본능을 자극하는 냄새가 또 있을까? 이 냄새에도 군침이 넘어가지 않는다면 그는 대한민국 사람이 아니다.

연탄 돼지구이의 명가
오원집과 진미집

중앙시장 근처의 진미집과 오원집은 쌍벽을 이루는 연탄 돼지구이집이다. 상추 위에 고추장으로 빨갛게 양념해 연탄불 위에 구운 돼지고기 한 점과 새콤한 깍두기, 김밥을 얹어서 상추쌈으로 먹는다. 이 세 가지가 입안에서 섞이며 오묘한 맛의 세계로 인도한다. 진미집❶이 숙성시킨 돼지고기를 굽기 직전에 양념을 강하게 묻혀 세 번 구워내면서 반지르르 윤기가 도는데 비해 오원집❷은 양념에 재어 숙성시킨 상태에서 두 번 구워내 깊은 맛이 느껴진다. 두 집 모두 맛있고 푸짐하면서 가격도 착한. '소주를 부르는' 애주가들의 아지트다.

오원집 주소, 전주시 완산구 태평동 8-37 **운영**, 17:00-06:00(둘째 일요일 휴무) **비용**, 돼지구이 8,000원, 양념족발 8,000원, 김밥 1,500원, 가락국수 2,500원 **문의**, 063-275-1123
진미집 주소, 전주시 완산구 서노송동 655-14 **운영**, 17:30-05:00(첫째, 셋째 일요일 휴무) **비용**, 돼지불고기 8,000원, 김밥 2,000원, 양념족발 8,000원, 가락국수 3,000원 **문의**, 063-254-0460

양념족발의 대반란
마차집

주소. 전주시 중앙동 1가 7-5
운영. 16:00-02:00(연중무휴)
비용. 양념족발 12,000원, 돼지갈비 12,000원,
소갈비살 13,000원, 소고기주먹밥 4,000원
문의. 010-3624-9050

30여 년 전통의 양념족발집이지만 3년 전 서양요리 전문인 셰프가 이 집을 인수하면서 웰빙 콘셉트로 새롭게 리모델링했다. 과일소스와 태양초, 청양고추를 듬뿍 넣은 매콤달콤한 양념에 버무린 족발을 다시 연탄불에 재빨리 구워내 불향을 강조한 양념족발❶과 신선한 돼지갈비살을 발라내 구워낸 돼지갈비가 맛있다. 13가지로 구색을 갖춘 슈퍼푸드 샐러드바는 콜라겐이 풍부한 족발과 어울리고 쫄깃한 미역과 표고버섯으로 끓여낸 미역국도 진국이다. 10여 가지 잡곡과 버섯, 야채로 볶은 소고기주먹밥❷도 영양가 높은 메뉴.

족발 뜯는 아가씨

매콤한 양념족발은 더 이상
술꾼 아저씨들의 전유물이 아니다.
서양요리 전공한 셰프가 창조한
세련된 퓨전 족발집의 세계.
양념족발에 슈퍼푸드 샐러드바
달달 볶은 오곡밥에 무순으로 가니시한 주먹밥
비닐장갑 끼고 족발 뜯는 예쁜 아가씨들.
마차집에 가면 만날 수 있다.

전주의 맛집

하루 삼백 그릇의 자존심
삼백집

삼백집이란 이름은 60여 년 전, 처음 삼백집을 운영하던 할머니가 하루에 딱 삼백 그릇의 콩나물국밥만 팔고 문을 닫았다는 데서 유래한 것이다. 육수에 콩나물과 밥을 토렴해 개운한 맛을 내는 남부시장식과 달리 뚝배기째 끓여내 우려낸 진한 국물❶이 특징으로 땀 흘리며 '뜨거운 맛'으로 먹는다. 허영만 화백의 《식객》에도 소개된 바 있는 삼백집 콩나물국밥은 밤새 과음으로 시달렸던 속을 시원하게 풀어주고 직접 달여 내는 무알콜의 모주 또한 진한 맛이 일품이다. 치맛살과 신선한 선지와 천엽, 양이 가득 들어 있는 선지국밥도 구수하고 맛있다.

욕쟁이 할머니네 콩나물국밥
삼백집 콩나물국밥은 욕이 반찬. 욕을 얻어먹으며 먹어야 제맛이었다는데, 이제 욕쟁이 할머니의 일화는 전설이 되고, 욕쟁이 할머니가 끓이던 콩나물국밥 솥에서는 3대째 이어지는 구수한 콩나물국밥 스토리가 쉬지 않고 끓고 있다.

주소. 전주시 완산구 고사동 454-1 운영. 24시간 비용. 콩나물국밥 5,000원, 선지국밥 6,000원, 모주 1,500원 문의. 063-284-2227

전주 콩나물국밥의 원조
현대옥

이상한 콩나물국밥
쿵쿵쿵! 닥닥닥!
도마 위에 마늘 찧는
맛있는 소리 요란하다.
열 명도 채 앉지 못할 만큼
좁고 기다란 공간 어깨를 부딪치며
콩나물국밥을 먹다보면
엄마 밥상 함께 받는 자매라도 된 듯
가족애가 솟구친다.
그 몹시도 도란도란한 풍경 때문에
사람 마음 울컥하게 만드는
이상한 콩나물국밥.

현대옥 콩나물국밥의 원형을 맛보려면 남부시장에 있는 작은 현대옥으로 가야 한다. 바로 코앞에서 전주 아지매들이 신나게 양념을 즉석다짐하는 모습이 오감을 자극한다. 시원한 콩나물국밥 뚝배기에 즉석다짐❶ 한 고추, 파, 마늘을 얹으면 신선한 즙이 국물 속에 녹아나오는 콩나물국밥은 이 시대의 '소울푸드'라 할 만하다. 이 집에서부터 시작된 현대옥은 이제 전국적으로 프랜차이즈를 넓히고 있는 추세. 본점인 중화산동점에 가면 두 가지 스타일의 콩나물국밥을 다 맛볼 수 있고 얼큰돼지국밥, 현대옥정찬 등 더욱 다양한 메뉴를 접할 수 있다.

현대옥(본점) 주소. 전주시 완산구 중화산동 2가 758-6 운영. 24시간 비용. 콩나물국밥 5,000원, 삶은 오징어 한 마리 3,000원 문의. 063-228-0020
현대옥(남부시장) 주소. 전주시 완산구 전동3가 남부시장 2동 74 운영. 06:00-14:00 비용. 콩나물국밥 5,000원, 삶은 오징어 한 마리 3,000원 문의. 064-282-7214

전주의 맛집

독특한 이름의 콩나물국밥
왱이집

'손님이 주무시는 시간에도 육수는 끓고 있습니다.'라는 카피로 유명한 왱이집의 콩나물국밥은 조미료를 쓰지 않고 콩나물의 순한 맛이 그대로 살아있는 것으로 유명하다. 점심 무렵 이 집의 주방을 들여다보면 어른 키만큼 쌓인 수란 그릇에 놀라게 되는데 탑처럼 쌓인 수란 그릇이 손님상으로 나가는 것도 금세. 오랜 세월 맛있는 콩나물국밥을 만들기 위해 사용하다 닳아 구멍이 난 도마 ❶는 여사장의 보물이라고 한다. 카운터 위에 후식으로 준비해둔 튀밥은 컵, 봉투, 두 손 사용금지.

벌떼처럼
한 번 들으면 잊히지 않는
독특한 이름 '왱이'는
벌떼가 왱왱하고 모여드는 소리.
손님이 주무시는 시간에도
육수는 끓고
그 육수 찾는 발길은
24시간 끊이지 않는다.

주소. 전주시 경원동 2가 12-1 운영. 24시간 비용. 콩나물국밥 6,000원 문의. 063-287-6980

전주에서만 맛볼 수 있는 순대
조점례 남문피순대

비법
"한국 사람은 밥심으로 사는 것이제~"
친근한 광고카피의 주인공
조점례 할머니는
40년 세월동안 순대 국밥을 말아온
남부시장의 터줏대감이다.
어머니의 대를 이은 딸은
10여 년의 노력 끝에 찾아냈다.
아이부터 70대 노인까지
사로잡는 맛의 비법을.
땀방울과 인내의 피순대국밥,
그래서 땀 흘리며 먹어야
제맛인가 보다.

당면 잡채를 넣은 순대가 아닌 '수제 피순대'라는 독특한 아이템으로 남부시장을 넘어 전주 지역에서 가장 유명한 피순대국밥집. 24시간 연중무휴로 운영하지만 언제 가도 한가할 때가 별로 없을 정도로 문전성시를 이루고 있다. 이 집의 대표 메뉴는 순대국밥과 피순대. 잡내가 전혀 느껴지지 않는 깔끔한 국물의 순대국밥과 다른 지역에선 만나기 힘든 독특한 맛과 식감을 자랑하는 피순대❶가 인기다. 특히 신선한 선지에 10여 가지 채소를 섞어 돼지 내장을 채운 뒤 삶아내는 피순대는 부드럽게 씹히는 영양식으로 깻잎에 싸먹으면 풍미를 더한다.

주소. 전주시 완산구 전동 3가 2-198 운영. 24시간 비용. 순대국밥 5,000원, 피순대 10,000-15,000원, 모둠고기 10,000-15,000원 문의. 063-284-2835

❶

전주의 맛집

전주 별미 밥의 양대 산맥
전주비빔밥과 반야돌솥밥

비빔밥의 고장 전주에는 3대 비빔밥이라 하여 성미당, 가족회관, 고궁을 꼽는다. 사골국물로 지어낸 고슬고슬한 밥 위에 10여 가지의 나물을 얹고 고명을 얌전스럽게 얹어 내놓다. 성미당은 재료들이 잘 섞여 깊은 맛을 내는 초벌 비빔밥❶을 미리 만들어 내는 것이 특징이며 가족회관❷과 고궁❸은 밥과 나물, 고명을 각각 얹어 비벼 먹는 스타일이다. 비빔밥 전문점들마다 스타일이나 반찬은 조금씩 달라도 놋그릇에 정갈하게 담긴 맛의 조화가 특별하다는 것은 똑같다. 전수비빔밥과 더불어 한약재를 우려낸 물로 곱돌솥에 지어내는 돌솥밥이 맛있는 반야돌솥밥❹은 돌솥밥을 최초로 개발한 집. 찹쌀, 멥쌀, 보리쌀 등 세 가지 불린 쌀에 푹푹 곤 사골 육수를 붓고 그 위에 밤, 은행, 우엉, 당근, 표고버섯 등 8가지 고명과 계란 노른자를 얹어 지어낸 돌솥밥은 그 자체가 영양밥으로 마치 참기름을 바른 듯 윤기

성미당 주소. 전주시 완산구 중앙동 3가 31-2 운영. 10:30-21:30 비용. 전주비빔밥 11,000원. 육회비빔밥 13,000원. 모두 2,000원 문의. 063-287-8800
가족회관 주소. 전주시 완산구 중앙동 3가 80 운영. 11:30-21:00 비용. 전주비빔밥 12,000원. 육회비빔밥 15,000원. 모두 2,000원 문의. 063-284-0962

전주비빔밥과 전주돌솥밥
정갈한 방짜유기 속에
오방색 꽃이 피어난 전주비빔밥
청 : 시금치, 적 : 육회,
황 : 황포묵, 백 : 도라지, 흑 : 표고버섯
한약재 우린 물에 10여 가지 영양재료를
듬뿍 넣은 영양 돌솥밥
밥 한 그릇에 담긴 미학과 건강의 철학.

가 자르르 흐른다. 여기에 반야의 비법인 양념장과 100% 천연조미료만을 사용해서 계절 채소로 그날그날 무쳐내는 겉절이를 함께 비벼 먹은 후 구수한 돌솥누룽지를 긁어 먹는 재미 또한 각별하다. 겉절이 채소는 계절마다 달라지지만 반야돌솥밥의 변함없는 인기 반찬은 역시 도라지 석쇠구이일 것이다. 고추장 양념을 한 도라지를 석쇠에 구운 채로 내오는데 양념에 비빈 돌솥밥 한 수저와 함께 먹는 맛이 그만이다.

고공 주소. 전주시 덕진구 덕진동 2가 168-9 운영. 11:00-21:30 비용. 전주비빔밥 11,000원, 육회비빔밥 13,000원, 돌솥비빔밥 11,000원 문의. 063-251-3211
반야돌솥밥 주소. 전주시 완산구 중앙동 4가 80-2 운영. 11:00-21:00 비용. 반야돌솥밥 8,000원 문의. 063-287-1948

전주의 맛집

동서양 요리의 이색 만남
산책

구름 위의 산책
레스토랑 산책의 슬로건은
Taste a walk !
산책을 즐기듯이 음식을 음미하라.
퓨전 한옥에서 즐기는
게살크림파스타는
구름 위를 산책하는 황홀한 맛이다.

캘리그라피가 멋스러운 입구의 간판이 눈길을 끄는 한옥 레스토랑 산책은 퓨전 한옥에서 이탈리아 요리를 맛볼 수 있는 이색적인 음식점이다. 오픈 키친에 한옥의 기둥과 서까래를 그대로 살린 실내 인테리어는 특별히 꾸미지 않아도 그 자체로 멋스럽다. 샐러드, 파스타와 피자, 화덕구이가 주 메뉴로 토핑과 치즈가 듬뿍 들어 있는 깔조네❶와 먹물 도우를 사용한 고르곤졸라 피자가 독특하다. 바깥 마당의 빨간 파라솔 아래서 한옥의 운치를 즐기는 것도 특별한 느낌으로 다가올 것이다.

주소. 전주시 완산구 풍남동3가 74-25 운영. 11:00-24:00 비용. 샐러드 10,000-15,000원, 피자 16,000-17,000원, 파스타 13,000-14,000원, 깔조네 16,000원 문의. 063-283-3773

다양한 웰빙 디저트
외할머니 솜씨

손맛

음식 솜씨가 뛰어나셨다는 어머니의 손맛을 잊지 못하는 그녀는 작은 부뚜막에서 팥을 삶고, 쌍화탕을 달이고 얼린 홍시와 인삼을 갈아낸다. 어머니의 맛은 자식의 건강을 챙기는 정성이 깃든 맛. 제 본연의 단맛이 은은히 스미는 담백한 맛. 외갓집 대청마루에 앉아 먹던 바로 그 맛.

전통 디저트 카페인 외할머니 솜씨는 옛날 흑임자팥빙수❶가 인기로 평일, 주말을 가리지 않고 이 메뉴를 맛보려는 여행자들로 늘 장사진을 이룬다. 음식 솜씨가 좋으셨던 어머니가 해주시던 맛을 되살리고 싶었던 여사장님이 옛날 방식으로 직접 쑤어 만든 팥 고명과 고소한 흑임자 가루, 그리고 넉넉하게 얹은 쫀득한 찰떡 맛이 일품이다. 이 팥을 이용한 단팥녹차아이스크림과 웰빙단팥라떼와 얼린 홍시를 갈아 만든 홍시보숭이도 별미. 메뉴 하나하나에 건강을 담은 웰빙 디저트로 먹고 나서도 건강해지는 느낌이 좋다.

주소. 전주시 완산구 교동 113-4 운영. 12:00-22:00(주말 11:00부터) 비용. 옛날 흑임자팥빙수 6,000원, 단팥녹차아이스크림 5,000원, 인삼꿀라떼 8,000원, 웰빙단팥라떼 5,000원, 홍시보숭이 5,000원 문의. 063-232-5804

전주의 맛집

전통 전주 한정식의 명가
다문

고풍스러운 한옥에서 전주 한정식을 즐길 수 있는 맛집. 메뉴는 한정식 한 가지인데, 깔끔한 나물 반찬과 고기, 생선구이 등이 한 상 가득 푸짐하게 나와 보는 것만으로도 배가 든든해진다. 손님이 많기 때문에 미리 예약을 하는 것이 좋다.

주소. 전주시 완산구 교동 82 운영. 12:00-16:00, 17:30-20:30 비용. 한정식 15,000원 문의. 063-288-8607

전주 오모가리탕의 지존
한벽집

빠가사리, 쏘가리 등으로 끓여낸 민물 매운탕이 맛있는 곳. 정성껏 손질한 민물 생선에 시래기를 담뿍 담아 오모가리(뚝배기)에 팔팔 끓여서 내오는데, 얼큰하면서도 시원한 국물 맛이 일품이다. 마지막에 나오는 누룽지도 후식으로 안성맞춤.

주소. 전주시 완산구 교동 15-3 운영. 09:00-21:00 비용. 빠가탕 40,000-55,000원, 쏘가리탕 55,000-80,000원 문의. 063-284-2736

한옥마을 명물 칼국수
베테랑칼국수

1977년에 개업한 전주 한옥마을의 명물 맛집. 커다란 스테인리스 그릇에 넘칠 듯 담겨 나오는 푸짐한 양의 칼국수는 한 번 먹으면 계속 생각이 나는 묘한 맛이 있다. 가격이 저렴한 것도 매력.

주소. 전주시 완산구 교동 85-1 운영. 09:00-21:30 비용. 칼국수 5,000원, 쫄면 5,000원, 만두 4,000원 문의. 063-285-9898

수제 초코파이가 일품
풍년제과

60년 역사를 자랑하는 전주의 대표 빵집. 전주 한옥마을을 걷다보면 심심치 않게 수제 초코파이를 손에 들고 다니는 사람들을 볼 수 있을 정도로 인기가 높다. 그밖에도 수제 센베, 수제 만주 등 입맛을 사로잡는 메뉴들이 많다.

주소. 전주시 완산구 경원동 1가 40-5 운영. 09:00-22:00 비용. 초코파이 1,600원, 땅콩 센베 7,000원, 풍년 만주 4,000원 문의. 063-283-5252

향기로운 전통차 한 잔
교동다원

인도풍의 명상 음악과 소박한 멋이 조화로운 전통 찻집. 고즈넉한 한옥의 정취를 만끽하며 여유롭게 차 한 잔을 하며 다리쉼을 할 수 있는 곳이다. 맑고 부드러운 맛과 향이 일품인 황차는 꼭 맛볼 것.

주소. 전주시 완산구 교동 64-7 운영. 11:00-22:30 비용. 황차 5,000원, 녹차 5,000원 문의. 063-282-7133

맛있는 덮밥이 생각난다면
CHOP 39-5

낮에는 식사, 밤에는 간단하게 술 한 잔 할 수 있는 한옥마을의 퓨전 맛집. 식사는 덮밥류와 우동이 주 메뉴인데, 특히 살짝 불향이 나는 아스파라거스 베이컨 덮밥은 아삭아삭 씹히는 채소들과 베이컨, 그리고 소스의 조화가 환상적이다.

주소. 전주시 완산구 풍남동 2가 39-5 운영. 11:30-24:00 비용. 덮밥류 6,000원, 우동 5,000원 문의. 063-287-5866

고즈넉한 분위기의 홍차 카페
블루페코

홍차의 매력을 느낄 수 있는 정통 티 하우스. 한옥을 세련된 분위기로 바꾼 감각적인 인테리어가 돋보인다. 오가닉 다즐링, 아삼 골드 리프, 기문, 랍상소우충 등 다양한 홍차를 맛볼 수 있는데 스콘이나 케이크와 함께 먹으면 더 맛있다.

주소. 전주시 완산구 교동 91-9 운영. 10:00-22:00 비용. 홍차 6,000-8,000원, 아메리카노 4,000원 문의. 063-284-2223

한옥마을의 숨은 명소
공간 봄

영화 속의 한 장면을 보는 듯한 아름다운 분위기를 가진 카페. 다양한 공간에 적절하게 배치된 수많은 꽃들의 향기를 맡으며 차 한 잔의 여유를 즐길 수 있다. 목요일에는 재미있는 상설 공연을 하니 일정이 되면 가 보도록 하자.

주소. 전주시 완산구 풍남동 3가 83-3 운영. 10:00-24:00 비용. 에스프레소 4,000원, 아메리카노 4,500원, 카페라떼 5,500원 문의. 063-284-3737

전주 한옥마을 여행지

 한옥마을 걷기 1

핵심 코스
전동성당 → 경기전(어진박물관) → 교동아트센터 → 전주 부채문화관 → 최명희문학관 → 동락원 → 전주 소리문화관 → 전주 전통술박물관 → 승광재(삼도헌) → 여명 카메라박물관 → 전주 전통한지원 → 전주 한방문화센터

전주 한옥마을에 들어서는 여행자들은 어김없이 왼편으로 경기전을, 오른편으로 전동성당을 만나게 된다. 15세기의 경기전과 18세기의 전동성당을 지나면 곧바로 모던 & 퓨전 스타일의 음식점과 카페들이 이어지는 2013년의 풍경들이 펼쳐진다. 그리하여 여행자들은 한 공간 안에 자연스럽게 녹아든 15세기, 18세기, 그리고 21세기를 걷게 되는 것이다. 전주 한옥마을의 매력이란 바로 이런 것이다. 오래되었지만 여전히 현재형으로 살아 움직이는 생명력으로 꿈틀대는 전주 한옥마을은 그래서 매력적인 여행지일 수밖에 없다.

전동성당과 경기전을 출발점으로 하여 한옥마을의 큰 줄기인 태조로와 그 태조로를 가로지르는 은행로에는 전주를 이해하기 위해 꼭 들러봐야 하는 핵심적인 공간들이 빼곡히 들어서 있다. 전동성당이나 경기전 같은 문화재를 비롯하여 한옥, 합죽선으로 유명한 전주 부채, 판소리, 전통술, 한지, 한방 등을 깊이 있게 접할 수 있는 전통 공간들과 전주의 예술과 문학에 대한 이해를 돕는 갤러리와 문학관 등을 돌아보자.

전동성당은 신해박해 때 두 천주교 신자가 참수형을 당한 한국 최초의 천주교 순교터에 지어진 200여 년이 넘는 로마네스크 양식의 성당이다. 여행자들이 고졸한 분위기의 전동성당 앞에서 기념사진 한 장 찍는 것은 통과의례처럼 보인다. 태조 이성계의 어진을 비롯한 조선 역대 왕들의 어진들이 모셔진 어진박물관과 실록들을 보관하는 전주사고가 있는 경기전은 대나무, 은행나무 등 수목이 우거진 전주 시민들의 쉼터이기도 하다.

경기전을 둘러본 후 이어지는 전주 지역 예술인들의 작품을 감상할 수 있는 교동아트센터(063-287-1244), 합죽선과 태극선 등 조선시대에 최고로 꼽혔던 전주 부채의 모든 것을 볼

수 있는 전주 부채문화관(063-231-1774), 대하드라마 〈혼불〉을 남기고 요절한 최명희 작가를 기리는 최명희문학관(063-284-0570)은 서로 옹기종기 모여 있어서 한 번에 돌아보기 편하다. 근처에 너른 뜰이 있는 정갈한 한옥체험관인 동락원과 판소리 박물관이자 체험관인 전주 소리문화관(063-231-0771)이 있다. 봄부터 가을까지 전주 소리문화관 놀이마당에서 열리는 마당극 공연(토요일 20:00, 063-283-0223)이 매해 대박행진 중이다. 풍자와 해학이 넘치는 마당극 공연과 전주 음식, 전통문화 체험을 함께 묶은 패키지상품도 나와 있다. 안숙선, 왕기석 명창 등이 대거 출연해 무대를 뜨겁게 달구고 한옥을 캔버스 삼아 펼치는 마당창극 공연은 소리꾼과 관객이 어울리는 입체적이고 역동적인 장면이 볼거리. 여기저기서 웃음소리와 "얼쑤", "질한다"는 추임새가 끊이지 않는 즐거운 놀이마당이 펼쳐진다. 전통주에 관심이 있다면 전주 전통 가양주를 빚어보거나 막걸리 거르기 체험프로그램이 준비되어 있는 전주 전통술박물관에 들러보자. 고종황제의 친손자이자 조선의 유일한 마지막 황손인 가수 이석 씨가 거주하고 있는 승광재(063-284-2323)와 전주 한옥마을에서 가장 오래된 고택인 학인당(063-284-9929)은 한옥마을의 고택 중에서도 특별한 한옥 체험 공간. 클래식카메라와 만여 장의 LP음반 등을 구경할 수 있는 여명카메라박물관도 이 분야에 관심이 있는 여행자라면 기대에 어긋나지 않는 만족스러운 컬렉션을 만날 수 있을 것이다.

한지로 유명한 전주에서 한지뜨기를 체험할 수 있는 전주 전통한지원(063-212-9069)과 사상체질도 감별해보고 한방차를 마시며 피로를 풀 수 있는 카페가 있는 전주 한방문화센터(063-232-2500)도 들러보면 좋다.

경기전(어진박물관)
주소. 전주시 완산구
풍남동 3가 102
운영. 09:00-19:00
(월요일 휴무)
비용. 관람료 어른 1,000원,
어린이 500원

동락원
주소. 전주시 완산구
풍남동 3가 44
비용. 한옥 체험 2인 기준
60,000-130,000원
문의. 063-285-3490

여명카메라박물관
주소. 전주시 완산구
풍남동 3가 53-5
운영. 10:00-22:00
(월요일 휴무)
비용. 3,000원
문의. 063-232-5250

전주 전통술박물관
주소. 전주시 완산구
풍남동 3가 39-3
운영. 09:00-18:00
(월요일 휴무)
비용. 관람료 무료
문의. 063-287-6305

한옥마을 걷기 2

오목대
주소. 전주시 완산구
교동 1-3
문의. 063-281-2114

전주 전통문화연수원(동헌)
주소. 전주시 완산구
교동 28-2
문의. 063-288-9242

고즈넉한 산책 코스
태조로 끝 → 자만마을 벽화골목 → 오목대 → 전주 전통문화연수원(동헌) → 돌담길 → 전주향교 → 완판본 문화관 → 전주 천변 → 한벽당 터널 → 한벽당

한때 침체기를 겪었던 전주 한옥마을을 생각하면 날로 얼굴이 바뀌어가는 현재의 모습은 그야말로 상전벽해라고나 할까. 젊은이들과 외국인들이 즐겨찾는 '한옥의 로망여행 1번지'가 되었지만 한편으론 고즈넉했던 예전의 운치가 그리워지는 것도 사실이다. 번잡하고 상업적인 느낌이 짙은 한옥마을의 중심에서 약간만 벗어나면 아직도 교동 토박이들이 살고 있는 조용한 동네 풍경이 고스란히 남아 있다. 미로처럼 이어진 좁은 골목을 이리저리 기웃거리다 보면 어느새 지도를 접어 배낭 속에 집어넣는 나를 발견하게 되고, 헤매는 즐거움 속으로 빠져든다.

이 길은 한옥마을의 중심지가 되는 태조로에서 전주 천변 쪽으로 한 블록 가까워지는 오목대길, 향교길, 그리고 전주 천동로다. 명랑하게 지저귀는 새소리가 있고, 바람에 '댕겅' 소리로 인사하는 한옥 처마 끝의 풍경 소리가 있으며 저녁밥 짓는 해 저물 녘이 되면 밥그릇 딸그락거리는 소리까지 고스란히 낮은 담장을 타고 넘어온다.

이 고즈넉한 산책길은 태조로의 끄트머리에서 오목대로 향하는 완만한 경사길을 오르면서부터 시작된다. 이곳에서 왼편의 오목교를 건너면 자만마을 벽화골목으로 가는 길이고 오른편으로 가면 오목대가 위치해 있다. 일단 벽화를 구경하기 위해 왼편의 자만마을로 향한다. 2012년, 40여 채의 담장을 따라 따뜻한 색감으로 그린 벽화들을 보러 마을을 찾는 젊은 여행자들이 갈수록 늘고 있다. 사람의 발길이 이 마을에 활기를 불어 넣어주었다는 넉넉한 마음씨의 할머니들처럼 넉넉한 이파리로 그늘을 만드는 오동나무 아래 평상에 앉아 잠시 쉬어가도 좋다.

전주 한옥마을 여행지

다시 오목교를 건너면 오목대로부터 시작되는 골목길 산책의 시작이다.
자만마을에 있는 이목대와 더불어 오목대는 '조선 건국의 탯자리'라 알려진 역사적인 공간. 봄날 벚꽃이 한창일 때 오르면 더욱 아련한 운치를 느낄 수 있다.
오목대를 둘러본 후 이곳에서부터 시작되는 데크 산책로를 따라 내려가다 보면 팔작지붕을 맞대고 옹기종기 모인 한옥지붕들이 보인다. 이곳이 한옥마을의 상징적인 이미지 사진에서 자주 보게 되는 사진을 찍을 수 있는 포토존.
오솔길 같은 좁은 산책로를 걷다 보면 중간쯤에 한옥마을로 향하는 계단이 두어 개 나 있지만 끝까지 걸어가 보자. 산책로의 끄트머리에서 계단을 따라 내려가면 그곳에서부터 한옥마을 둘레길(숨길)의 일부이자 비로소 여행자의 두 귀가 휴식을 얻게 되는 오목대길이 시작된다. 너무 작아 팻말조차 없는 좁은 골목을 기웃거리다보면 어쩐지 타임머신을 타고 어린 시절로 되돌아간 듯한 느낌이 든다.
이 충만해져 오는 풍경들을 만나고 귀거래사, 교동명가 등 묵어갈 수 있는 한옥들도 만난다. 자꾸만 헤매고 싶은 골목들을 따라 내려가면 넉넉한 자태의 전주 전통문화연수원(동헌)과 예쁜 돌담길, 전주향교와 전주 전통문화관, 완판본 문화관 등이 자연스러운 동선으로 이어진다.
전주 전통문화연수원(동헌)은 시내의 옛날 도청 자리에 있던 전라감영의 동헌과 세 채의 고택이 있어 마루에 앉아 잠시 다리쉼을 해도 좋은 곳.

전주 한옥마을 여행지

드라마 〈성균관스캔들〉로 젊은 여행자들에게 기억되는 전주향교는 또한 400년 된 은행나무들이 떨구어내는 노란 은행잎 융단이 펼쳐지는 멋진 풍경을 선사해주기도 한다. 이와 함께 전통 예술 공연이 이루어지는 한벽극장과 전통음식점과 찻집 등으로 이루어진 전주 전통문화관(063-280-7000)과 전라감영이 있던 전주(완산)에서 발간한 옛 책과 판본 450여 점을 보유, 전시하는 완판본 문화관 등 조선시대 전주의 문화를 고스란히 전해주는 한스타일의 공간들이 모여 있다.

향교길에는 한옥 숙박집들과 작은 규모의 수작업 공방들, 그리고 아기자기한 카페 등이 속속 들어서고 있어 규모가 비교적 큰 태조로 & 은행로와 또 다른 느낌의 카페 골목으로 다시 태어나고 있는 중이다. 마음에 드는 공간에서 차 한 잔 마셔도 좋을 듯하다.

산책의 마무리는 전주 천변 쪽으로 방향을 잡아 한벽당에서 하자. 푸른 전주천을 유유히 굽어보는 한벽당 가는 길에는 한벽당 터널에 못 미쳐 여름이면 버들가지 늘어진 평상에 앉아 오모가리탕을 곁들여 술 한 잔 기울이는 전주 사람들을 볼 수 있다. 서정 넘치는 이 풍경이야말로 전주 사람들이 좋아하는 즐거움 가운데 하나. 전주 사람처럼 평상에 앉아 뚝배기민물매운탕인 오모가리탕을 즐겨보자.

전주향교
주소. 전주시 완산구
교동 26-3
문의. 010-6651-9922

완판본 문화관
주소. 전주시 완산구
교동 19-3
(전주 전통문화관 옆)
운영. 10:00-19:00
(월요일 휴무)
비용. 무료
문의. 063-231-2212

한벽당
주소. 전주시 완산구
교동 산 7-3
문의. 063-281-2167

남부시장 & 청년몰 레알뉴타운

전주 한옥마을을 벗어나 길을 건너면 전주의 가장 대표적인 문화재인 풍남문을 만난다. 남대문을 닮은 풍남문은 조선시대 전라감영이 있었던 전주성의 남대문으로 지금은 4대문 가운데 유일하게 남아있는 문화재. 그 뒤편으로 연결되는 남부시장은 5일장 형태로 열리던 조선 중기로부터 계산하면 약 200여 년의 역사를 지닌 재래시장으로 인기 드라마 〈제빵왕 김탁구〉의 촬영지이기도 했던 곳. 지금도 여전히 5일장인 남밖장이 열릴 때면 근처 싸전다리까지 벌인 좌판들을 비롯해 시장 전체가 북적북적 활기를 띤다. 남부시장은 1층의 재래시장 공간과 2011년에 2층에 새로 오픈한 청년몰 레알뉴타운이 서로 다른 듯하면서도 조화롭게 공존하는 이색 공간으로 매스컴에도 자주 소개되는 명물 시장이기도 하다. 예전의 모습을 유지하고 있으면서도 깔끔하게 정돈된 남부시장의 개성만점 간판이 인상적인 이 재래시장은 여행자들에겐 별미 천국이기도 하다.

남부시장 청년몰 토요야시장
운영. 매월 첫째, 셋째 주 토요일
18:00-22:00
문의. 063-287-6301

24시간 문을 여는 조점례 남문피순대를 비롯해 새벽 6시부터 오후 2시까지만 운영하는 현대옥, 그리고 운암식당 등을 비롯한 콩나물국밥집들, 순대국밥집들, 팥죽집들이 오밀조밀 모인 이곳은 착한 가격으로 맛있는 한 끼를 해결할 수 있는 공간.

청년몰 레알뉴타운이라고 적힌 계단을 따라 올라가면 카페, 음식점, 수공예 공방, 화원을 비롯한 고만고만한 가게들이 여행자를 맞이한다. '적당히 벌고 아주 잘 살자'는 캐치프레이즈를 내건 이 청년몰은 전주시에서 시장 활성화와 청년 창업을 지원해주는 공간. 톡톡 튀는 아이디어와 재미있는 문구를 내건 가게들은 작은 홍대거리를 떠올리게 한다.

고양이 캐릭터를 내세운 카페 나비와 캘리그라피 가게 두 곳으로 시작된 레알뉴타운은 그동안 이합집산을 거듭하면서 현재 발도르프 인형과 펠트 공예를 전문으로 하는 그녀들의 수작 등의 수공예숍과 볶음요리 전문점 더플라잉팬, 타코 집 등의 음식점과 카페 나비 등의 카페, 식충식물 전문 화원 범이네식충이 등 20여 곳이 문을 열고 있다. 대부분의 가게들이 체험프로그램도 운영하며 매월 첫째, 셋째 토요일마다 야시장을 열어 전주 지역의 젊은이들이 직접 만든 액세서리나 문구 등의 소품을 판매한다. 밤이 깊어지면 작은 음악회도 열리며 흥을 돋운다.

#04
───

경주 자전거 여행의 로망

벚꽃비 내리는 그 길을 달리면

찰랑거리는 긴 머리카락을 나부끼며 그녀가 내게로 온다. 핑크빛 자전거의 바퀴살에서 은빛 무지개가 돋는다. 바람이 분다. 그녀 위로 벚꽃비가 우수수 떨어진다. 벚꽃잎 하나하나가 인어의 비늘처럼 그녀의 볼에 달라붙는다. 꽃비늘을 단 인어는 페달을 밟으며 환한 미소를 짓는다. 벚꽃 빛으로 물든 그녀의 볼. 찰칵. 내 마음 속에 그녀를 정지시켜 놓는다. 세상이 온통 꽃 대궐이던 경주의 어느 봄날. 순수하고, 투명하고, 꿈같은 시절을 기억하자.

경주, 자전거 여행의 로망

세상에서 가장 우아한 두 바퀴 탈 것, 자전거

○　　　　　아주 오래 전, 소녀의 친구는 분홍색 자전거를 끌고 의기양양하게 나타났다. 아빠를 졸라 기어코 얻어낸 새 자전거라며. 꽃무늬가 그려진 앙증맞은 몸체와 흙 한 톨 묻지 않은 순결한 바퀴살······.
한 번도 자신의 자전거를 가져본 적이 없었던 소녀에게 자전거는 '매혹' 그 자체였다. 그리스 신화에 등장하는 날개 달린 천마 '페가수스'를 만난 벨레로폰의 기쁨이 그녀만 했을까. 하얀 안장에 앉아 페달을 밟기만 하면 세상 어디에라도 데려다줄 것만 같았던 그 자전거를 본 순간 자기도 모르게 소녀의 입에서 튀어나온 단 한마디는 "가자!"였다.
이제 인생을 알아버린 나이가 된 두 소녀는 그때의 무모했던 자전거 여행을 그리워한다. 마냥 아름답게 분홍빛으로 반짝이던 자전거의 우아함과 아무런 계산 없이 오로지 '자전거를 타고 떠남'에 몰입했던 순수한 시간으로 되돌아가고 싶다고. 자전거의 단순한 매력과 세상을 다 보여줄 것만 같은 그 든든함은 거의 마력이었다고 그녀들은 회상하는 것이다.
자전거의 매력은 바로 그런 것이 아닐까. 오직 나의 의지와 페달을 밟을 수 있는 두 다리만 있다면 어디든지 나를 데려다줄 것 같은 든든함. 단지 골목길을 배회하는 자전거가 될 수도 있고 세상의 구석구석을 함께 하는 인생의 진지한 동반자가 될 수도 있는 자전거. 오로지 나의 의지에 따라 자전거의 쓰임이 달라지는 시속 20km의 절대적인 자유!

경주, 자전거 여행의 로망

자전거, '세상에서 가장 우아한 두 바퀴 탈 것'을 타고 돌아보는 여행은 세상의 모든 풍경을 나의 온몸에 하나하나 문신처럼 새기면서 달리는 여행이다. 오르막의 힘겨움과 내리막의 자유, 인생의 한 고비를 힘겹게 넘긴 자만이 만끽할 수 있는 깊은 인생의 맛. 그것이 바로 자동차가 줄 수 없는 자전거만의 생명력 넘치는 매력이다. 그것이 자전거를 타고 통과하는 벚꽃비 우수수 내린 길이라면 두 말할 나위가 없을 것이다.

경주의 봄날은 자동차를 타고 휙 지나가면서 돌아보기엔 너무도 아까운 '내 인생의 가장 아름다운 한 순간'이다. 꽃잎 세례를 그토록 마음껏 받아보는 것은 경주이기에 가능하다. 꽃의 팡파르, 꽃의 헹가래……. 바람에 우수수 떨어진 꽃잎들이 머리에, 어깨 위에 떨어진다. 인생의 아름다운 한때를 축복해주듯 경주의 꽃비는 그렇게 내린다. 벚꽃 그늘 아래 밥을 먹는 그들의 도시락에 떨어져 꽃밥을 만든다.

벚꽃비 내리는 길을
자전거로 달리는 낭만

경주 자전거 여행 즐기기

경주 지도를 펼쳐보면 시내 전체에 붉은색 볼드체로 빽빽하게 표기된 유적지의 이름들만으로도 "와우!" 소리가 절로 나온다. 경주가 천년 동안 신라의 도읍이었다는 사실을 새삼 깨닫게 되는 순간이기도 하다. 도시 전체가 거대한 박물관인 경주의 천 년 넘은 유적들 사이를 걸어볼 수 있다는 것은 상상만 해도 멋진 일이다. 그런 경주는 다른 여행지에 비해 유독 '아는 만큼 보이는' 곳이다. 거기다 상상력이라는 양념까지 친다면 더할 나위가 없다.

불국사, 첨성대의 이미지로 대표되는 경주는 과거 '수학여행 1번지'이기도 했다. 그러나 알고 보면 경주는 불국사와 첨성대 말고도 엄청난 볼거리를 품은 보석 같은 여행지다. 경주가 이토록 천의 얼굴을 한 매력 도시였음을 아는 순간 지금까지의 경주에 대한 고정관념이 전복되기 마련이다.

핵심적인 유적지들이 대부분 시내를 중심으로 밀집되어 있기 때문에 자동차를 이용해서 보기도 적당하지 않고 걷기에는 너무 넓어 결국 자전거로 돌아보는 것만큼 좋은 선택은 없다. 잘 정비된 자전거 전용도로가 가볼만한 유적지를 촘촘히 연결하고 있어서 자전거만 타고 다녀도 웬만큼 돌아볼 수 있다. 전국에서 대중교통을 이용해 경주에 첫 발을 딛는 여행자들의 자전거 여행의 시작은 경주고속버스터미널과 경주역이다. 경주고속버스터미널과 경주역 근처에는 자전거 대여점들이 모여 있어서 자전거 빌리는데 불편함이 없지만 신경주역에 내린다면 대릉원이나 경주고속터미널 근처로 와서 빌리는 것이 좋다. 제주도만큼 자전거로 돌기 좋은 경주는 시에서도 자

경주, 자전거 여행의 로망

전거 지도를 제작하여 여행자들에게 도움을 주고 있다. 안내소나 역에서 자전거 여행을 위한 모든 정보가 담겨 있는 자전거 지도를 꼭 챙기도록 하자.

경주 여행은 기본적으로 최소 2박 3일 정도는 잡아야 웬만한 곳들을 돌아볼 수 있지만 일정은 짧고 봄꽃놀이를 겸해서 경주의 핵심 지역만 두어 시간 돌아보고 싶다면 대릉원과 첨성대를 중심으로 하여 돌아보는 경주 시내 핵심 코스가 무난할 것이다. 여기에 고분을 깊이 있게 둘러보고 싶다면 대릉원 일원의 고분들과 오릉을 비롯해서 분황사, 황룡사지까지 일정에 포함한다. 사극 드라마 팬이라면 드라마 덕분에 더욱 친근하게 다가오는 김유신장군묘와 태종무열왕릉, 낭산의 선덕여왕릉은 빼놓지 말자.

시간만 허락된다면 경주 남산에 올라 산재한 불상들을 만나보자. 〈1박 2일〉에서 유홍준 교수가 소개한 남산 7대 보물을 다 찾아보려면 체력 안배를 잘 해야 한다. 반나절 정도의 여유가 있어 비교적 가볍게 남산을 돌아보고 싶다면 서남산의 삼릉계곡 쪽을 추천한다.

경주엔 천년 묵은 유적지만 있는 것이 아니다. 경주 세계문화엑스포공원이나 신라밀레니엄파크가 있는 보문관광단지, 시내에서 좀 떨어진 거리에 위치한 조선시대 양반마을인 양동마을, 문무대왕의 수중릉이 있는 경주 동쪽의 바다도 있다. 특히 유채꽃들판과 벚꽃비 내리는 월성 지구와 월지의 야경은 마치 꿈속에서 천 년 전의 경주를 걷는 듯한 몽롱한 기분에 잠기게 한다. 보문호와 경주 남산에서 맛보는 달밤의 정취도 아는 사람만이 아는 운치가 있다. 해질 무렵부터는 자전거를 반납하고 천천히 걸으면서 '신라의 달밤'을 즐겨보자. 경주의 밤은 낮보다 아름답다.

넘실대는 유채꽃 물결을 헤쳐나가는
자전거 여행의 낭만

경주, 자전거 여행의 로망

자전거 여행 디자인하기

소개 불국사와 양동마을, 보문관광단지를 제외하고는 대부분의 문화유적들이 시내에서 멀지 않은 거리에 산재되어 있다. 고속터미널이나 역 주변에 숙박시설이 밀집되어 있으므로 숙소를 이 근처에 정하고 자전거를 대여해서 시내 핵심 코스와 주변의 유적지를 돌아보자. 자전거 여행 코스 선상에 경주의 대표적인 맛집들이 있으므로 유적지를 돌아보면서 식사를 해결하자. 자전거 여행은 핵심 코스의 경우 넉넉히 잡아도 서너 시간 정도면 거의 돌아볼 수 있고 아침 일찍 출발하면 시내 주변 코스까지 포함해 대부분 코스를 돌아볼 수 있다. 1박 2일이라면 하루는 시내에서 자전거 여행을 즐기고, 그 다음날은 불국사나 보문관광단지, 경주 바다 쪽 여행을 즐겨보자. 경주스탬프 여행지 15곳을 1박 2일 일정으로 돌아보는 것은 거의 불가능하기 때문에 각 여행지의 동선과 소요시간을 고려해 스케줄을 짠 후 움직이자.

명소 대릉원. 158p 첨성대. 159p 경주향교. 159p 교촌한옥마을. 159p 동궁과 월지(안압지). 160p 국립경주박물관. 161p 분황사. 161p 김유신장군묘. 163p 무열왕릉. 163p 경주오릉. 164p 포석정. 164p 양산재. 165p 선덕여왕릉. 165p 진평왕릉. 165p 노서·노동고분군. 158p 계림. 159p 반월성. 석빙고. 160p 황룡사지. 161p 흥륜사. 164p 나정. 165p 능지탑지. 165p 구황리 삼층석탑. 165p

맛집 원풍식당. 168p 숙영민속식당. 169p 팔우정 해장국. 170p 별채반 교동쌈밥. 171p 연화바루. 172p 황남빵, 단석가 찰보리빵. 175p
요석궁. 경주 최부잣집의 전통 한정식(054-772-3347)
교리김밥. 중독성 있는 김밥과 잔치국수(054-772-5130)
도솔마을. 토속적인 한정식(054-748-9232)

교통
• 서울역 → 신경주역(KTX) : 1일 30회 운행, 05:30-22:00(1544-7788)
• 서울역 → 동대구역 → 경주역 : 1일 20여 회 운행, 05:50-19:10(1544-7788)

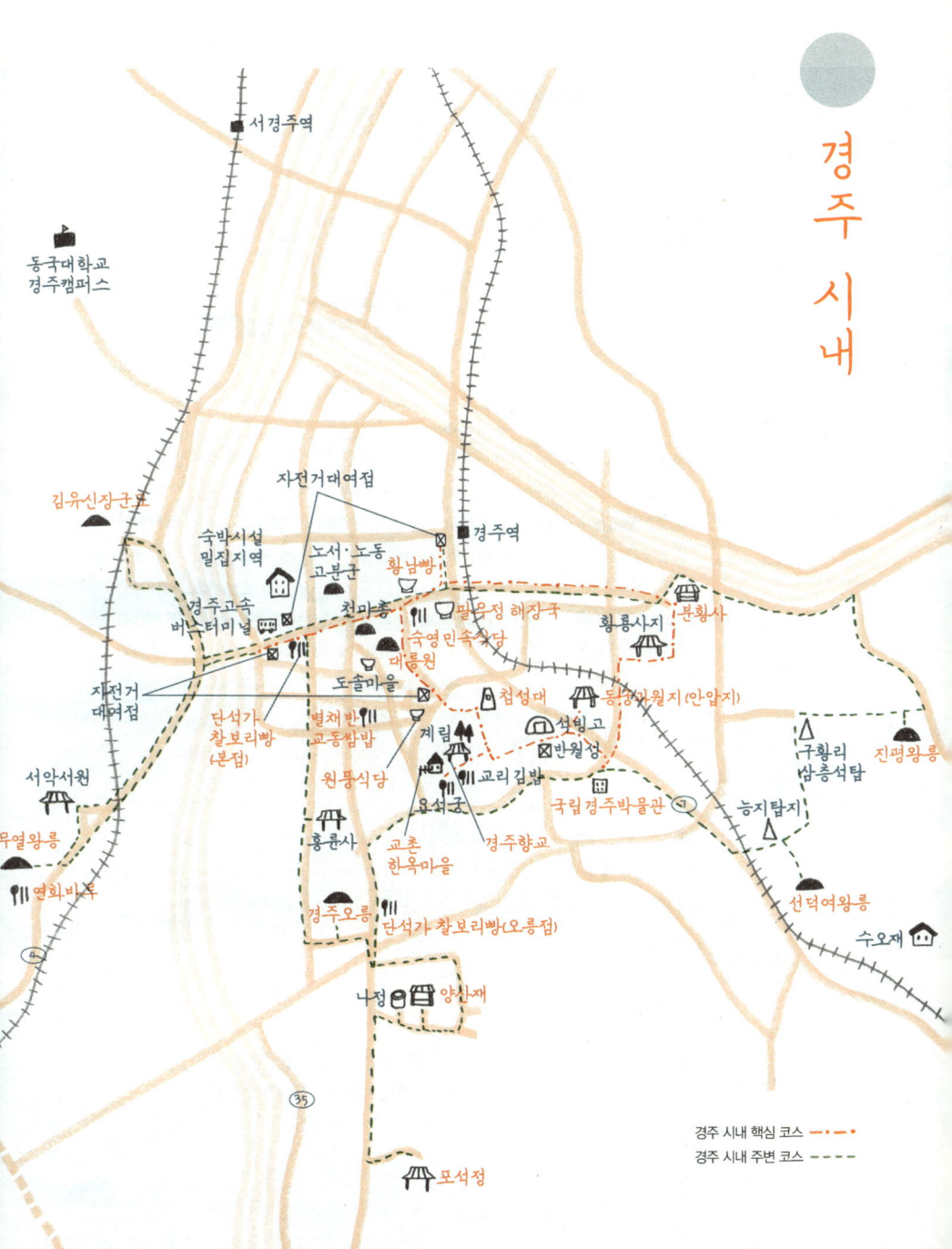

경주, 자전거 여행의 로망

자전거 여행 디자인하기

소개
경주 시내에서 불국사나 양동마을, 보문관광단지를 가려면 버스를 이용하는 것이 좋다. 버스로 한 시간 안팎의 거리에 있는 이 여행지들까지 자전거로 달린다면 최소한 두 시간 이상 소요되고 라이딩하기에 안전하지 않은 길이기 때문이다. 호텔이나 콘도가 많은 보문관광단지에 숙소를 정했다면 보문호를 따라 자전거를 타고 한 바퀴 돌아보는 건 어떨까. 자전거 타기 좋은 곳인 만큼 대여점도 많다. 보문호를 자전거로 한 바퀴 돌아볼 수 있는 코스는 자동차도로 옆의 인도로 달리는 약 9Km 구간으로 천천히 달려도 한 시간이면 충분하다. 보문관광단지에서 테마파크나 워터파크 등을 즐기거나 버스를 타고 불국사와 석굴암, 양동마을 등 유네스코 세계문화유산으로 지정된 유적지를 돌아보는 것도 좋다. 경주 바닷가에 위치한 문무대왕릉과 감은사지터를 둘러볼 겸 감포항을 중심으로 한 동해 바다 여행을 즐기는 것도 좋다.

명소
보문관광단지. 166p 경주 세계문화엑스포공원. 167p 불국사. 176p 동리·목월문학관. 176p 석굴암. 177p 문무대왕릉. 180p 감은사지 삼층석탑. 180p 이견대. 180p 신라밀레니엄파크. 181p
경주 월드리조트. 167p 테지움 경주. 167p 나르고랜드(열기구 체험장). 167p

맛집
고색창연. 173p 맷돌순두부. 174p

교통
- 경주고속버스터미널 → 양동마을 : 일반 203번, 252번 버스
- 경주고속버스터미널 → 불국사 : 일반 10번, 11번, 좌석 700번 버스
- 경주고속버스터미널 → 보문관광단지 : 일반 10번, 11번, 좌석 700번 버스

숙박
라궁. 182p 수오재. 183p

경주, 자전거 여행의 로망

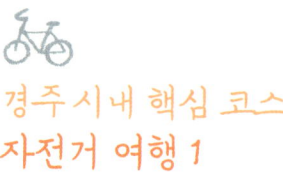

경주시내 핵심 코스
자전거 여행 1

경주 시내 핵심 코스 (총 9km)

경주고속버스터미널 또는 경주역 → 노서·노동고분군(0.7Km) → 대릉원(0.2Km) → 첨성대(1.2Km) → 계림(0.3Km) → 경주향교(0.3Km) → 교촌한옥마을(0.1Km) → 반월성, 석빙고(1.0Km) → 동궁과 월지(안압지)(0.3Km) → 국립경주박물관(0.5Km) → 황룡사지(1.0Km) → 분황사(0.6Km) → 경주고속버스터미널(2.8Km) 또는 경주역(1.7Km)

경주 시내 핵심 코스는 경주고속버스터미널이나 경주역, 혹은 대릉원에서 자전거를 빌려 시내의 핵심적인 유적지를 돌아본 후 다시 원래의 위치로 돌아와 자전거를 반납하는 코스다. 특히 대릉원에서 자전거를 빌려 첨성대, 계림 등의 월성 지구와 경주향교, 교촌한옥마을을 돌아보는 코스는 누구나 가볍게 하이킹하는 기분으로 시도해볼 수 있다. 유채꽃과 벚꽃이 흐드러진 풍경 속에서 걷고, 자전거로 달리고, 사진을 찍으며 즐거운 한때를 보내자.

황룡사지와 분황사까지 마무리하는 자전거 여행 코스는 경주고속버스터미널에서 출발해 되돌아온다면 총 9km, 경주역에서 출발했다면 총 8.4km, 대릉원이라면 총 8.7km 정도의 거리다. 자전거로 천천히 둘러보아도 2, 3시간 정도 소요되기 때문에 당일 코스 여행으로 충분하다.

경주, 자전거 여행의 로망

🚲 노서·노동고분군 → 대릉원

대릉원
주소. 경주시 황남동 53
운영. 09:00-22:00
비용. 어른 1,500원, 어린이 600원
문의. 054-772-6317

첫 출발은 가까운 거리에 신라왕과 왕족들의 무덤이 모여 있는 대릉원 지구가 될 것이다. 12만 5천 평의 넓은 부지에 23기의 무덤이 모여 있는데 대부분 평지에 위치해 있어서 그 사이에 산책길로 단장한 것이 특징. 대릉원 밖에 위치한 소박한 분위기의 노서·노동고분군은 마치 공원처럼 편안하게 다가온다. 무덤 위에 나무가 자라고 있어 마치 언덕처럼 보이는 노동리의 봉황대와 화려한 금관이 출토된 노서리의 금관총이 이곳에 있다.

티켓을 구입하고 입장하는 대릉원에는 우리에게 친숙한 천마총과 미추왕릉, 그리고 무덤 두 개가 표주박처럼 연결되어 있는 큰 규모의 황남대총 등이 모여 있다. 이 가운데 유일하게 공개하고 있는 천마총은 내부로 들어가 볼 수 있다. 무덤 안에는 그 당시의 무덤 양식인 돌무지덧널무덤의 원형을 볼 수 있도록 해놓았으며 국보 제 207호로 지정된 자작나무껍질에 하늘을 나는 말이 그려진 말다래도 만날 수 있다. 이 안에 있는 것은 가품으로 진품은 국립경주박물관에 전시되어 있다.

대릉원에서 첨성대로 이어지는 길은 느긋하게 산책하기 좋은 길로 관광용 꽃마차를 타고 한 바퀴 돌거나, 걷거나 자전거를 타고 달린다.

🚴 첨성대 → 교촌한옥마을

1,400여 년 전, 선덕여왕 때 만들어진 첨성대는 동양에서 가장 오래된 천문대라고 교과서에서 배웠지만 하늘에 제사를 지내던 제단, 달력 혹은 해시계라는 설도 있다. 그 용도는 아직도 밝혀진 바는 없지만 흐르는 듯한 곡선미와 위아래에 단정하게 배치된 사각형의 돌이 간결하면서도 조화롭다. 외형의 아름다움과 더불어 과학적이면서 1,400년을 넘어서도 여전히 그 원형을 유지하게 만든 건축술이 놀라울 뿐이다.

첨성대와 가까운 계림과 그 남쪽의 월성(반월성) 등을 포함한 곳이 월성 지구이다. 계림은 김씨 왕조의 시조인 김알지의 탄생 설화가 깃든 숲이자 신라 17대 내물왕의 능이 있는 곳. 계림에서 월성 쪽으로 가기 전에 경주향교와 최씨고택이 있는 교촌한옥마을(054-779-8585)도 꼭 들러봐야 한다. 경주향교는 신라 신문왕 때는 국학, 향학, 향교로 이어져온 유서 깊은 곳. 단체일 경우 전통문화 체험도 진행한다.

첨성대 주소. 경주시 인왕동 839-1 **운영.** 하절기 09:00-22:00, 동절기 09:00-21:00 **비용.** 어른 500원, 어린이 200원 **문의.** 054-772-5134
경주향교 주소. 경주시 교동 17-1 **비용.** 입장 무료, 전통문화 체험(15인 이상) 어른 30,000원, 학생 20,000원 **문의.** 054-775-3624

🚲 반월성, 석빙고 → 동궁과 월지(안압지)

교동에서 동쪽을 향해 달리다보면 신라 궁궐터인 월성에 다다른다. 터의 모양이 반달 모양이어서 반월성이라고도 불리는 이곳에는 현재 궁궐터와 성벽 아래로 물이 흐르게 만든 해자만이 남아 있지만 유적 발굴이 이루어지면 많은 유물이 묻혀 있을 것으로 추정된다. 이 반월성과 첨성대, 그리고 동궁으로 사용된 월지(안압지)까지 모두 신라시대의 궁궐이었을 것이라는 설도 있다. 반월성에는 조선 영조 때 만든 얼음 창고인 석빙고가 있어서 당시의 과학기술을 엿볼 수 있다.

언덕 위에 위치한 월성을 내려가면 동궁과 월지에 다다른다. 월지는 인공적으로 판 연못으로 현재는 26곳의 건물 가운데 세 개의 건물만 복원된 상태다. 이 연못에서 출토된 유물만 무려 3만 여 점. 주로 왕실과 귀족들이 사용하던 생활용품들로 그 가운데 엄선한 700여 점은 국립경주박물관에서 만날 수 있다. 밤이 낮보다 아름다운 야경의 명소로 형형색색의 조명이 연못에 비친 모습이 환상적인 월지는 연인의 손을 꼭 잡고 걷는 데이트 장소로도 안성맞춤이다.

동궁과 월지(안압지)
주소. 경주시 인왕동 506-1
운영. 09:00-22:00
비용. 어른 1,500원, 어린이 500원
문의. 054-772-4041

🚲 국립경주박물관 → 분황사

신라와 통일신라시대 문화를 이해하기 위해서 꼭 들러야 할 국립경주박물관은 옛 신라의 궁궐이 있던 월성 근처에 위치하고 있다. 깊이 있게 경주의 유적에 대해 알고 싶다면 여행을 시작하기 전에 박물관에 먼저 들러보는 것도 좋을 것이다. 박물관 뜰에는 에밀레종이라는 별칭으로 불리는 성덕대왕신종과 남산과 분황사 등지에서 가져온 불상들이 있고 내부 전시실에는 경주 핵심 코스에서 출토된 대부분의 진품 유물들을 만날 수 있다.

박물관 구경을 마치면 황룡사지로 향한다. 황룡사는 선덕여왕 13년(645년)부터 수십 년의 세월에 이르는 동안 지은 절이지만 몽고 침입 때 불타버리고 지금은 주춧돌만 남아 있다. 황룡사 바로 옆의 분황사는 자장과 원효 스님이 거하던 큰 절이었지만 이 역시 몽고와 왜군의 침략으로 원래의 모습을 잃게 되었다. 현재는 신라 석탑 중 가장 오래된 탑으로 추정되는 국보 제 30호 경주분황사 모전석탑과 조선시대에 건축된 보광전이 남아 있다. 특히 분황사석탑을 해체, 보수 작업할 때 발견된 사리장엄구 속에는 가위, 금바늘, 침통 등이 들어 있어 당시의 생활상을 엿볼 수 있다.

국립경주박물관 주소. 경주시 일정로 186 **운영.** 09:00-18:00, 토·공휴일은 1시간 연장, 3월-12월 매주 토요일 야간 개장(월요일 휴무) **비용.** 무료 **문의.** 054-740-7500
분황사 주소. 경주시 구황동 313 **운영.** 하절기 09:00-18:00, 동절기 09:00-17:00 **비용.** 어른 1,300원, 어린이 800원 **문의.** 054-742-9922

경주, 자전거 여행의 로망

경주 시내 주변 코스
자전거 여행 2

경주 시내 주변 코스 (총 27km)
경주고속버스터미널 또는 경주역 → 김유신장군묘(1.5Km) → 서악서원(2.6Km) → 무열왕릉(0.4Km) → 흥륜사(3.6Km) → 경주오릉(1.0Km) → 포석정(1.9Km) → 나정(1.5Km) → 양산재(0.1Km) → 능지탑지(6.3Km) → 선덕여왕릉(0.4Km) → 구황리 삼층석탑(1.2Km) → 진평왕릉(1.0Km) → 경주고속버스터미널(5.3Km)

시내 핵심 코스를 돌아보았다면 이번에는 시내를 거치지 않고 서쪽의 김유신장군묘부터 시작하여 남쪽으로는 포석정, 동쪽으로는 진평왕릉까지 본 다음 출발지까지 되돌아가는 시내 주변 코스에 도전해보자. 이 코스는 옛 신라의 중심지이자 서라벌을 지키는 신령스러운 산으로 숭배하던 낭산 기슭의 유적지와 신라의 건국과 멸망, 그리고 삼국통일의 발자취까지 고루 포함한 12첩 반상 같은 유적들로 구성되어 있다.

🚲 김유신장군묘 → 무열왕릉

경주고속버스터미널이나 경주역에서 자전거를 타고 서천교를 건너면 오른편은 김유신장군묘, 왼편은 무열왕릉 방향이다. 김유신장군묘를 향해 달리는 알천의 천변길은 양 옆으로 아름드리 벚나무가 심어져 있어 봄이면 경주 벚꽃길 중 가장 아름다운 곳으로 손꼽힌다. 매제인 김춘추를 도와 진골 출신 최초로 왕위에 오르게 했던 김유신장군은 삼국통일에 지대한 공헌을 했던 명장으로 유명하지만 천관녀와 재매정에 얽힌, 그의 인간적인 면모를 짐작하게 하는 이야기의 주인공이기도 하다.

김유신장군의 위패를 모시는 사당인 서악서원을 지나 무열왕릉에 이른다. 당나라와 연합하여 백제를 멸망시키고 삼국통일의 위업을 달성한 제29대 태종무열왕 김춘추가 잠들어 있는 이 왕릉은 무덤 속의 주인을 정확히 알 수 있는 경주의 몇 안 되는 고분 중 하나. 능 앞쪽에 무덤의 주인을 밝히는 비석이 있고 머릿돌에 '태종무열대왕지비'라는 글자가 뚜렷하게 새겨져 있어 더욱 그 가치를 인정받고 있다.

김유신장군묘
주소. 경주시 충효동 산 7-10
운영. 09:00-18:00
비용. 어른 500원, 어린이 200원
문의. 054-749-6713

경주, 자전거 여행의 로망

🚲 흥륜사 → 포석정

지금은 불국사가 유명하지만 흥륜사도 알고 보면 신라 불교 역사에서 빠질 수 없는 중요한 사찰이다. 흥륜사는 오랜 불교 탄압의 세월을 거친 후 미추왕에 이르러 신라 최초로 세운 절이다. '베인 목에서 하얀 젖이 솟구쳤다는' 이차돈의 유명한 순교 이야기를 담은 부조비가 경내에 서 있는데, 진품은 국립경주박물관에 있다.

신라 시조 박혁거세와 그의 왕비 알영부인, 그리고 3명의 박씨 왕인 남해왕, 유리왕, 파사왕까지 다섯 명의 무덤으로 전해지는 경주오릉을 지나 신라 경애왕이 신하들과 연회를 즐기다 후백제 왕 견훤의 침략을 받고 최후를 맞았다고 전해지는 포석정에 이른다. 포석정은 구부러진 물길을 따라 술잔이 돌다 멈추는 곳에 앉은 사람이 술을 마시며 술을 읊는 '유상곡수연' 놀이를 하던 곳으로 알려졌지만 종교적인 제사를 행하던 신성한 장소였을 것이라는 설도 제기된 바 있다.

경주오릉 주소. 경주시 탑동 67-1 운영. 하절기 09:00-18:00, 동절기 09:00-17:00 비용. 어른 500원 어린이 200원 문의. 054-772-6903
포석정 주소. 경주시 배동 454-3 운영. 하절기 09:00-18:00, 동절기 09:00-17:00 비용. 어른 500원, 어린이 200원 문의. 054-745-8484

🚴 나정 → 진평왕릉

신라 최후의 역사적 공간으로 알려진 포석정에서 신라 태동의 공간인 나정까지는 트레킹 코스로 각광을 받는 길이기도 하다. 양산재는 서라벌이 생기기 이전에 경주 여섯 시조의 위패를 모시고 제사를 지내던 곳이다. 이곳에서 능지탑지까지 연결되는 도로는 인도와 갓길이 없어 사고의 위험이 많으므로 약간 돌아가지만 안전한 천변길을 이용해 가는 것이 좋다.

문무왕의 화장터로 추정되는 능지탑지를 지나면 낭산 정상의 선덕여왕릉에 이른다. 진평왕의 큰딸이자 신라 최초의 여왕인 선덕여왕의 수수하기 이를 데 없는 능은 드라마〈선덕여왕〉의 감동을 잊지 못해 찾는 이들이 많아진 유적지. 효소왕이 아버지 신문왕의 명복을 빌고자 세운 구황리 삼층석탑을 거쳐 다다르게 되는 진평왕릉은 54년 동안 재위한 선덕여왕의 아버지 진평왕이 잠든 곳. 소박하고 깔끔하게 관리된 진평왕릉 너른 터에서 잠시 쉬어가자.

양산재
주소. 경주시 탑동 692
운영. 09:00-17:00
문의. 054-779-8743

경주, 자전거 여행의 로망

보문관광단지 주변 코스
자전거 여행 3

50만 평 규모의 인공호수인 보문호를 중심으로 하는 보문관광단지는 특급 호텔과 리조트, 국제회의장, 골프장과 온천, 놀이시설과 야외공연장 등 모던한 경주의 얼굴을 보여주는 경주 명소 중의 하나다. 2박 3일 일정으로 경주를 여행한다면 하루는 경주 시내나 한옥 고택에서 나머지 하루는 보문관광단지에서 머무르며 산책을 하거나 자전거로 한 바퀴 돌아보자. 호숫가를 따라 산책로와 자전거도로, 벚꽃길 등이 잘 조성돼 있는 보문호를 즐기는 방법은 걷거나 자전거를 타거나 둘 중의 하나다. 보문호 산책로 일부 구간은 산책을 즐기는 사람들로 북적여 자전거 진입이 금지되어 있으므로 유의해야 한다. 자전거 대여점들은 경주 월드리조트 건너편이나 물레방아광장, 대명리조트 근처에 모여 있다. 보문호 주변에는 보문관광단지와 대형 물레방아광장, 선덕여왕공원, 물너울공원, 메타세쿼이아 숲 등의 휴식처가 있으며 경주 월드리조트, 테지움 경주, 경주 세계문화엑스포공원, 신라밀레니엄파크, 나르고랜드(열기구 체험장), 스카이월드(054-743-0010) 등 다양한 볼거리와 즐길거리가 모여 있다. 자전거를 타고 열심히 돌다가 출출해지면 북군 음식단지로 향하자. 줄 서서 먹는 고소한 순두부집을 비롯해 보문관광단지에도 맛집이 여럿 있다. 해 저물 녘의 보문호도 아름답다. 야간 조명이 켜지면서 잔잔한 호수에 불빛이 어른거리는 풍경은 월지(안압지)에 버금간다는 평.

경주 월드리조트
주소. 경주시 천군동 191-5
운영. 09:50-18:15
비용. 어른 19,000원,
어린이 13,000원
문의. 054-745-7711

테지움 경주
주소. 경주시 신평도 611-5
운영. 09:30-19:30
비용. 어른 9,000원,
어린이 6,000원
문의. 054-743-4000

경주 세계문화엑스포공원
주소. 경주시 경감로 614
운영. 주중 09:00-18:00,
주말 09:00-19:00
비용. 어른 7,000원,
어린이 4,000원
문의. 054-748-3011

나르고랜드(열기구 체험장)
주소. 경주시 북군동 8-36
운영. 09:00-일몰,
4월-10월 08:00-22:00
문의. 054-777-0263

경주의 맛집

한옥에서 맛보는 전통 한정식
원풍식당

접대
병풍을 배경으로 안방에 앉으면
한복 입은 장정이 들고 들어오는 상
그윽한 석쇠불고기 향,
정성 가득한 반찬들
고택의 접대 깔끔하고 정갈한 한 상
마음이 먼저 부르다.
극진히 대접받은 기분이다.

경주의 고풍스러운 한옥에서 전통 한정식 한 상을 받고 싶다면 36년 역사의 원풍식당에 가보자. 주문을 하고 한식으로 꾸며진 방에 앉아서 기다리면 교자상 가득 차려진 한 상을 들고 들어온다. 젓갈을 넣어 삭힌 경주 토속음식인 콩잎장아찌를 비롯해 돔배기, 밥식해, 들깨미역국 등 20여 가지의 맛깔스러운 경주식 백반이 오른다. 한정식만으로도 충분하지만 여유가 된다면 대표 메뉴인 석쇠불고기를 추가로 주문하자. 하루 동안 숙성시킨 불고기를 석쇠에 구운 언양식 불고기❶로 달콤하고 짭짤한 맛이 일품.

❶ 주소. 경주시 황남동 184-3 운영. 11:30-21:30 비용. 한정식 14,000원, 석쇠불고기 20,000원, 파전 10,000원, 문어 20,000원 문의. 054-772-8630

찰보리밥으로 유명한 향토음식점
숙영민속식당

깡장에 비벼먹는 찰보리밥
항지박에 푸짐하게 담아내는
찰보리밥에
조선된장으로 걸쭉하게 끓인
깡장을 비벼
고동을 넣어 보글보글 끓여낸
순두부찌개와 곁들여먹는 맛
고향의 맛이 그리울 때
숙영민속식당 찰보리밥
한 그릇이면
마음속까지 따뜻해진다.

경주 건천 찰보리에 찹쌀과 멥쌀을 섞어 업그레이드한 찰보리밥에 비빔 나물, 거기에 걸쭉한 '깡장'(강된장)❶을 비벼먹는 찰보리밥 정식으로 유명한 30년 전통의 향토음식점. 밥이면 밥, 나물이면 나물, 깡장이면 깡장 모든 음식이 구수하고 맛깔나 고추장 대신 깡장으로 비벼먹으면 개운하고 구수하다. 알이 굵고 부드러운 김해산 논고동은 순두부찌개에도 들어가지만 더덕과 함께 새콤달콤하게 무쳐내 한 잔 생각이 절로 나게 한다. 이 집에서만 맛볼 수 있는 숙영 동동주는 순수파전과 함께 하면 찰떡궁합. 옛날부터 손맛이 좋았던 안주인의 음식을 맛보러 박정희 대통령, 박태준 회장도 다녀갔다고 한다.

주소. 경주시 황남동 13-5(대릉원 가는 길목) **운영.** 11:00-21:00 **비용.** 찰보리밥 정식 9,000원, 나홀로 정식 10,000원, 논고동과 더덕무침 20,000원, 동동주 10,000원 **문의.** 054-772-3369

경주의 맛집

경주의 별미 해장국
팔우정 해장국

경주만의 이색적인 해장국을 맛보고 싶다면 팔우정 해장국 골목을 찾아보자. 경주에서만 맛볼 수 있는 '콩나물메밀묵 해장국'집이 열 댓집 모여 있는 이곳에서 팔우정 해장국은 경주식 해장국의 원조다. 메밀묵과 삶은 콩나물을 뚝배기에 담고 멸치와 북어 등으로 우려낸 맑은 국물을 부은 후 마무리로 모자반과 묵은 김치, 참기름과 마늘 등을 얹어낸 메밀묵 해장국은 속을 편안하게 하고 숙취를 풀어준다. 메밀묵과 콩나물과 모자반이 만나 어떤 맛을 내는지 팔우정 해장국을 맛보면 의문이 풀릴 것이다.

해장국의 결정판
찰진 메밀묵과 콩나물과 모자반
서로 어울릴 것 같지 않은 것들이 모여
탄생시킨 기막히게 시원한 맛.
콩나물의 개운함과 모자반의 향긋함
그 끝을 받쳐주는 메밀묵의 탱탱함
경주의 달밤에 취한 아들이
속을 푸는 데는
소박한 메밀묵 해장국이 최고다.

주소. 경주시 황오동 372-122(팔우정 건너편) **운영.** 24시간 **비용.** 해장국 5,000원, 추어탕 5,000원, 선지국 5,000원 **문의.** 054-742-6515

웰빙 음식 곤달비 비빔밥의 명가
별채반 교동쌈밥

경주의 맛
깊은 산중 맑은 이슬
먹고 자란다는 곤달비 비빔밥과
경주 천년한우로
담백하게 끓여낸 6부촌 육개장.
묵직한 놋그릇에 정갈하게 담아내니
정성스런 밥상 받는 기분도 좋다.
경주에 가면 꼭 가봐야 할
별채반의 향토음식들은
누구나 부담 없이 즐기는
경주의 맛.

별채반의 대표 메뉴인 곤달비 비빔밥과 6부촌 육개장의 근원은 경주의 우수한 농수산물이다. '곤달비'는 경주에서 '금달비'로 부를 만큼 귀한 산나물. 약초라 불릴 만큼 효능이 뛰어난 산나물로 참기름을 넣고 조물조물 무쳐서 비벼먹는다. 맵지 않은 된장소스로 비비기 때문에 외국인과 어린이도 부담 없이 먹을 수 있다. 경주 천년한우와 단고사리, 곤달비, 양, 곱창 등 경주 산과 들의 6가지 친환경 식재료로 끓여낸 담백한 궁중식 육개장은 구수하고 진한 국물이 좋다. 후식으로 마시는 단호박 식혜도 인기.

주소. 경주시 황남동 328-1 운영. 10:00-21:00 비용. 곤달비 비빔밥 9,000원, 6부촌 육개장 10,000원, 천년한우 불고기쌈밥 15,000원, 돼지불고기쌈밥 11,000원 문의. 054-773-3322

경주의 맛집

경주 사찰음식 전문점
연화바루

무열왕릉 근처에 위치한 연화바루는 사찰음식 전문점이다. 스님에게서 사찰음식을 배운 안주인이 내놓는 음식들은 조미료와 향신채를 쓰지 않은 정갈한 맛이라 스님들도 즐겨 찾는 곳이라고. 음식을 주문하는 즉시 요리를 시작하기 때문에 음식이 상에 모두 펼쳐질 때까지 시간이 좀 걸리는 편이다. 연잎차를 마시며 느긋하게 기다리면 연꽃이 그려진 도자기 식기에 죽과 제철 과일을 얹은 샐러드, 구절판, 수수부침과 녹두빈대떡, 누룽지 버섯탕수이, 연잎밥 등이 한 상 오른다. 마무리로 나오는 각종 나물과 쥐눈이콩 된장으로 끓여낸 구수한 된장찌개도 별미.

연화바루에서 연꽃은 불교의 상징 연못의 진흙 속에서도 맑고 깨끗한 꽃을 피워낸다 사람의 본성도 그러하다는 부처님의 말씀. 그릇마다 연꽃이 피어난 그릇에 담긴 정갈한 음식을 맛보니 연꽃처럼 품위 있게 살고 싶어진다.

주소. 경주시 서악동 874-3 운영. 12:00-21:00(둘째, 넷째 월요일 휴무) 비용. 바루 특정식 18,000원, 녹두빈대떡 10,000원, 산채비빔밥 7,000원, 버섯탕수이 15,000원, 감자빈대떡 8,000원 문의. 054-774-5378

경주 최초의 떡갈비
고색창연

화가 부부의 떡갈비
떡갈비하면 전남 담양 떡갈비지만 경주의 화가 부부가 탄생시킨 떡갈비도 유명하다. 얼리지 않은 국내산 한우와 돼지고기를 다져 15가지 재료를 넣어 양념한 후 연탄불에 직접 굽는 연탄불떡갈비는 젓가락도 들기 전부터 그 냄새에 군침이 먼저 넘어간다.

화가 부부 박분도 씨와 류영희 씨가 직접 요리하는 경주 최초의 떡갈비정식 전문점이다. 1인분에 손바닥만 한 떡갈비 두 장이 뜨거운 무쇠접시에 담겨 나온다. 한눈에 봐도 윤기가 좔좔 흐르는 떡갈비는 쫄깃하면서도 고소한 육즙이 감칠맛 난다. 주말에는 줄을 서야 먹을 수 있는 이 집은 매스컴에도 자주 소개되었는데 무엇보다 국내산 생고기를 사용하면서도 놀랄 만큼 저렴한 가격이 가장 큰 장점. 음식점 앞뜰에 동물을 좋아하는 부부가 조성해놓은 작은 동물사육장도 있어서 공작, 토끼, 닭, 염소랑 함께 즐거운 시간을 보낼 수 있다.

주소. 경주시 마동 277-2 운영. 09:00-21:00 비용. 돼지떡갈비정식 8,000원, 소+돼지떡갈비정식 9,000원, 소떡갈비정식 10,000원 문의. 054-748-0952

경주의 맛집

신선한 순두부와 해산물의 만남
맷돌순두부

경주식 순두부
순두부라는 평범한 음식이 경주를 대표하는 음식이 되었다. 주격에 적힌 번호판을 들고 기꺼이 수백 미터 줄을 서게 만드는 맛의 힘 평범함 속에서 대박을 일궈낸 비결. 아이디어와 도전 정신과 끈기를 생각한다. 평범하지만 평범하지 않은 맷돌순두부로부터 배운다.

국산 콩을 삶고 갈아 매일 새벽 만드는 신선한 순두부로 끓여낸 순두부찌개로 줄을 서서 기다려 먹는 곳으로도 유명하다. 맑은 순두부에 해산물을 듬뿍 넣어 끓인 맷돌순두부찌개는 팔팔 끓을 때 같이 나오는 날계란을 넣어 먹는다. 뜨겁고도 고소한 맛, 그리고 해산물의 진한 국물이 일품. 국산콩의 고소함과 더불어 깔끔한 밑반찬도 하나하나 다 맛있다. 늘 손님들로 북적이기 때문에 주격번호판 ❶을 들고 1시간 이상 기다려야 할 때도 많다. 오후 4시나 5시 사이가 가장 한가한 시간.

주소. 경주시 북군동 229-1(보문관광단지 입구) **운영.** 08:00-21:00 **비용.** 맷돌순두부찌개 8,000원, 맷돌순두부 8,000원, 모두부 10,000원, 녹두전 10,000원 **문의.** 054-745-2791

경주를 대표하는 간식거리
경주의 빵

하나의 빵
빵 하나에 담긴
노력과 장인정신
수십 가지 공정을 거쳐
탄생한 빵 하나
아주 오래된 고급스러운 맛
좋은 재료를 사용해
맛을 속이지 않는 엄격함
그 독특한 맛의 고집이 만들어낸
경주의 명물

경주에 가면 꼭 먹어봐야 할 원조 빵들이 있으니 바로 황남빵과 찰보리빵이다. 70여 년의 역사를 자랑하는 황남빵과 10여 년 전에 탄생한 찰보리빵은 재료나 역사의 차이는 있지만 인공 감미료나 방부제를 넣지 않고 맛과 건강을 한 번에 잡은 건강빵이라는 공통점을 가지고 있다. 특히 3대를 이어가고 있는 황남빵❶은 기계를 사용하지 않고 수작업만으로 빵을 만드는 고집 있는 경주의 명품빵. 고급스러운 맛이 특징인 황남빵과 한국인의 입맛에 딱 맞는 담백함이 특징인 찰보리빵❷은 간식이나 선물용으로 좋다.

황남빵 주소. 경주시 황오동 347-1 운영. 08:00-22:00 비용. 20개 16,000원 문의. 054-749-7000
단석가 찰보리빵(본점) 주소. 경주시 사정동 55-6 운영. 08:00-22:00 비용. 20개 12,000원 문의. 054-741-7520
단석가 찰보리빵(오릉점) 주소. 경주시 탑동 414-4 문의. 054-773-7520

🚲 불국사

주소. 경주시 진현동 15-1
운영. 07:00-18:00
비용. 어른 4,000원, 어린이 2,000원
문의. 054-746-9913

1995년, 석굴암과 함께 우리나라에서 가장 먼저 유네스코 세계문화유산으로 등재된 불국사는 우리나라 최고의 건축물이자 통일신라 최고의 탑으로 꼽히는 다보탑(국보 20호)과 석가탑(국보 85호), 그리고 청운교와 백운교(국보 23호) 등 빼어난 국보들로 가득한 사찰이다. 불국사 기층의 기단에 쓰인 '그렝이 기법'이나 석가탑이 지닌 완벽한 비례의 아름다움, 인도의 탑 양식을 본뜬 화려한 다보탑과의 이질적인 조화, 극락전 현판 뒤에 숨겨져 있는 황금 복돼지❶ 등을 눈여겨보자.

불국사에서 석굴암 가는 길에는 경주 출신으로 한국문학사의 큰 봉우리인 소설가 김동리 선생과 시인 박목월 선생을 기리는 동리·목월문학관(관람료 1,500원, 054-772-3002)이 있으니 함께 둘러보면 좋다.

🚲 석굴암

주소. 경주시 진현동 999
운영. 07:00-17:00
비용. 어른 4,000원, 어린이 2,000원
문의. 054-746-9933

세계문화유산으로 지정된 세계에서 유일한 인조 석굴 석굴암은 불국사와 함께 신라 경덕왕 때의 재상이었던 김대성의 작품이다. 《삼국유사》에 불국사는 김대성의 현생의 부모를 위해, 석굴암은 전생의 부모를 위해 지었다고 전해져 그 당시를 지배하던 윤회사상이 잘 반영되어 있다. 인도를 포함해 세계 최고라고 일컬어지는 본존불을 비롯해 부조로 처리한 양감 있는 관음보살 조각은 아름다움을 넘어선 건축 과학의 결정판인데, 다만 일제강점기 때 일본에 의해 해체된 이후 현대 건축기술로도 원래의 상태로 복원하기가 힘들다고 한다. 현재는 문화재 보존을 위해 유리창을 통해서만 그 일부를 볼 수밖에 없는 것도 서운한 점. 참고로, 불국사에서 석굴암으로 가려면 불국사 버스승강장에서 하루에 9회 정도 운행하는 12번 버스를 타면 된다.

양동마을

경북 안동의 하회마을과 함께 세계문화유산으로 지정된 양반마을로 유명한 양동마을은 조선시대 경주 양반들이 살던 모습을 그대로 간직한 유서 깊은 마을이다. 월성 손씨와 여강 이씨의 양대 문벌로 이어져 내려온 이 마을은 '勿'자형의 지형을 따라 위쪽에는 양반의 기와집이, 아래쪽에는 하인들이 기거하던 초가집이 들어서 있어 조선시대 영남 지방 양반들의 생활문화를 엿볼 수 있다. 현재도 160여 호의 가옥에 400여 명의 주민들이 실제 거주하고 있으며 일부 주민들은 전통 한옥 민박을 운영하거나 쌀엿, 한과 등을 직접 만들기도 한다.

주소. 경주시 강동면 양동리 94
운영. 하절기 19:00까지, 동절기 18:00까지
비용. 어른 4,000원, 어린이 1,500원
문의. 054-762-6263

'–정', '–당' 등의 현판을 단 고택들이 많은 양동마을, 아는 만큼 보이는 법이므로 동네 한 바퀴 돌기 전에 우선 입구에 위치한 양동마을문화관에 들러보자. 전시관 안에 있는 고택들의 모형과 곁들인 꼼꼼한 설명들을 눈여겨본 후 고택들을 돌아본다면 훨씬 깊이 있게 다가올 것이다. 특히 무첨당, 향단, 관가정은 양동마을의 3대 보물이다. 그 가운데 향단❶은 조선 중종 임금님이 문신 이언적의 어머니를 위해 하사한 집으로 현재 그 후손인 이욱 씨가 거주하고 있다. 손때 묻은 수백 년 된 가구와 생활 집기들이 그대로 남아 있어 500여 년 전의 체취가 고스란히 느껴지는 이 고택에서 운영하는 체험 프로그램(054-762-3415)을 이용하거나 경주문화원(054-743-7182)에서 운영하는 양동마을 전통문화 체험 프로그램에 참여해보는 것도 뜻 깊은 추억이 될 것이다.

🚴 감포항과 경주 바다

경주 동쪽에 위치한 감포항으로 가면 경주 바다를 만날 수 있다. 횟집들이 즐비한 전형적인 포구의 분위기를 띠는 감포항은 싱싱한 활어회나 물회를 즐기기 좋은 곳. 이곳에서 15분 정도 차로 달리면 수중릉인 문무대왕릉❶이 있다. 감포는 문무대왕릉, 감은사지 삼층석탑, 이견대에 얽힌 문무왕과 그 아들 신문왕의 감동적인 스토리를 마음으로 느낄 수 있는 곳이다. 문무대왕릉은 삼국통일의 위업을 달성하고 눈을 감으면서도 동해의 용왕이 되어 나라를 지키겠다던 문무왕의 무덤이고, 감은사는 '아버지의 은혜에 감사한다'는 의미를 담아 지은 절이다. 현재는 감은사 터에 2기의 삼층석탑만 남아 있다. 뿐만 아니라 감은사 동쪽의 약간 높은 언덕에는 신문왕이 수시로 와서 대왕암을 향해 절을 할 수 있도록 만든 누대인 이견대도 남아 있어 천 년이 지나서도 빛바래지 않는 나라 사랑과 효심을 전해준다.

❶

🚲 신라밀레니엄파크

주소. 경주시 엑스포로 55-12
운영. 평일 10:00-18:50,
주말 10:00-19:20(연중무휴)
비용. 주간 당일이용권
어른 18,000원, 어린이 13,000원,
야간 당일이용권
어른 9,000원 어린이 6,000원
문의. 054-778-2000

천년고도 경주에서 통일신라시대의 유적들을 둘러본 후 신라밀레니엄파크에서 그 시대의 역사와 문화를 직접 즐겨보는 것은 어떨까. 1,000억 원을 투자한 블록버스터급의 신라밀레니엄파크는 신라 건축물을 재현한 천년고도 신라 귀족마을, 신라를 배경으로 한 공연, 공예체험마을의 신라문화 체험 등을 중심으로 구성되어 있다. 그 가운데서 꼭 챙겨 봐야 할 것은 삼국사기를 근거로 복원한 국내 유일의 신라시대 목조건물 가옥촌인 천년고도 지역. 드라마 〈꽃보다 남자〉를 이곳에서 촬영했고 〈선덕여왕〉과 〈대왕의 눈물〉 야외 오픈세트장도 조성되어 있다. 이와 함께 특수효과가 인상적인 공연 〈천궤의 비밀〉, 야간 공연에서만 볼 수 있는 선덕여왕의 러브스토리 〈여왕의 눈물〉 등의 공연도 챙겨보자. 또 아이들과 함께라면 공예체험마을에서 신라시대 공예품을 직접 감상하고 만들어 보는 것도 추천할 만하다.

라궁

신라밀레니엄파크 내에 위치한 라궁은 국내 최초의 한옥 호텔이다. 한옥의 정취를 그대로 간직하면서 현대적인 호텔 서비스를 접목시켜 새로운 패러다임을 제시한 라궁은 대한민국 목조건축대전 대상을 받기도 하였다. 로얄스위트 한옥 두 채와 스위트 한옥 한 채로 이루어져 있고 각 채는 3개 이상의 방으로 구성되어 있다. 라궁의 객실은 가운데 마당에 독립된 노천탕이 마련되어 있는 마당형과 호수 쪽으로 돌출된 누마루가 있는 누마루형이 있다. 마당형의 장점은 하늘이 열려 있어서 자연 속에서 사계절 노천온천탕[1]을 즐길 수 있다는 것. 누마루형의 가장 큰 매력은 누마루에 앉아 후원의 풍경을 즐길 수 있다는 것이다. 특히 밤에 은은한 조명으로 감싸인 후원의 밤풍경은 로맨틱하기 그지없다.

주소. 경주시 엑스포로 55-12(신라밀레니엄파크 내) 비용. 비수기 주말 기준 객실료 350,000~460,000원 문의. 054-778-2000

🚲 수오재

수오재는 기행작가 이재호 씨가 전국의 오래된 고택 5채를 효공왕릉 근처에 복원 작업을 거쳐 조성한 공간이다. 경북 칠곡에서 발견한 150년 된 한옥을 해체하여 옮겨온 집은 사랑채가 되었고, 김제 만경의 200여 년 묵은 고가는 매곡당이라는 이름으로 본채, 별당채, 바깥채와 어울려 하나의 고풍스러운 풍경을 이룬다. 안채인 수오당의 대청마루 뒤뜰로 연결된 문을 통해 보이는 대나무 숲, 돌계단 위쪽에 자리한 별당채 무연정, 〈1박 2일〉팀이 머물다 간 상화방❶ 등 수오재의 고택 한 채 한 채가 특유의 운치로 여행자의 마음을 고즈넉이 어루만져 준다. 너른 마당에서 펼쳐지는 솥뚜껑삼겹살 바비큐와 막걸리 파티를 즐긴 후 뜨끈뜨끈한 황토방에 몸을 누이면 아침에 일어나서도 몸이 개운하다.

❶

주소. 경주시 배반동 217
비용. 비수기 주말 기준 객실료
120,000-170,000원
문의. 054-748-1310

#05

울릉도 트레킹 여행의 로망

은밀한 몽환의 섬에서 태곳적 꿈을 꾸다

햇빛이 스며들 틈이 없을 만큼 울울창창한 숲은 먼 태곳적 모습을 그대로 간직하고 있다. 그 숲속에 서 있으면 세상 밖이 아득하다.
종아리를 하얗게 드러낸 동백나무숲, 공룡이라도 금방 튀어나올 듯한 양치식물 군락지, 그 이름 앞에 '울릉' 또는 '섬'이 붙은 이 섬만의 독특한 식생의 식물들. 피톤치드 가득한 오솔길을 따라 걷다보면 나는 사라지고 그 길엔 오로지 자연만 남는다.

시간이 멈춘 듯한 신비의 섬 울릉도

○   섬은 '참을 수 없는 존재의 가벼움'을, '밥벌이의 지겨움'을 견디기 힘들 때 탈출하고 싶은 마음속의 비밀스런 공간이자 파라다이스다. '동쪽 먼 심해선 밖의 한 점 섬 울릉도로 갈거나'하고 노래했던 시인 유치환도 가보지 못했다는 울릉도는 그의 로망이었던 듯하다.

울릉도는 '미지의 섬' 이미지가 강하다. 왠지 쉽게 갈 수 없을 것만 같다. 투박하다 못해 척박할 것만 같은 이미지다. 멀미에 대한 공포를 애써 잊으려 호흡을 가다듬다 보면 어느새 저 멀리 울릉도가 보인다. 무언가 강한 압력으로 중앙부를 향해 밀어붙인 듯 불끈 솟아오른 울릉도는 심연 속에서 불쑥 솟아난 요새 같기도 하다.

가을날, 도동항에 도착한 여행자들을 반기는 것은 바람에 실려 코끝을 스치는 노란 털머위 꽃향기다. 행남해안 산책로 해송 숲속에 지천으로 핀 털머위 꽃이 내뿜는 향기는 멀미로 울렁거리는 여행자들의 여독을 풀어준다. 뜻밖에 만나는 꽃향기로 환영하는 로맨틱한 울릉도의 첫 인사는 다소 긴장되던 여행자의 마음을 여유롭게 풀어 놓는다. 배에서 내려 도동항을 빠져나오자마자 곧바로 시작되는 좁고 경사진 골목길 때문에 의외로 이국적으로 느껴지기도 한다. 로맨틱하고 이국적인 느낌, 거기에 깊숙이 숨은 원시림과 해안을 따라 펼쳐지는 태곳적 풍경, 그리고 마을들의 오랜 역사의 흔적을 접하게 되면 은밀하고 신비스러운 느낌은 배가된다.

울릉도, 트레킹 여행의 로망

울릉도는 계절마다 특유의 매력으로 여행자의 발길을 붙든다. 여린 초록 싹과 하얀 마가목 꽃이 온 숲을 뒤덮는 봄, 코발트빛 바다가 반기는 여름, 붉은 융단을 펼친 듯한 나리분지의 가을 풍경과 설국의 로망을 완성하는 겨울의 성인봉 등 어느 때 가더라도 때묻지 않은 자연이 여행자를 맞이한다.

단체 관광객을 상대로 한 패키지 관광이 주를 이루는 울릉도는 가본 사람은 많지만 제대로 느끼고 온 사람은 많지 않다. 하지만 제대로 알고 나면 그 신비스러운 매력에 푹 빠져버리게 되는 팜므파탈 같은 섬이기도 하다. 그래서 울릉도에 한 번이라도 가본 사람은 그리움을 앓는다.

걸어야만 맛볼 수 있는 울릉도의 매력

예전에는 근접하기 힘든 미지의 섬이라는 이미지가 강했던 울릉도지만 요즘에는 단체 관광객뿐만 아니라 트레킹, 바다낚시, 스키, 암벽등반, MTB, 스킨스쿠버 같은 레저스포츠를 즐기려는 여행자들도 늘어나고 있는 추세다. 하지만 울릉도의 속살을 제대로 보고 싶은 여행자들이라면 MTB도, 렌터카도, 택시 투어도, 패키지 관광도 정답이 아니라고 생각할 것이다.

2010년 배낭여행자의 바이블이라는 론리플래닛이 '지구상에서 가장 흥미로운 비밀의 섬' 10곳 중 하나로 꼽기도 한 울릉도. 그 흥미로운 비밀의 문을 열고 성큼성큼 그 안으로 들어가기 위해서는 사실상 걷는 방법 외에는 없다. 산과 바다가 조화롭게 공존하는 울릉도는 섬 전체가 아름다운 트레킹 코스 그 자체이기 때문이다. 그 가운데 행남해안 산책로, 내수전 옛길, 성인봉과 나리분지, 해안 트레킹 코스는 울릉도의 매력을 콤팩트하게 보여주는 백미다.

행남해안 산책로는 교통의 중심지인 도동과 울릉도 사람들의 삶의 현장인 저동을 잇는 가벼운 해안 산책로로 울릉도의 태곳적 자연을 가장 함축적으로 보여주는 대표 코스.

내수전 옛길은 험난했던 옛 울릉도 사람들의 삶의 흔적을 느낄 수 있는 길로 바다를 보며 숲길을 걷는다. 빼곡한 숲, 그 아래로 자칫 굴러 떨어질 것 같은 낭떠러지, 양치식물들과 섬 특유의 식물들을 볼 수 있는 가장 울릉도다운 길이다.

울릉도, 트레킹 여행의 로망

가쁜 숨을 쉬면서 올라가야 하는 원시림인 성인봉과 우리나라 유일의 사람이 사는 분화구인 나리분지, 그리고 나리분지에서 가까운 신령수길은 꼭 성인봉을 오르지 않고 그저 이 길만 걸어도 충분히 아름답고 편안한 산책길이다.
도동에서 출발하여 해안길을 따라 섬 한 바퀴를 도는 해안 일주는 내수전, 섬목 구간을 제외하고 해안길의 거의 모든 풍광을 직접 발로 걸으며 만끽할 수 있는 코스다. 그러나 도보 여행도 한계가 있다. 시간도 오래 걸릴 뿐만 아니라 험준한 고개들과 대부분 일방통행인 인공적인 터널들이 위험 요소로 존재하기 때문이다. 그래서 버스 타기와 걷기를 병행하는 것이 가장 이상적인 울릉도 여행의 방법이 된다. 다행히 울릉도의 버스는 비교적 치밀하게 운행되고 있어서 버스만 타도 90% 가까이 아름다운 해안길을 둘러 볼 수 있다.
여행하는 도중에 멋진 풍경을 만났을 때 무작정 내리는 것도 나쁘지 않다. 목적 없이 그저 풍경에 취해 시간을 보내다가 다음 버스를 타면 되는 것이다. 하지만 가장 매혹적인 여행지를 섭렵하면서 여행을 즐기고 싶다면 통구미와 남양 사자바위 구간, 태하에서 대풍감과 파도공원 구간, 송곳봉에서 천부까지의 구간은 버스에서 내려 걸어보는 것이 좋다.
울릉도 트레킹 여행은 체력 소모가 크기 때문에 뭍에서는 보기 힘든 별미를 맛보며 에너지를 보충해야 한다. 홍합밥, 따개비칼국수, 오징어내장탕, 약소고기, 나리분지 산채비빔밥, 특히 식당마다 반찬으로 제공하는 부지깽이나물이나 명이나물절임은 '울릉도의 자부심'이라 할 만한 별미다. 두툼하고 구수하면서도 씹을수록 단맛이 나는 오징어와 늙은 호박을 푹 삶아 만든 호박엿, 수심 1,500m의 깊은 바다에서 끌어올린 해양심층수는 혼자 걷는 트레킹 길을 외롭지 않게 해줄 동반자들이다.

울릉도, 트레킹 여행의 로망

도동항, 저동항

트레킹 여행 디자인하기

소개
2박 3일 일정의 트레킹으로 울릉도를 다 돌아보기는 힘들다. 그래서 울릉도에 첫 발을 내디딘 여행자를 위해 짧은 일정 동안 알뜰하게 핵심 코스만 돌아보는 방법을 추천한다. 첫째 날, 강릉, 묵호, 포항 등지에서 첫 배를 이용한다면 대부분 울릉도에 정오 무렵에 도착하게 된다. 만약 날씨가 도와준다면 3시간 반 정도 소요되는 독도 여행부터 하자. 독도에서 돌아온 후 나머지 시간은 행남해안 산책로를 걸으며 울릉도의 첫날을 보낸다. 둘째 날은 본격적인 트레킹 여행 일정. 마지막 날인 셋째 날은 유람선을 타고 울릉도 전체를 한 바퀴 돌아보거나 죽도 여행을 하고 여유가 되면 도동의 독도전망대, 봉래폭포, 내수전전망대 등을 둘러보면서 배를 기다리자.

명소
내수전 옛길. 196p 내수전전망대. 196p 행남해안 산책로. 198p 행남등대. 199p 촛대바위. 199p 봉래폭포. 220p 유람선 일주. 222p 독도. 224p 죽도. 226p

맛집
향우촌. 210p 보배식당. 211p 기쁨두배. 212p 다연식당. 213p 저동 활어판매장. 217p 99식당. 따개비비빔밥 전문(054-791-2287)
가고싶은 집. 명이나물 면으로 만든 따개비칼국수가 인기(054-791-2223)

교통
- 묵호항 → 울릉도(도동) : 1일 1회 운항, 08:20, 033-531-5891(묵호여객선터미널)
- 포항항 → 울릉도(도동) : 1일 1회 운항, 09:50, 054-242-5111(포항여객선터미널)
- 후포항 → 울릉도(사동) : 일, 월, 수, 금, 토 운항, 09:30, 054-788-6001(후포여객선터미널)
- 강릉항 → 울릉도(저동) : 월-목 10:00, 금-일 08:30, 10:00, 1577-8665(강릉항여객터미널)
- 계절과 성수기, 비성수기에 따라 운항 스케줄이 다르므로 반드시 선사에 문의해야 한다.
- 문의 1544-5117(대아고속해운), 1577-8665(씨스포빌)

울릉도

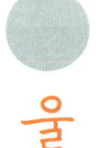

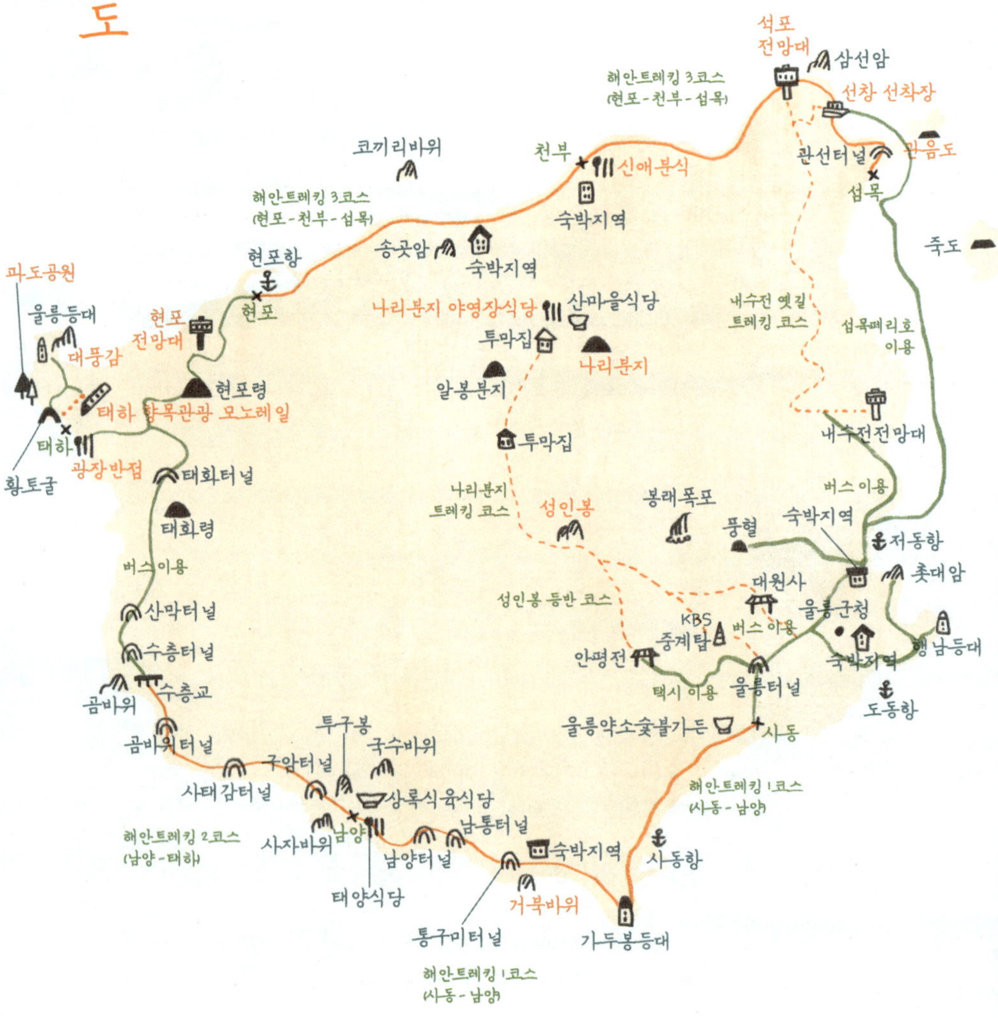
석포
전망대
삼선암
해안트레킹 3코스
(현포-천부-섬목)
선창 선착장
관음도
관선터널
섬목
코끼리바위
천부
신애분식
숙박지역
해안트레킹 3코스
(현포-천부-섬목)
죽도
송곳암
숙박지역
현포항
현포
나리분지 야영장식당
산마을식당
내수전 옛길
트레킹 코스
섬목페리호
이용
파도공원
울릉등대
현포
전망대
대풍감
투막집
나리분지
알봉분지
현포령
태하 향목관광 모노레일
태하
광장반점
황토굴
투막집
내수전전망대
태화터널
나리분지
트레킹 코스
성인봉
봉래폭포
버스 이용
숙박지역
풍혈
태화령
저동항
촛대암
버스 이용
대원사
울릉군청
성인봉 등반 코스
KBS
중계탑
버스 이용
산막터널
수층터널
안평전
숙박지역
행남등대
울릉터널
택시 이용
도동항
곰바위
수층교
울릉약소숯불가든
사동
곰바위터널
투구봉
국수바위
구암터널
사태감터널
상록식육식당
해안트레킹 1코스
(사동-남양)
해안트레킹 2코스
(남양-태하)
사자바위
남양
남통터널
남양터널
숙박지역
사동항
태양식당
거북바위
통구미터널
가두봉등대
해안트레킹 1코스
(사동-남양)

트레킹 여행 디자인하기

소개 2박 3일 일정 중 둘째 날은 온전히 하루를 트레킹에 할애할 수 있는 시간적인 여유가 있는 날이다. 가고 싶은 곳은 많지만 성인봉 등반이나 나리분지 트레킹, 해안 트레킹 중 핵심 구간을 선택해 걷는다. 성인봉 등반을 포기한다면 해안을 따라 걷는 트레킹 코스 일주에 도전해볼 수 있다. 많이 걷는 것이 힘들다면 나리분지는 버스를 이용해서 돌아보자.

명소 석포전망대. 197p 선창 선착장. 197p 관음도. 197p 거북바위. 201p 태하 향목관광 모노레일. 203p 대풍감. 203p 파도공원. 203p 현포전망대. 205p 성인봉. 206p 나리분지. 208p

맛집 광장반점. 214p 신애분식. 215p 나리분지 야영장식당. 216p
울릉약소숯불가든. 사동에 위치한 울릉도 특산물인 약소 요리 전문(054-791-0990)
태양식당. 남양동의 맛있는 따개비칼국수(054-791-5617)
산마을식당. 산채정식이 인기 있는 나리분지 맛집(054-791-4643)

교통
- 저동 → 천부 : 도동 출발 06:20-16:30, 약 40-50분 간격으로 운행
- 천부 → 나리분지 : 천부 출발 07:35-18:00, 약 10회 운행
- 도동 → 봉래폭포 : 도동 출발 07:00-19:20, 약 40-50분 간격으로 운행
- 도동 → 내수전전망대 : 도동 출발 07:20-18:00, 약 40-50분 간격으로 운행
- 문의 054-791-8000(무릉교통)

울릉도, 트레킹 여행의 로망

원시림의 매력을 고스란히 느낄 수 있는
내수전 옛길 트레킹

내수전 옛길 트레킹 (약 4km, 2시간 30분 소요)
내수전전망대 → 석포마을 → 석포전망대 → 선창 선착장 → 섬목페리

내수전에서 석포로 이어지는 내수전 옛길은 최근 들어 울릉도 트레킹 코스 가운데 가장 인기를 끄는 코스다. 100년이 넘었다는 이 길은 예전에 석포에 살던 주민들이 도동까지 가서 생필품을 구해 지게에 지고 넘던 좁은 숲길로 유일하게 자동차 일주도로가 연결되지 않아 온전히 걸어야만 하는 길이기도 하다. 문명의 이기인 자동차가 닿지 않는 길이었기에 오늘날 오히려 각광받게 된 내수전 옛길의 매력은 훼손되지 않은 원시림의 원형이 오롯이 살아있다는 것이다. 하늘이 보이지 않을 만큼 빽

빽한 숲길을 걷다가 골짜기 사이로 가끔 숨바꼭질 하듯 나타나는 탁 트인 바다가 눈을 시원하게 한다. 숲이 끝나고 석포마을을 지나 석포전망대 쪽으로 방향을 잡는다. 석포전망대❶는 현포전망대, 내수전전망대와 함께 꼭 올라가봐야 할 전망 포인트. 이곳에서 송곳봉과 코끼리바위 등 북쪽 해안의 비경을 감상하자. 여유가 된다면 선창 선착장에서 왕복 약 3km 거리의 관음도까지 연계해서 돌아보자. 예전에는 그저 배를 타고 스쳐 지나가던 관음도였지만 이젠 다리를 건너 들어가 산책도 하고 죽도나 삼선암을 감상하는 명소로 급부상하고 있다. 돌아올 때는 선창 선착장에서 저동으로 가는 섬목페리❷를 타면 된다. 버스에 비해 시간이 반으로 단축되는 점도 매력이다. 단, 2013년 8월 18일부터 선창 선착장 보강 공사로 잠정 휴항하고 있으므로 이 루트로 여행하려면 미리 섬목페리에 문의해봐야 한다.

섬목페리 운영. 선창 선착장 → 저동, 1일 6회 운항, 09:40-17:50 비용. 어른 6,000원 문의. 054-791-9905
관음도 운영. 4월-10월 08:00-19:00, 11월-3월 09:00-18:00 비용. 어른 4,000원 문의. 054-791-6022

울릉도, 트레킹 여행의 로망

울릉도의 자연 지질 박물관
행남해안 산책로

행남해안 산책로 (2.7km, 1시간 소요)
도동항 → 행남등대 → 저동항 → 버스 → 도동항

도동항 여객선터미널에서 행남등대를 거쳐 저동항의 촛대바위까지 이어지는 행남해안 산책로는 이른 아침이나 밤 시간 등 자투리 시간에 가볍게 걸을 수 있는 해안 산책길. 가파른 기암절벽과 출렁이는 쪽빛바다가 어우러진 구불구불한 산책로는 울릉도의 지질을 함축적으로 보여주는 지질 박물관이다. 이 산책로의 바닷길 구간에선 파도에 의해 깎여나간 해식동굴❶, 암벽으로 막힌 곳을 뚫어 만든 인공터널, 뻥 뚫린 거대한 타포니 지형❷을 볼 수 있다. 이 구간을 지나면 조릿대 무성한 숲을 지나 털머위 꽃이 군락을 이루는 해송 숲길로 이어진다. 도동과 저동 중간쯤 절벽 꼭대기에 있는 행남등대 전망대에서 보면 저동 앞바다와 죽도의 풍경이 시원스레 펼쳐진다. 행남등대에서 저동항으로 가는 길에는 아슬아슬한 아치형 구름다리와 소라계단을 건너는 스릴을 맛보기도 한다. 촛대바위가 서 있는 저동항 방파제 초입까지 걸으면서 산책을 마무리한다. 출발지로 돌아가는 길은 버스를 이용하는 것이 좋다.

울릉도, 트레킹 여행의 로망

우산국 최후의 전설을 간직한
울릉도 해안 트레킹 1

울릉도 해안 트레킹 1 (7.3km, 약 2시간 소요)
사동 → 가두봉 등대 → 통구미 → 거북바위 → 남양

사동에서 남양까지의 트레킹 코스는 오르막이 심하고 긴 울릉터널을 지나야 하는 도동에서 사동까지 가는 길을 제외하면 해안을 따라 난 약 7.3km의 평탄한 길이 쭉 이어진다. 시원하게 트인 바다와 길게 뻗은 해안을 감상하며 걸을 수 있는 무난한 코스다. 도동의 관문인 울릉터널을 건너 내려가면 사동이다. 이 마을에는 흑비둘기 서식지인 후박나무 숲과 몽돌해변이 있다. 사동항과 가두봉 등대를 꺾어들면 통구미 마을. 마을이 자리 잡은 암벽 사이의 비좁은 골짜기가 마치 통처럼 좁다고 해서 붙여진 이름이다. 이곳에는 보는 각도에 따라 다른 형상으로 보이는 거북바위❶와 천연기념물인 통구미 향나무자생지❷가 있다. 남양은 우산국 최후의 역사가 전설로 남아 있는 마을. 우해왕과 이사부의 전설을 품은 투구봉과 사자바위, 국수바위라고 불리는 비파산이 그 흔적으로 남아 있다.

울릉도, 트레킹 여행의 로망

대한민국 10대 비경
울릉도 해안 트레킹 2

울릉도 해안 트레킹 2 (3.5km, 1시간 소요, 남양 - 수층교)
남양 → 사자바위, 투구봉 → 수층교, 곰바위 → 버스 → 태하

태하 비경 트레킹 (1시간 소요)
태하 → 모노레일 → 대풍감, 울릉등대 → 파도공원, 황토구미 → 태하

③

남양과 태하 구간 중 남양에서 수층교까지 이르는 3.5km 구간은 기암절벽과 바다가 어우러진 해안도로로 이어진 걷기 편한 길이다. 다만 나선형 모양의 수층교❶에서부터 태하 사이에는 3개의 긴 터널이 있어 특별히 주의

태하 향목관광 모노레일
비용. 편도 어른 2,200원,
어린이 1,200원
문의. 054-790-6638

해야 한다. 이 구간은 버스를 타고 이동하는 편이 낫다. 태하는 옛날 우산국의 도읍지이자 개척민들이 가장 먼저 울릉도에 정착한 마을. 유구한 역사를 간직한 마을답게 태하에는 절경 아닌 곳이 없는 울릉도에서도 손꼽을 만한 최고의 풍광이 있다. 태하 향목관광 모노레일❷을 타고 올라가 만나게 되는 울릉등대와 태하 향목전망대에서 감상하는 대풍감❸이 그것이다. 본토까지 배를 끌어줄 세찬 바람을 기다리던 해안절벽인 대풍감의 풍광은 우리나라 사진가들이 꼽는 한국 10대 비경의 하나이기도 하다. 전망대에서 데크로 이어진 파도공원을 지나 나선형 계단을 내려오면 붉은 황토굴이 독특한 황토구미를 만나게 된다. 울릉도에 왔다가는 수토사들이 이 섬에 들렀다는 증거로 울릉도에서만 나는 향나무와 이 황토를 가져갔다고 한다. 황토구미에서 마을로 접어들면 동남동녀의 슬픈 전설이 서린 성하신당이 있고 뒷골목엔 7, 80년대 가옥을 볼 수 있는 풍경들이 남아 있다.

울릉도, 트레킹 여행의 로망

마음이 편안해지는 해안길
울릉도 해안 트레킹 3

울릉도 해안 트레킹 3 (총 10.7km, 3시간 소요, 현포전망대 – 선창 선착장)
태하 → 버스 → 현포전망대 → 현포항 → 코끼리바위 → 송곳봉 → 천부항 → 삼선암 → 선창 선착장 → 관음도 → 선창 선착장

태하에서 현포로 넘어가는 현포령은 열 두 구비로 도보 여행자나 자전거 여행자들에게 가장 힘든 코스다. 그러므로 버스를 타고 현포령을 넘어 현포전망대에서 내려 섬목까지 걷는 것이 좋다. 현포전망대에서 섬목까지 이어지는 약 10.7km의 해안 일주도로는 바닷가로 이어지는 평지이고 아름다운 해안 풍경이 줄줄이 나타난다. 현포전망대❶에서 보면 현포항과 물 마시는 코끼리 모양의 코끼리바위, 하늘을 찌르듯 뾰족한 송곳봉이 한눈에 들어오는 풍경이 펼쳐진다. 현포항을 꺾어 돌아가면 고개를 젖혀 올려다봐야하는 또 다른 앵글의 웅장한 송곳봉❷과 그 앞쪽으로 깎아지른 절벽 위에 오롯이 앉은 추산일가가 보인다. 옛선창이라고 불렸던 천부에는 도동이나 선창 선착장(섬목), 나리분지로 가는 버스가 있다. 천부에서 섬목으로 이어지는 길은 차량이 거의 다니지 않는 한적한 해안도로로 딴섬과 세 선녀의 전설이 서린 삼선암❸의 비경을 감상할 수 있다. 섬목–관음도를 연결하는 연도교를 건너 깍새가 사는 관음도를 둘러본 후 선창 선착장에서 페리를 타고 저동에 도착하면 울릉도 해안을 한 바퀴 도는 해안 트레킹이 마무리된다.

울릉도, 트레킹 여행의 로망

태고의 신비를 품은 산
성인봉 등반

대원사 코스 (3시간 소요)
도동 → 대원사 입구 → 작은등대, 큰등대 → 사다리골 → 바깥숲
마당 → 안숲마당 → 팔각정 → 바람등대 → 성인봉 정상

KBS 중계소 코스 (2시간 30분 소요)
도동 → 사동고개 → KBS 중계소 → 깍끼봉 기슭 → 사다리골 →
바깥숲마당 → 안숲마당 → 팔각정 → 바람등대 → 성인봉 정상

안평전 코스 (2시간 30분 소요)
안평전 → 갈미봉 기슭 → 돌봉능선 → 바람등대 → 성인봉 정상

화산섬 울릉도에서 가장 높은 성인봉(984m)은 태고의 신비를 품고 있는 울릉도의 아이콘이다. 천연기념물로 지정된 성인봉의 원시림은 성인봉 정상 부근을 중심으로 형성된 숲으로 과거에서 현재에 이르는 동안 사람의 손을 타지 않은 자연 그대로의 모습을 간직하고 있다. 이곳은 은빛 줄기가 선명한 너도밤나무와 섬단풍나무, 섬피나무, 섬말나리 등 육지에서는 볼 수 없는 희귀한 울릉도 자생식물의 보고. 땅을 움켜쥐듯 뻗어 나간 나무의 굵은 뿌리는 마치 살아있는 듯 꿈틀거리고 하늘을 향해 뻗은 나뭇가지 사이로 불어오는 바람은 청량하기 이를 데 없다.

성인봉 정상 부근은 구름에 덮인 날이 많아 이름만큼이나 성스럽고 신비스런 분위기를 자아내지만 맑은 날에는 주변 봉우리의 능선과 저동 앞바다의 풍경을 감상할 수 있다. 성인봉 등반 코스는 도동을 기점으로 하는 대원사, KBS 중계소, 안평전 코스가 있다. 그 중 해발 400m의 안평전에서 출발하는 안평전 코스는 처음 성인봉을 오르는 사람에게 가장 수월하고 짧은 코스로 나리분지 쪽으로 내려오는 것이 일반적이다. 수많은 계단을 밟으며 내려오는 길에 만나는 알봉전망대❶에서 감상하는 알봉분지와 나리분지, 미륵봉의 파노라마처럼 펼쳐지는 풍광은 잊지 못할 장관이다. 나리분지 쪽으로 내려가는 급경사 계단길은 너도밤나무 숲길로 이어져 신령수 약수터에 다다른다.

❶

울릉도, 트레킹 여행의 로망

로맨틱한 산책 길
나리분지 트레킹

나리분지는 울릉도의 유일한 평지로 분화구인 칼데라 안에 자리 잡고 있다. 분화구에 사람이 사는 건 나리분지를 포함해 세계적으로 두 군데 밖에 없다고 한다. '나리'라는 이름은 척박한 이 땅에 정착한 개척민들이 섬말나리 뿌리를 캐먹으며 연명했던 데서 유래한 것. 폭설이 많이 내리는 울릉

도의 환경을 반영하여 우데기로 두른 독특한 투막집, 너와집도 몇 채 남아 있어서 그들의 주거양식을 엿볼 수 있다.

성인봉에서 나리분지로 내려오는 길에 만나게 되는 신령수길은 굴곡이 없는 로맨틱한 산책길이다. 신령수 쉼터❶에는 족욕탕이 마련되어 있어 발의 피로를 잠깐이나마 풀 수 있고 늘 시원하게 솟아나는 석간수도 물맛 좋기로 유명하다. 알봉분지❷는 나리분지 내에 형성된 중앙 화구. 이곳 주변에는 햇볕이 스며들 틈이 없을 만큼 빽빽한 숲이 조성되어 있다. 나리분지의 포근한 정취에 젖어볼 수 있었던 야영장은 2012년 8월 말부터 나리, 추산 탐방로 정비 공사로 인해 폐쇄된 상태이다.

울릉도의 맛집

웰빙 약소고기 전문점
향우촌

울릉약소
섬바디, 전호, 독활은
약소가 좋아하는 풀
항암 성분 듬뿍 든 울릉도 약초
그 약초 소가 먹고 약소가 되었다.
윤기 나는 고기
명이나물에 싸먹으면
씹을수록 고소하다.

향우촌은 약초를 먹여 직접 키우는 약소고기를 맛볼 수 있는 울릉도 약소전문 취급가맹점❶이다. 인기 메뉴는 약소숯불구이와 약소불고기. 1등급 등심, 안심, 꽃심, 갈비, 안창살 등 고급 부위만 내놓는다. 소 한 마리를 전부 넣고 곤 곰탕은 진하고 담백해서 손님들이 많이 찾는다. 울릉도 심층수에서 뽑아낸 소금에 찍어먹는 약소고기는 부드럽게 녹는다기보다는 씹을수록 고소함이 살아나는 맛. 그때그때 계절 약초에 매실엑기스 베이스의 소스를 친 약초샐러드는 약소고기와 찰떡궁합이다.

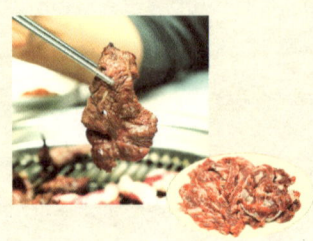

주소. 울릉읍 도동리 226-3 운영. 09:00-20:00(일요일 휴무) 비용. 약소숯불구이 150g 20,000-30,000원, 약소불고기 250g 18,000원, 약소 한 마리 곰탕 8,000원, 약소곱창전골 30,000-50,000원 문의. 054-791-8383

신선한 자연산 홍합이 일품
보배식당

홍합밥
깊은 바다 울릉도
해녀가 따온 붉은 홍합
쫄깃하고 풍미 강하다.
그 홍합 잘게 썰어 올려
고슬고슬하게 지은 밥에
양념장 한 숟갈
김가루 뿌려 밥을 비빈다.
맛깔스런 반찬 곁들여
홍합밥 한 그릇 비운다.
울릉도가 아니면 먹을 수 없는
가장 울릉도스러운 음식.

깊은 바다 속에서 해녀가 직접 따낸 자연산 홍합❶은 먹음직스러운 붉은 색깔과 더불어 쫄깃하고 강한 바다향이 일품. 이 홍합을 쌀에 섞어 밥을 지은 것이 울릉도스러운 음식의 대표 주자인 홍합밥이다. 썬 홍합을 참기름으로 볶아 야채를 적당히 섞어 고슬고슬하게 밥을 지어 미역냉국과 함께 내놓는다. 윤기 자르르 흐르는 밥에 김가루를 뿌리고 양념장을 넣어 비벼먹는데 잘 어우러진 오묘한 맛의 조화가 일품이다. 계절 따라 달라지는 나물반찬 5가지는 하나하나가 맛깔스럽다.

주소. 울릉읍 도1동 128 운영. 07:00-비정기적 비용. 홍합밥 15,000원, 홍합죽 15,000원, 홍합샤브샤브 1인분 30,000원 문의. 054-791-2683

울릉도의 맛집

울릉도의 대표 해장국집
기쁨두배

기쁨두배는 현지인들이 많이 찾는, 저동에서 맛있다고 소문난 집이다. 푸짐한 반찬의 가정식 백반도 맛있지만 특히 오징어 철에 맛볼 수 있는 오징어내장탕이 별미. 오징어 배를 갈라 손질할 때 나오는 흰창❶에 콩나물, 청양고추, 파를 넣어 단순하게 끓여낸 맑은 국으로 울릉도의 대표적인 해장국이다. 비린내 나지 않는 시원한 국물에 신선한 오징어의 쫄깃함이 살아있다. 신선한 오징어가 아니면 결코 요리할 수 없는, 울릉도의 오징어 철에만 맛볼 수 있는 별미.

오징어내장탕
신선한 흰창에 콩나물과
청양고추 듬뿍
담백하고 시원한 국물에
쫄깃한 건더기
울릉도 사람들 숙취를
한방에 날리는
해장국의 지존이다.

주소. 울릉읍 도동리 308-4 운영. 11:00-20:00 비용. 오징어내장탕 2인 16,000원, 홍합밥 15,000원, 따개비밥 15,000원 문의. 054-791-1618

울릉도의 겨울철 별미
다연식당

누른창
누른창은 오징어의 내장낭
신선하지 않으면
먹을 수 없는 누른창
울릉도에선 누른창 알뜰히 모아
쌈장을 만들었다.
누른창과 된장,
무청 시래기 자박하게 끓여
귀한 울릉도 약초에 싸먹는다.
울릉도 사람들에겐 그리운 음식

누른창❶만을 모아 소금을 뿌려 젓갈처럼 담가놓고 찌개나 쌈장을 만들어 먹던 누른창 음식은 원래 울릉도 주민들의 겨울철 별미. 다연식당에 가면 계절에 관계없이 향수 어린 이 음식을 맛볼 수 있다. 누른창과 된장, 청양고추, 마늘, 대파 등을 넣어 볶은 누른창쌈장은 명이나물 등 계절 약초나 삶은 배추에 싸먹는다. 누른창에 무청시래기를 넣고 자작하게 끓여낸 누른창찌개도 구수한 시골의 맛. 다연식당의 모든 쌈장은 누른창 외에도 볼락, 꽁치 등의 생선이 들어가 깊은 맛을 내는 것이 특징이다.

주소. 울릉읍 도동리 331-8 운영. 09:30-22:00 비용. 누른창찌개 & 쌈밥 13,000원, 산채쌈밥한정식 13,000원, 오징어내장탕 8,000원 문의. 054-791-9393

짬뽕으로 유명한 중국집
광장반점

태하짬뽕
짬뽕 국물 만들어놓는 일은 그에겐 자존심 상하는 일 주문 받자마자 홍합, 해삼, 오징어, 새우와 갖은 야채 센 불에 달달 볶아 국물을 만든다. '태하짬뽕'이라고도 부른다. 울릉도에서 웬 짬뽕이냐 하지만 울릉도에서만 맛볼 수 있는 짬뽕 물의 음식이 그리울 때 찾아가면 좋다.

도동 주민들도 일부러 찾아가는 중화요리 전문점으로 '태하짬뽕'이라고 불리는 짬뽕으로 유명하다. 신선한 재료를 듬뿍 사용하여 미리 국물을 내지 않고 주문 받은 즉시 야채를 볶아❶ 우려낸 진한 국물 맛이 특징으로 시원하고 깔끔하다. 담백한 짜장면과 바삭하게 튀겨낸 돼지고기에 바나나, 당근, 오이, 피망, 목이버섯 등 갖은 야채가 넉넉하게 들어간 탕수육도 일품. 가격 거품이 많은 울릉도에서 착한 가격으로 식사할 수 있는 것도 큰 장점.

주소. 울릉군 서면 태하리 새길 748-8 운영. 10:30-20:00 비용. 짬뽕 6,000원, 짜장면 5,000원, 탕수육 20,000-25,000원 문의. 054-791-7798

따개비칼국수의 원조
신애분식

소박한 밥상
따개비라 부르는 삿갓조개
넉넉히 삶아 국물 내고
밀가루 반죽 직접 밀어
면발을 만든다
걸쭉한 초록 국물에
담긴 쫄깃한 면발
천부에서만 맛볼 수 있는
자연주의 밥상

울릉도에서 따개비라 부르는 삿갓조개❶는 해안가 어디서나 흔히 잡을 수 있는 조개류. 신애분식은 이 따개비를 이용한 칼국수를 만들어낸 원조집. 따개비를 넉넉히 넣어 삶아낸 국물과 건더기를 넣고 호박과 감자를 숭덩숭덩 썰어 넣는다. 거기에 주문 즉시 손으로 밀어낸 면발을 넣고 끓여낸 후 고소한 깨소금을 듬뿍 얹어내는데 함께 나오는 양념장을 끼얹어 먹으면 더욱 고소하다. 따개비 재료가 있을 때까지만 칼국수를 내놓기 때문에 전화 문의는 필수.

주소. 울릉군 북면 천부리 534 운영. 11:00-14:00 비용. 따개비칼국수 7,000원, 칼국수 5,000원, 정식 6,000원, 냉콩국수 5,000원 문의. 054-791-0095

울릉도의 맛집

신선한 산나물 잔치
나리분지 야영장식당

나리분지에서 나는 취나물, 삼나물, 부지깽이, 전호, 더덕 등의 산나물을 맛깔스럽게 볶거나 무쳐서 국산 참기름 한 방울 떨어뜨린 단순한 산채비빔밥. 그러나 산나물 각각의 향기와 제대로 고소한 참기름, 고슬고슬한 밥의 조화는 산채비빔밥의 황금비율이라 할 만하다. 이곳 산채비빔밥❶의 특징은 고추장을 섞지 않고 나물 그대로의 맛과 향을 즐기는 것. 부지깽이, 명이나물 등 곁들이 반찬도 한결같이 맛있거니와 비빔밥과 함께 나오는 섬엉겅퀴국도 별미. 영업시간이 수시로 바뀌니 문의를 꼭 해볼 것.

산나물의 향연
부지깽이, 미역취, 삼나물, 고비나물……
그릇 안에 나리분지 산나물 다 모였다.
곁들여지는 엉겅퀴국
비빌 때 고추장은 섞지 않아야
나물 그대로의 맛과 향을 즐길 수 있다.
씨앗동동주 한 잔으로 방점을 찍는다.

주소. 울릉군 북면 나리동 91-2 운영. 07:00-비정기적 비용. 산채정식 15,000원, 산채비빔밥 8,000원, 씨앗동동주 10,000원, 더덕야채전 12,000원, 삼나물무침 20,000원 문의. 054-791-0773

울릉도 바다의 맛
저동 활어판매장

울릉도의 맛
오징어, 문어, 멍게, 뿔소라, 홍삼에 쥐치… 울릉도 바다가 고스란히 어시장에 펼쳐진다. 꼬들꼬들한 회 한 점에 소주 한 잔 기울여보자. 저동항 어시장에서 여행의 방점을 찍어봐야 비로소 울릉도를 온전히 사랑하게 된다.

도동에 비해 비교적으로 한적한 저동에서 가장 시끌벅적하고 활기찬 곳이라면 단연 저동항 어시장에 있는 저동 활어판매장일 것이다. 규모는 작지만 대부분 울릉도 근해에서 잡아 올린 싱싱한 해산물과 활어들이 총집결하는 곳이기 때문에 먹는 재미뿐만 아니라 구경하는 재미가 쏠쏠하다. 회를 주문하고 한켠에 마련된 테이블에 앉으면 '걸어 다니는 가게'라 할 만한 아줌마가 소주, 채소, 초장, 종이컵, 젓가락, 음료수 등을 플라스틱 바구니에 넣어 가지고 다니며 판다. 시원한 바닷바람 부는 저동항 어시장에서 회 한 접시 맛보며 낭만에 젖어보자.

주소. 울릉읍 도동리 **운영.** 가게마다 다름 **비용.** 모둠회 30,000원, 맥주 4,000원, 초장 3,000원

도동과 도동항

독도전망대 케이블카
운영. 하절기 06:00-20:00,
동절기 08:00-18:00(연중무휴)
비용. 왕복 기준 어른 7,500원,
어린이 3,500원
문의. 054-791-6420

포항과 묵호항에서 출항한 여객선들이 들고나며 대부분의 유람선이 출발하는 울릉도의 관문이다. 좁고 북적거리는 여객선터미널을 벗어나면 경사가 가파른 좁은 골목에 음식점, 민박과 모텔, 특산품 가게, 관공서 등이 길쭉하게 이어진다. 독도전망대에서 내려다보면 좁은 골짜기 사이로 미니어처 같은 집들이 옹기종기 모여 있는 도동 시내의 모습이 한눈에 보인다.

도동항에서 행남해안 산책로가 시작되며 독도전망대❶, 독도박물관(054-790-6432), 약수공원 등도 이곳에 있다. 오징어 철이면 배에서 내리자마자 오징어 말리는 냄새가 진동하며 울릉도에 왔음을 실감나게 한다. 항구 주차장에서 열병하듯 조릿대 끝에 꿰여 햇살에 말라가는 오징어들도 진풍경이다. 간이 어시장이 있는 포구에서는 자연산 회를 저렴한 가격으로 맛볼 수 있고 근처 가게에서 간단한 낚싯대를 빌려 전갱이 등을 낚는 즐거움도 있다. 다만 교통의 중심지다 보니 단체 관광객들을 상대로 한 상업적인 시설들이 모두 도동항을 중심으로 모여 있어서 호젓한 여행을 즐기는 여행자에겐 다소 불편한 점이 많다.

저동과 저동항

봉래폭포
비용. 어른 1,200원, 어린이 6,00원
문의. 054-790-6422

저동은 행정 중심지인 도동보다 규모 면에서는 더 큰 마을로 울릉도 어업의 전진기지다. 도동이 여행자를 위한 시설이 집중되어 있는 상업적인 분위기라면 저동은 울릉도 사람들의 사는 모습을 볼 수 있는 곳이다. 여기에 버스정류장, 음식점, 민박과 게스트하우스 등 여행자들을 위한 편의시설이 모여 있다. 저동의 볼거리는 단연 포구를 중심으로 한 어촌 풍경. 포구에 정박한 수십 척의 고깃배들, 특히 오징어 철에는 오징어잡이 배에서 막 내린 오징어를 경매하고, 온 동네 아주머니들이 나와 일사불란하게 오징어를 손질하고, 조릿대에

꿰어 운반하는 등 오징어 하나 만으로도 항구 전체가 활기로 가득 찬다. 저동의 밤 정취를 돋우는 어시장은 울릉도 사람들과 어울려서 싱싱한 회나 해산물에 술 한 잔 기울일 수 있는 곳이다.

저동항의 상징인 촛대바위는 해돋이의 명소이고, 내수전으로 출발하는 여행의 출발지이기도 하다. 도동에 비해 상업화 되지 않은 인심이 남아 있고 저렴하고 맛있으며 혼자 가도 먹을 수 있는 식당이 있다. 도동과 저동 주민들의 식수가 되는 봉래폭포❶는 낙차가 30여 미터에 이르는 3단 폭포. 폭포로 오르는 길에 있는 삼나무 숲과 자연 에어컨인 풍혈도 볼거리다.

유람선 일주

유람선 일주를 하지 않으면 울릉도를 다 봤다고 할 수 없을 만큼 필수적으로 여행 계획에 포함시켜야 한다. 본섬 안에서는 볼 수 없는 절경과 바다 쪽에서만 볼 수 있는 다른 각도의 비경이 한시도 시선을 뗄 수 없을 정도로 끊이지 않고 이어진다. 자연의 조각품이요, 자연박물관 같은 풍경이다. 도동항을 벗어나자마자 어디선가 날아드는 수백 마리의 갈매기 떼가 유람선을 호위하듯 둘러싸고, 관광객들이 던져주는 새우깡을 날랜 솜씨로 잡아채는 모습이 유람선 여행의 재미를 더한다. 유람선은 사동항을 지나 거북바위, 통구미 향나무자생지, 투구봉을 거쳐 직벽의 아슬아슬한 절벽과 곰바위, 수층교, 만물상을 차례로 지난다.

❸

❶

물결의 방향이 바뀌면서 배가 요동치는 신기한 경험을 할 수 있는 대풍감에서 시작해서 관음도에 이르는 북쪽 해안은 유람선 일주 관광의 하이라이트. 송곳산을 바라보며 감탄하다 보면 코끼리바위❶, 삼선암❷을 스치듯 지나게 된다. 이 두 바위는 멀리서 볼 때와 다르게 가까이서 봤을 때 그 독특함과 거대한 규모에 또 한 번 놀라게 되는 명물. 배는 연도교가 인상적인 관음도❸와 죽도, 저동항을 지나 도동항으로 입항하는 것으로 섬 일주를 마무리 한다.

❷

썬스타 유람선 일주
운영. 일주 시간 약 2시간
비용. 어른 25,000원, 어린이 12,000원
문의. 054-791-4477

독도

2005년 3월부터 일반인의 관광이 허용된 천연기념물 제 336호 독도. 울릉도에서 동남쪽으로 87.4km 거리에 위치한 독도는 동도와 서도를 포함해 91개의 크고 작은 섬으로 이루어져 있다. 관광객을 실은 배는 동도에 접안하는데 동도에는 유인등대를 비롯해 대부분의 해양수산시설이 설치되어 있다. 이곳에는 독도 경비대와 등대관리원이 상주하고 있으며 가끔 독도경비대와 함께 생활하는 삽살개가 선착장까지 내려와 노는 것을 볼 수 있다. 비교적 완만한 동도에 비해 뾰족한 원추형을 이루는 서도에는 독도 유일의 주민인 김성도 씨 부부가 생활하는 민가만 한 채 있다.

독도행 배편

㈜돌핀해운
운영. 매일 운항, 비수기 07:00,
성수기 15:00 출발
문의. 054-791-8111

㈜대아고속해운
운영. 매일 운항, 08:00, 14:00 출발
문의. 033-531-5891(묵호),
054-791-0801-2(울릉 도동항)

㈜울릉해운
운영. 매일 운항, 07:20, 14:20 출발
문의. 054-791-9901

울릉도에 도착한 후 날씨가 좋으면 다른 일정 모두 접고 독도부터 가봐야 한다. 예측할 수 없는 독도의 변덕스러운 날씨 때문이다. 선착장에 접안이 불가능할 때는 내리지 못하고 섬을 한 바퀴 선회하고 되돌아간다. 동도 선착장에 접안을 했다 해도 체류 시간은 20-30분 정도만 주어지기 때문에 가파른 계단을 걸어 정상 부근까지 서둘러서 올라가야 한다. 선착장에서는 동도 전체와 건너편의 서도, 그리고 바다 위에 우뚝 서 있는 촛대바위❶, 탕건봉, 삼형제굴바위 등의 기암괴석을 감상하게 된다. 계단이 시작되는 부근에는 '대한민국 동쪽 땅끝' 표석❷이 있으며, 아기자기한 몽돌해변과 파도가 다이내믹하게 들락거리는 천장굴도 인상적이다.

울릉도 여행지

죽도

울릉도의 44개 부속 섬 가운데 가장 큰 섬이자 유일한 유인도인 죽도는 조릿대가 많은 섬이다. 도동항에서 배를 타고 15분 여. 선착장에서 섬의 상단부인 평지로 가려면 360여 개의 계단을 올라가야 한다. 조릿대숲과 매표소를 지나면 이국적인 집 한 채가 보이는데, 이곳은 휴게소를 겸하는 시설로 KBS 다큐멘터리 〈인간극장〉에 소개되었던 김유곤 씨 남매가 더덕 농사를 지으며 살고 있다. 1만 여 평의 더덕 밭에서 재배한 더덕❶은 향기가 진하고 심이 없는 좋은 품질로 관광객들에게 인기가 좋다. 이 더덕을 갈아 만든 더덕주스는 유난히 진하고 향기가 좋다. 섬 전체를 한 바퀴 도는 산책로는 조릿대와 소나무 숲이 이어지며 쉼터와 전망대가 있어 여유 있게 걸을 수 있다.

❶

죽도 유람선
운영. 도동항 승선, 1일 2회 운항, 09:00 14:30
비용. 승선료 어른 15,000원, 어린이 7,000원,
죽도 입장료 어른 1,000원, 어린이 500원
문의. 054-791-4488

어택캠프

저동항에 있는 트레킹 전문여행사인 헤초여행사에서 운영하는 울릉도 유일의 게스트하우스다. 혼자이거나 게스트하우스의 자유로운 분위기를 선호하는 여행자라면 어택캠프를 추천한다. 전문 산악인 부부에게 도움을 청하면 트레킹 코스에 대한 조언을 해주거나 단체일 경우에는 함께 트레킹을 하기도 한다. 겨울 시즌에는 산악스키와 울릉도 스키캠프, 성인봉 투어프로그램 등도 운영한다. 늘 화기애애한 분위기라 산악인들 외에도 아지트로 삼는 단골들이 많다.

주소. 울릉읍 도3리 279-3 운영. 체크인 14:00, 체크아웃 11:00 비용. 도미토리 20,000원, 2인실 50,000원 문의. 054-791-2767

캐도 캐도 끝이 없는 바다 보물을 찾아서

손을 담그면 파란 물이 들 것만 같은 잔잔한 쪽빛 바다와 구불구불한 다랭이논에 가득한 노란 유채꽃과 초록 마늘대가 만들어내는 삼색의 조화. 색색의 조각보를 이리저리 기워놓은 듯한 풍경 그 자체도 그림이지만 그 속에 뛰어들어 몸으로 직접 체험해보는 남해는 나만의 생동감 있는 비디오로 그를 완성할 수 있는 최선의 여행지다.

바다에서 조개를 캐고, 쑥을 잡고, 노를 젓고, 돔을 낚고, 배를 타고 나가서 남해의 보물을 캐며 다이내믹한 즐거움에 빠져보자.

남해, 바다 여행의 로망

바닷가 사람처럼

○ 바닷가에 살면서 먹을거리가 필요할 때, 낮이면 바다에 나가 낚싯대를 드리우거나 갯벌에 나가 조개를 캐고 밤에는 횃불을 들고 나가 낙지를 잡는다. 도시인들은 식탁에 올릴 음식 재료를 사기 위해 마트로 향하지만 '바다가 냉장고'인 바닷가에서는 그저 문밖으로 나가면 된다. 한 번쯤 어부로 사는 로망을 가슴에 품어본 사람이라면 이런 상상을 하는 것만으로도 가슴이 뛸 것이다.

짭짤한 바닷바람에 건강하게 그을린 씩씩한 바닷사람은 그 넓은 망망대해에서도 물고기 떼가 어떤 길로 다니는지를 동물적인 감각으로 알아 그물을 드리우고, 낙지가 밤에 마실 다니기를 좋아하는지 그냥 바위틈에 박혀 잠자기를 좋아하는지도 이미 다 알고 있다. 바람의 방향, 바람의 세기, 심지어 바람의 냄새만 맡아도 고기가 많이 들 것인지를 귀신같이 알아차리는 그들은 언제나 승자다.

누구나 바닷사람이 될 수는 없지만 바닷사람처럼 바다와 놀고, 바다에서 난 것을 먹고, 바다 위에서 마음껏 즐겨볼 수 있도록 무궁무진한 보물이 숨어 있는 곳이 바로 남해다.

삼면이 바다로 둘러싸여 있어서 긴 해안선을 따라 드라이브하기도 좋지만 차에서 내려 장화 신고 호미 들고 갯벌에서 조개를 캐보는 체험 여행은 그 이상의 즐거움을 준다. 그저 바라볼 때와 비교할 수 없는 짜릿한 즐거움이 요동을 치지 않는가.

남해, 바다 여행의 로망

내 손으로 잡고 캐낸 것들을 구워먹거나 간단히 쪄먹거나 김치 넣고 보글보글 끓이기만 해도 신선한 생선 고유의 고소함이 온몸으로 느껴진다. 줄낚시로 잡은 우럭을 바닷사람처럼 숭덩숭덩 썰어 막된장에 푹 찍어 소주 한 잔 곁들여 먹는 맛은 또 어떤가.

'아는 것은 좋아하는 것만 못하고, 좋아하는 것은 즐기는 것만 못하다'는 공자님 말씀처럼 바다를 좋아하면 바다를 적극적으로 즐겨야 한다. 캐고 캐고 또 캐내어도 무진장한 바다의 보물이 숨겨져 있는 보물섬 남해. 그 보물을 어떻게 캐서 가질 것인지는 여행자의 몫이다.

보물섬이 숨겨놓은 종합선물세트

○ 　　　　보물섬 남해. 남해의 가장 큰 보물은 바다 속에 다 숨어 있다. 그러니 남해의 유명한 관광지만 둘러보고 간다면 남해가 왜 보물섬인지 알 수 없을 것이다.

산중턱으로 굽이굽이 이어진 해안선을 달리다보면 내려서 걷고 싶은 모래사장의 해수욕장을 만나고 파도에 씻겨 조약돌 굴러 가는 소리가 매혹적인 몽돌해수욕장을 만난다. 쪽빛 바다와 너른 갯벌에선 바다의 생명력이, 기암절벽의 산에서는 자연의 위대함이, 그 아래로 펼쳐지는 다랭이논과 마을 풍경 속에서는 척박한 환경에서도 부지런함과 성실함으로 살아냈던 남해 사람들의 땀이 고스란히 느껴진다.

육지와의 다리가 놓이기 전, 남해는 섬이었다. 섬이기에 바다에 관한 한 먹을거리, 체험거리, 볼거리 가득한 오감만족의 여행지다. 청정하면서도 잔잔한 바다에 사시사철 먹거리가 풍부한 남해에는 천혜의 자연환경을 이용해 바다를 온몸으로 즐길 수 있는 프로그램들이 산재해 있다. 남해에는 체험마을이 약 15곳 있는데, 어촌 체험마을은 물론이고 농촌 체험마을들도 대부분 바닷가에 위치해 있어서 농촌 체험과 어촌 체험을 겸하기도 한다. 다른 지역에 비해 체험마을마다 다양하고 특성화된 체험 프로그램을 가지고 있는 것도 남해만의 특징이다.

은모래, 몽돌, 갯벌, 바위 등 바다 조건이 저마다 다르기 때문에, 몸으로 느낄 수 있는 체험의 종류도 그만큼 다양하다. 조개나 낙지를 잡는 갯벌 체험, 배를 타고 낚시를 즐기는 선상낚시 체험, 통발이나 죽방렴 체험 등 주민들이 살아온 일상을 체험해 보거나 해양레포츠 체험도 가능하다.

자연의 공간인 바다에는 바닷물이 들고나는 '물때'가 중요하다. 그래서 체험의 종류에 따라 체험 가능한 시기와 시간이 다르다. 그렇기 때문에 체험 여행을 알뜰하게 즐기기 위해서는 미리 인터넷 검색을 통해서 철저하게 조사하고 체험마을에 문의해야 한다.

쏙, 문어, 낙지, 바지락이나 우럭조개, 전복, 멸치, 전어 그리고 우럭이나 감성돔 등의 횟감들. 잡는 방법이 다양한 만큼 즐거움의 색깔도 다양하다. 꿈틀꿈틀, 파닥파닥, 미끌미끌……. 생명력 넘치는 갖가지 바다 생물들과의 숨바꼭질은 아이 어른 할 것 없이 원초적인 행복감을 선사한다.

바닷사람이 되어보는 즐거움과 함께 직접 잡은 바다의 보물을 즉석에서 회치거나 삶아 된장에 찍어먹는 시간은 바다 체험의 하이라이트! 봄에는 멸치, 여름에는 갈치, 가을에는 전어, 겨울에는 물메기 등 계절마다 맛있는 제철 생선을 맛볼 수 있다. 그리고 아침 부두에 나가 막 돌아와 항구에 깃을 접는 고깃배들을 찾아 현장에서 직접 고기를 사서 요리해 먹는 재미도 빼놓을 수 없다.

아름다운 남해 바다에서 즐기는
재미있는 해양레포츠 체험

남해, 바다 여행의 로망

바다 여행 디자인하기

소개
남해의 해안선 길이는 무려 302km. 남해는 생각보다 넓어 유명한 여행지만 돌아도 하루 일정으론 무리가 따른다. 또한 남해대교로 진입하느냐 창선·삼천포대교로 진입하느냐에 따라 여정 자체가 달라진다.

남해 동부는 삼천포대교로 진입을 하는데, 동선에 따라 지족어촌 체험마을과 은점어촌 체험마을, 항도어촌 체험마을 등을 차례대로 둘러볼 수 있다. 최소한 1박을 잡고 사전에 체험프로그램과 여행지를 결정해서 계획을 세우도록 하자. 어떤 바다 체험을 할 것인지 결정했다면 해당 체험마을의 사무장에게 문의하자. 물때와 체험정보, 숙박, 식사에 관한 모든 것을 자세히 안내받을 수 있다. 개매기나 후릿그물처럼 한 달에 한두 번, 단체라야 가능한 체험은 사전에 상담하여 일정을 구체화하는 것이 좋다.

체험
두모마을. 242p 지족어촌 체험마을. 244p 남해 해바리마을. 246p 적량 해비치마을. 248p 은점어촌 체험마을. 249p 항도어촌 체험마을. 250p

맛집
우리식당. 254p 다원. 255p 대청마루. 256p 달반늘 장어구이. 257p 촌놈횟집. 258p 지산졸복. 259p 막싸도라 커피여행. 261p
삼다도해물집. 〈이영돈의 먹거리 X파일〉에 소개된 착한 식당(055-867-7562)

명소
독일마을. 262p 해오름예술촌. 266p 원예예술촌. 266p 금산 보리암. 269p 바람흔적미술관. 269p 물미 해안도로. 271p
물건방조어부림. 267p 남해편백 자연휴양림. 269p 창선·삼천포대교. 271p
지족 죽방렴. 물살이 드나드는 곳에 대나무발 그물을 세워 고기를 잡는 원시어업
상주은모래비치. 금산을 배경으로 펼쳐진 남해의 대표적인 해수욕장

교통
• 서울남부터미널 ↔ 남해버스터미널 : 1일 10회 운행, 08:30-19:30
• 남해버스터미널 → 상주, 미조 방면 : 06:30-20:20
• 남해버스터미널 → 지족, 은점, 미조 방면 : 06:40-20:10
• 문의 055-864-7101(남해버스터미널), 055-863-3507(남흥여객)

남해, 바다 여행의 로망

바다 여행 디자인하기

소개
남해 서부는 남해대교로 진입하여 문항어촌 체험마을과 유포어촌 체험마을을 둘러보는 것으로 일정을 잡으면 된다. 아쉽게도 남해는 대중교통을 이용해서 원하는 체험마을과 여행지를 함께 둘러보기가 쉽지 않다. 꼭 버스를 이용해야 하는 경우라면 남해버스터미널에서 목적지로 향하는 버스를 타면 되는데 버스 배차 간격이 길기 때문에 사전에 동선을 완벽히 짜고 움직여야 효율적인 여행을 할 수 있다. 군내 버스에 대한 정보는 남해군청 문화관광 홈페이지에서 얻을 수 있다.
바다 체험을 목적으로 하는 남해 여행이라면 숙박을 체험마을 근처에 정하는 것이 좋다. 체험마을이 소개해주는 민박집, 특히 어부가 운영하는 민박집이라면 제철에 나는 신선한 생선이나 해산물을 이용한 소박한 밥상은 기본. 때로 바다사람들의 생생한 삶의 현장을 함께 하는 기회를 얻을 수 있을 것이다.

체험
문항어촌 체험마을. 240p 유포어촌 체험마을. 251p

맛집
미담. 260p 시골할매 막걸리. 264p
해월정. 소박하지만 푸짐하고 신선한 회와 매운탕이 맛있는 횟집(055-863-5963)
자연맛집. 해녀들이 채취한 자연산 전복으로 쑨 전복죽이 별미(055-863-0863)

명소
가천 다랭이마을. 264p 홍현 해안관광도로. 271p
남해 충렬사. 이순신 장군의 가묘가 있는 사당으로 바로 앞에 거북선 전시관이 있다.
이충무공전몰유허. 노량해전에서 전사한 이순신 장군의 유해가 처음 육지에 오른 곳
다초지. 장평저수지에 벚꽃과 유채, 튤립을 심어 조성한 튤립 축제 장소

교통
• 서울남부터미널 ↔ 남해버스터미널 : 1일 10회 운행, 08:30-19:30
• 남해버스터미널 → 남면, 홍현, 가천 방면 : 06:20-20:15
• 문의 055-864-7101(남해버스터미널), 055-863-3507(남흥여객)

남해, 바다 여행의 로망

○
쏙

가재도 아닌 것이 새우도 아닌 것이
재미있는 이름을 가진 너, 쏙.
갯벌 진흙 살짝 걷어내면 동전만 한 구멍
거기 쿰쿰한 된장물 살짝 뿌리고
붓을 넣어 약 올리면
적 속에 숨었던 쏙이 쏙~하고 고개를 내민다.
쏙에겐 치명적인 된장과 붓의 유혹
쏙과 사람의 술래잡기 재미난다.

쏙 잡기에 쏙 빠지는
문항어촌 체험마을

남해 갯벌엔 가재 비슷하게 생긴 '쏙'이 많아 쏙잡기 체험❶을 하는 마을이 몇 군데 있다. 잡기의 노하우는 마을 부녀회 할머니들이 가르쳐주는데 쏙과 놀이하듯 잡는 재미가 이만저만이 아니다. 이 쏙은 튀김으로 먹거나 국에 넣어 끓여먹는데 바삭바삭한 맛이 그만이다. 한편, 마을 갯벌에는 쏙과 더불어 우럭조개❷도 많이 난다. 어른 주먹만큼 커서 코끼리조개라고도 하며, 무침이나 조개탕으로 먹으면 별미다. 전통 어로방식인 개매기 체험❸은 물때가 맞을 때 가면 개인들도 참여해서 그물에 걸린 생선들을 손으로 잡을 수 있다.

주소. 남해군 설천면 강진로 206번길 54-19
비용. 쏙잡기 체험 어른 10,000원, 어린이 5,000원, 우럭조개캐기 체험 어른 10,000원, 어린이 5,000원, 개매기 체험 어른 15,000원, 어린이 10,000원
문의. 055-863-4787

남해, 바다 여행의 로망

해양 레저의 천국
두모마을

신 구운몽

다랭이논에 핀 유채꽃 노란 꽃향기 몽몽하고
쪽빛 바다 위에 카약을 띄워 노도로 향한다.
노도의 봄은 무르익어 나른하고
《구운몽》의 팔선녀와 함께 노닐다 돌아오는 길.
천지는 고요하고 다만 삐걱대는 노 젓는 소리뿐,
내가 꿈을 꾼 것일까 꿈이 나를 꾼 것일까.
카약은 꿈결처럼 바다 위를 미끄러져 간다.

주소. 남해군 상주면 양아로 525번길 20
비용. 시 카약 25,000-36,000원,
시 카누 20,000-25,000원,
인플레터블 보트(4인 이상) 12,000원
문의. 010-8500-5863

해마다 봄이면 다랭이논에 흐드러지게 피어나는 유채꽃과 벚꽃의 조화가 아름다운 두모마을이 전국에서도 손꼽히는 해양레저 테마마을로 재탄생했다. 천혜의 자연조건을 이용해 시 카약, 시 카누, 인플레터블 보트 등의 레포츠를 즐길 수 있어 외국인들도 많이 찾는 인기 체험마을이 된 것. 스노클링과 스킨다이빙, 서프보드, 스탠드업패들, 드래곤보트 등 바다에서 즐길 수 있는 웬만한 레포츠는 모두 두모마을 앞바다에서 즐길 수 있다고 해도 과언이 아닌데, 특히 바다에서 타는 시 카약❶과 시 카누, 그리고 카약과 래프팅의 장점을 섞은 인플레터블 보트는 안정성이 뛰어나 초보자들도 무리 없이 즐길 수 있다. 여유가 된다면 마을에서 운영하는 두모펜션과 민박집에 묵으며 다양한 체험을 즐겨보자.

남해, 바다 여행의 로망

귀족 멸치를 잡아보는
지족어촌 체험마을

주소. 남해군 삼동면 죽방로 24
비용. 죽방렴 체험 어른 25,000원, 어린이 15,000원.
선상낚시 체험(6명 기준) 150,000원.
조개잡이 체험 어른 10,000원, 어린이 5,000원
문의. 055-867-8249

최고의 멸치

물살 빠른 지족해협 죽방렴

바다 위에 점으로 그림을 그린다.

이것은 아주 오래된

조상의 지혜가 담긴 국가지정명승

오랜 기다림 끝에 멸치 떼 죽방렴에 가득하다.

빠른 물살에 단련된 단단한 죽방멸치는

맛도 좋고 때깔도 좋아.

한우보다도 비싼 바다의 귀족.

창선교를 건너 지족해협을 지나다보면 독특한 형태의 죽방렴 어장❶이 눈길을 끈다. 죽방렴은 물살을 따라 이동하는 멸치 떼를 한곳으로 몰기 위해 물살이 지나는 좁은 물목에 세워둔 원시적인 형태의 어로법. 어른 허리만큼 물이 빠지면 하루 두세 번 배를 타고 들어가 고기를 건져내는데 멸치뿐만 아니라 갈치, 장어, 꼴뚜기 등도 다양하게 잡힌다. 이렇게 잡은 죽방멸치는 한 박스에 수십만 원을 호가할 정도로 상품성을 인정받고 있다. 이 죽방렴 체험을 할 수 있는 곳이 바로 지족어촌 체험마을. 그물질, 멸치 삶기, 널기까지의 과정을 직접 체험해볼 수 있고 생멸치회도 맛볼 수 있다. 한편, 배를 타고 나가 낚시를 하는 선상낚시 체험❷은 잡은 고기를 즉석에서 선장님이 회로 떠주는데 쫀득한 회 맛이 일품이다. 여럿이 배낚시를 하며 짜릿한 손맛을 느끼고 싶을 때 이용해보자.

남해, 바다 여행의 로망

밤마실 나온 낙지 잡기
남해 해바리마을

횃바리

한밤중 횃불을 들고 바다로 나간다.
진달래꽃 구경하러 올라온 낙지는 불빛이 눈부시다.
횃바리의 즐거움에 잠을 잊은 아이들의 환호성
낙지회, 낙지라면 모닥불 피워놓고 낙지구이
두고두고 잊지 못할 물컹한 낙지의 추억.

주소. 남해군 창선면 서부로 255-4 **비용.** 횃바리 체험 10,000원, 횃바리 축제(패키지 체험) 51,000원, 선상어부 체험 어른 20,000원, 어린이 15,000원 **문의.** 010-4702-9990

남해에서는 낮에 갯벌에서 해산물을 채취하는 것을 '개바리', 썰물이 되는 밤에 횃불을 들고 나가 낙지나 게 등을 잡는 것을 '홰바리'라 한다. 처음 홰바리를 하게 되면 낙지를 눈앞에 두고도 발견하기 쉽지 않은데, 마을 도우미의 노하우를 배우면 낙지 몇 마리는 기본이다. 잡은 낙지는 모닥불을 피우고 둘러앉아 즉석에서 먹기도 한다. 이 신기한 체험을 할 수 있는 남해 해바리마을은 매년 4월부터 6월 초까지 홰바리 축제를 할 만큼 홰바리로 유명한 마을. 홰바리 체험뿐만 아니라 어부와 함께 바다에 나가 그물을 끌어올리는 선상어부 체험❷도 인기인데, 주로 전어가 많이 낚인다. 유자 농사를 많이 지어 유자 관련 체험프로그램을 갖추고 있으며 멋진 편백림도 마을의 자랑거리다. 선상어부, 홰바리, 바지락캐기, 경운기트레킹, 유자비누 체험과 숙소, 식사를 한데 묶은 패키지 상품은 가족 체험객들에게 인기가 높다.

남해, 바다 여행의 로망

바닷속 풍경이 궁금하다면
적량 해비치마을

주소. 남해군 창선면 적량마을 997
비용. 투명 카누 15,000원, 창경 보트 15,000원,
좌대 낚시(6시간) 13,000원
문의. 055-867-4486

호기심

네모난 창경으로 바다 속을 들여다보면
헤엄치는 물고기랑, 하늘거리는 잘피랑
느릿느릿 가시를 세우고 기어가는 성게랑
꾸물꾸물 해삼도 보인다.
배에 앉아 바다 속을 들여다본다.
네 마음속을 들여다 볼 수 있는
창경이 있다면 얼마나 좋을까.

고사리로 유명한 적량 해비치마을에는 바닷속에 들어가지 않고도 바다에 대한 호기심을 충족시킬 수 있는 뱃놀이가 있으니, 투명 카누❶와 창경 보트❷가 바로 그것. 카누 자체가 투명해서 바닥 아래 바다 속을 볼 수 있는 투명 카누와 바다 밑 10m까지 볼 수 있는 확대 수경이 가운데 달려 있어 물고기를 잡는 전통 고깃배인 창경바리를 체험해볼 수 있다. 한편, 이 마을에서 출발하는 늘픔호 유람선을 이용하면 남해 물건항, 통영 수우도, 노아도, 사량도 등을 돌아볼 수 있다.

통발 속 문어와 한판 승부
은점어촌 체험마을

빨판의 힘

문어는 통발이 제집인 줄 안다.
느릿느릿 통발 속에서 꾸물럭대다가
통발째 배 위로 오른다.
힘이 장사인 문어는
배 바닥에 달라붙어 온 빨판으로 저항한다.
한바탕 문어 빨판과 씨름을 하고나서 먹는
살짝 데친 문어 맛은
둘이 먹다 하나 죽어도 모를 맛이다.

통발이란 물고기가 빠져나갈 수 없는 통같이 만든 낚시도구로, 통발 체험은 줄을 맨 통발 100여 개를 바다 속에 내려놓은 후 다음날 통발 줄을 잡아당겨 그 안에 든 물고기를 거두는 체험이다. 은점어촌 체험마을은 문어 통발 체험❶을 할 수 있는 마을. 잡은 문어는 현장에서 직접 삶아주는데, 쫄깃하고 부드러운 맛이 일품이다. 통발 체험과 함께 물때가 맞으면 허리께까지 차오른 바다 속에서 전복을 딸 수 있는 전복 체험도 도전해보자. 단체로 그물을 당기는 후릿그물 체험은 40명 이상의 단체만 가능하다.

주소. 남해군 삼동면 물건리 664-3
비용. 문어통발 체험(5명까지) 50,000원,
전복+고둥잡이 체험 어른 20,000원,
어린이 15,000원, 후릿그물 체험 10,000원
문의. 055-867-7119

남해, 바다 여행의 로망

좌대에서 즐기는 낚시
항도어촌 체험마을

항도마을에서
밀물 때는 섬이 되었다가 썰물 때는 드러나는
바닷길이 마을을 이어준다 해서 항도마을.
끝섬, 민목섬, 딴목섬 그리고 마안도
섬과 몽돌해변과 바다가 어우러진 삼위일체의 풍경
섬 너머로 해 떠오르는 바다는 한 폭의 그림 같다.
아늑한 고기 쉼터에 낚싯줄 드리우고
짜릿한 입질의 손맛을 즐긴다.

바다 가두리 낚시를 해보고 싶다면 항도마을로 가면 된다. 가두리 낚시는 양식장 주변에 인공 구조물을 만들어 편안하게 낚시를 할 수 있게 만든 좌대에서 즐기는 낚시. 물이 맑아 물고기 떼가 헤엄치는 모습이 그대로 보여 초보자들도 쉽고 편안하게 낚시를 즐길 수 있다. 낚시터 주변에는 물고기들이 쉬는 쉼터를 만들어놓아 그 주위로 꽁치, 돔, 고등어 등이 모여든다. 또한 스킨스쿠버 체험하기 좋은 입지로 다이빙강사 라이센스를 보유한 지도자가 교육해주고 잠수장비 렌털도 가능하다.

주소. 남해군 미조면 송정리 항도부락 **비용.** 가두리 낚시 어른 10,000원, 어린이 5,000원, 스킨스쿠버 체험 60,000원, 갓후리 체험(30명 이상) 1인 10,000만원 **문의.** 055-867-4348

우럭조개가 지천인
유포어촌 체험마을

―
주소. 남해군 서면 남서대로 2381
비용. 우럭조개잡기 체험 어른 10,000원,
어린이 5,000원, 뜰빵낚시 체험 10,000원
문의. 055-862-0735

조개 국물의 지존

얼큰한 국물계의 지존이 우럭매운탕이라면
뽀얀 조개 국물의 지존은 우럭조개다.
아이 주먹만 한 몸뚱이엔 살 통통 육즙 담뿍
비린내 없고 은은한 향에 단맛까지 도니
샤브샤브로 최고.

크기가 주먹만 하고 까무잡잡한 생김새가 우럭을 닮아 우럭조개❶라 부른다. 청정해역 중에서도 수심이 약간 깊은 갯벌에서 사는 우럭조개를 잡으려면 보통 30cm 정도 열심히 파야 한다. 이 우럭조개가 많이 나는 곳이 바로 유포어촌 체험마을로 물때를 잘 맞추면 바구니에 가득 채우는 건 시간문제다. 4월부터 7월까지는 낚싯바늘을 쓰지 않고 실에 갯지렁이와 묵직한 추를 묶어 바다장어를 낚는 뜰빵낚시 체험도 가능하다. 미끼 하나로 장어를 잡는 것인데 물때만 잘 맞추면 제법 쏠쏠하게 장어를 낚을 수 있는 것이 매력.

남해, 바다 여행의 로망

바다체험 여행의 백미
남해바래길

1코스 다랭이지겟길 (16km, 5시간 소요)
평산항 → 사촌해수욕장 → 가천 다랭이마을

2코스 앵강다숲길 (18km, 6시간 소요)
가천 다랭이마을 → 홍현 해라우지마을 → 월포해수욕장 → 벽련마을

7코스 고사리밭길 (14km, 4시간 30분 소요)
적량 해비치마을 → 공룡발자국화석 → 고사리밭 → 동대만 휴게소

문의. 055-863-8778
(남해바래길사무국)

'바래'는 남해의 어머니들이 바다에 나가 가족이 먹을 해산물을 채취하는 작업을 말한다. 남해바래길은 CNN이 선정한 한국에서 가봐야 할 아름다운 50곳에 선정된 1코스 다랭이지겟길을 비롯해 총길이 302km에 달하는 10개 코스다. 단순히 걷는 길이 아니라 지게 체험, 다랭이논 체험, 어촌 체험, 바래 체험 등을 해보면서 남해 사람들의 삶을 느낄 수 있는 길이다. 이 가운데 특히 남해 사람들의 삶의 모습이 고스란히 담긴 전형적인 어촌과 농촌이 함께 어우러진 1코스 다랭이지겟길과 가천 다랭이마을을 포함해 낭떠러지 같은 숲속에서 바다를 바라보며 걷는 오솔길이 조성되어 있는 2코스 앵강다숲길, 산과 밭으로 거미줄처럼 이어진 고사리밭길을 통해 아름다운 해안과 바다를 내려다보는 7코스는 남해의 매력을 가장 함축적으로 보여주는 코스다. 바래길 곳곳에서 맛볼 수 있는 매콤달콤한 멸치회와 갈치회는 남해만의 별미.

싱싱한 멸치 만찬
우리식당

멸치 트리오
살 통통 오른 죽방렴 멸치요리는
봄철의 별미
살을 발라 매콤달콤하게 무친
멸치회무침
자작하게 조려낸 담백한 멸치쌈밥
고소하고 간간한 멸치구이
죽방렴 멸치의 진수를 보여주는
멸치 트리오
남해에 가면 꼭 먹어봐야 한다.

남해에서 꼭 먹어봐야 할 음식이 바로 죽방렴으로 잡은 싱싱한 멸치로 만든 요리다. 멸치는 싱싱하지 않으면 회나 무침으로 먹기 힘들기 때문에 이곳이 아니면 맛보기 힘들다. 삼동면의 우리식당은 국물용으로 쓰는 죽방렴 큰 멸치를 이용해 멸치쌈밥과 멸치회무침을 요리해낸다. 막걸리식초를 이용해 새콤달콤하게 무쳐낸 멸치회무침은 깊은 맛을 내고, 자작하게 조려낸 멸치에 매실된장과 마늘장아찌를 얹어 상추에 싸먹는 멸치쌈밥은 비리지 않고 담백하다.

주소. 남해군 삼동면 지족리 288-7 **운영.** 09:00-21:00 **비용.** 멸치쌈밥 8,000원, 멸치회무침 20,000-30,000원, 멸치구이 12,000원 **문의.** 055-867-0074

멍게와 성게알의 조화
다원

멍게비빔밥
벚꽃 피면 그 맛이 시작된다는
바다의 꽃, 멍게
밤송이 가시 속에
웅크린 노란 성게알
다원의 멍성비빔밥은
숙성된 멍게젓과 성게알의
즐거운 랑데부
꼭꼭 오래 오래 씹으면
그윽한 바다향이
저 깊은 곳에서부터
은근히 피어오른다.

남해 사람들이 맛있다고 추천하는, 멍게+성게알 비빔밥을 잘하는 집이다. 멍게를 깨끗이 다듬고 조선간장, 마늘, 청양고추, 참기름을 섞어 3개월간 숙성시켜 남해 전통 방식으로 만든 멍게젓에 해녀가 채취한 신선하고 고소한 성게알을 밥 위에 얹어 직접 볶아서 짠 국산 참기름과 함께 비벼먹는다. 은은한 멍게, 성게향과 고소함이 어우러지는데 화려하지 않지만 본연의 맛을 잘 살린 담백함이 좋다. 죽방 생멸치에 가을 무청을 삶아 된장에 주물러놓은 시래기와 함께 조려낸 멸치쌈밥과 국산 생갈치만 고집하는 갈치조림도 집에서 먹는 맛.

주소. 남해군 삼동면 지족리 282-2 운영. 10:00-22:00 비용. 멍게+성게알 비빔밥 13,000원, 갈치조림(1인분) 13,000원, 멸치쌈밥 9,000원 문의. 055-867-2145

남해의 맛집

구수한 대나무통밥이 별미
대청마루

대통밥
아버지의 대밭에서 난 푸른 대통에
어머니가 기른 곡식들을 정성스레 올려
딸이 쪄낸 대나무통밥
구수한 냄새 은은하고
모락모락 김이 피어오른다
그 옛날 부뚜막에서 엄마 주위를 맴돌며
기다렸다 먹던 밥.
그래야 더 맛있던 밥.

친정어머니가 운영하던 30년 전통의 식당을 물려받아 2대째 이어가는, 대나무통밥이 별미인 맛집이다. 주문 즉시 찹쌀, 흑미 등을 섞은 쌀에 호두, 수삼, 밤, 녹두, 완두콩 등 10여 가지 건강 재료를 듬뿍 넣어 1시간가량 중탕으로 쪄내기 때문에 1시간 전에는 미리 전화로 예약을 해야 한다. 대나무에서 우러나는 진과 향, 그리고 재료들이 어우러진 영양밥에 기본으로 나오는 수육과 부추겉절이, 두부모듬 그리고 잡채, 전, 생선구이 등 반찬도 푸짐하고 맛깔스럽다. 은은한 연잎향이 감도는 쫄깃한 연잎밥도 추천 메뉴.

주소. 남해군 삼동면 동천리 1025-3 운영. 10:00-21:00 비용. 대나무통밥 한정식 15,000원, 수육쌈밥 10,000원, 멸치쌈밥 10,000원, 연잎밥 한정식 15,000원 문의. 055-867-0008

마음이 훈훈해지는 맛집
달반늘 장어구이

달반늘 장어
창선 앞바다 세찬 바닷물 헤치며
장어는 날로 단단해져간다.
솜씨 좋은 아주머니 만난 장어는
매콤하고 때깔 좋은 소스 옷 입고
숯불과 철판 위에서 별미로 환생한다.
입안에서 살살 녹는 장어 굽는 냄새에
밤하늘, 가던 달도 쉬어간다.

죽방렴이 설치되어 있는 창선교 근처의 장어요리 전문점. 이곳의 장어는 거친 바닷물을 헤치며 돌바닥에서 살아가기 때문에 육질이 단단한 붕장어(아나고)로 고추장 양념을 해서 돌판에 구워먹거나 소금구이로 먹는다. 특히 초벌구이한 장어를 고추장에 매실액기스, 과일 등을 섞어 만든 매콤한 소스로 양념해 철판에 구워먹는 장어양념돌판구이는 부드럽고 담백해 입안에서 살살 녹는다. 넉넉한 양에 착한 가격까지, 마음이 훈훈해지는 맛집이다. '달반늘'은 '가던 달도 쉬어가는 곳'이란 뜻.

주소. 남해군 삼동면 지족1리 1082 운영. 11:00-20:30 비용. 장어구이 12,000원, 장어양념돌판구이 12,000원, 장어탕정식 6,000원, 장어탕 5,000원 문의. 055-867-2970

남해의 맛집

남해 횟집의 지존
촌놈횟집

〈1박 2일〉 '털게'로 방송을 탔지만 사실은 남해에서 '회 잘 치는 사내'로 꼽히는 박대엽 사장. 수협중매인이기도 한 그는 바다에 관한 한 막힘이 없는 초고수. 횟집을 오픈한 지 20여 년, 오로지 살아있는 생선만 취급한다. 그리고 메뉴도 회, 회덮밥, 매운탕 세 가지만 전문적으로 내놓는다. 미조 앞바다에서 난 최고로 신선한 해산물을 최고의 칼질로 최고의 맛을 뽑아내는 그만의 노하우는 '당겨썰기'와 고기를 다루는 물이라고. 화려하지 않지만 기본에 충실한 생선회를 내놓아 수십 년 단골이 많다.

고수
오대양을 누비던 일동항해사에서 바다를 대접하는 횟집 주인이 된 남자. 회칼에도 도(道)가 있고 칼이 가다보면 자연스럽게 흐르는 길이 있다 한다. 한 마리 고기가 한 접시 회가 되기까지 춤추듯 자연스럽게 생선 위에서 노니는 그의 칼솜씨는 가히 고수의 경지라 할 만하다.

 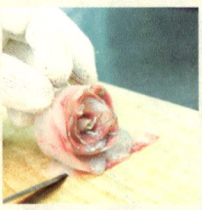

주소. 남해군 미조면 미조리 104-59 운영. 11:00-20:00 비용. 모둠회(양식+자연산) 40,000-80,000원, 우럭회 40,000-60,000원, 회덮밥 10,000원, 매운탕 1인분 10,000원 문의. 055-867-4977

진정한 졸복의 참맛
지산졸복

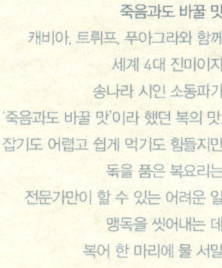

죽음과도 바꿀 맛
캐비아, 트뤼프, 푸아그라와 함께
세계 4대 진미이자
송나라 시인 소동파가
'죽음과도 바꿀 맛'이라 했던 복의 맛.
잡기도 어렵고 쉽게 먹기도 힘들지만
독을 품은 복요리는
전문가만이 할 수 있는 어려운 일
맹독을 씻어내는 데
복어 한 마리에 물 서말
쫀득하고 담백한 복어 요리는
예술의 경지.

졸복은 어른 손가락 크기의 작은 새끼 복. 지산졸복은 이 졸복 풀코스 요리로 소문난 졸복 전문점. 공급보다 수요가 많아 귀한 생선으로 4월부터 6월, 11월부터 1월까지만 살아있는 졸복 요리를 맛볼 수 있다. 미조항 수협공판장 앞에 자리하여 미조 앞바다에서 잡힌 신선한 졸복을 바로 공급받기 때문에 졸복의 참맛을 제대로 즐길 수 있다. 졸복 풀코스는 껍질무침, 회, 초밥, 튀김, 수육, 지리가 나오는데 졸깃하면서도 개운한 졸복의 맛이 고스란히 살아있다. 졸복이 나지 않는 계절에는 멸치와 갈치요리로 대신하는데 하나하나가 다 진미다.

주소. 남해군 미조면 미조리 168-20 운영. 07:00-20:00 비용. 뚝배기복국 11,000원, 냄비복국 30,000-40,000원, 졸복튀김 20,000-30,000원, 졸복 풀코스 60,000원 문의. 055-867-7754

남해의 맛집

접시 위의 남해바다
청정바다 남해에서 갓 잡은 싱싱한 해산물과 해풍 먹고 자란 남해의 푸른 채소들 남해의 자연을 접시에 담았다. '눈으로 먼저 맛보는' 해물 한정식은 미담의 하이라이트. 맛의 향연 속에서 남해를 느껴본다.

남해의 자연을 먹다
미담

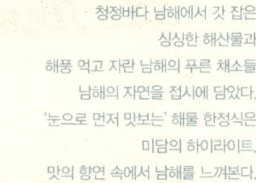

남해 군청 맞은편에 자리한 미담은 일식 스타일로 차리는 깔끔한 전통 한정식집이다. 향토색 짙은 푸근한 인테리어에 남해에서 많이 나는 해산물 위주의 상차림이 격조가 있어 남해를 맛으로 느끼고 싶다면 꼭 들러봐야 한다. 회, 해산물 모둠, 장어구이, 홍어회무침, 꽃게찜, 새우튀김 등 자극적이지 않고 재료의 맛을 고스란히 살린 20여 가지 음식들이 줄줄이 나오는 해물 한정식이 이 집의 대표 메뉴. 양반의 주안상 같은 상을 받고 싶을 때나 손님 대접할 때 가면 좋다.

주소. 남해군 남해읍 북변리 130-6 남해군청 앞 운영. 12:00-21:00 비용. 3인 기준 점심 메뉴 30,000원, 해물 한정식 60,000원, 수라상 90,000원, 스페셜 남해바래상 150,000원 문의. 055-864-2277

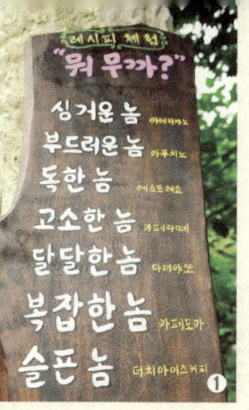

남해에서 맛보는 진짜 커피
막싸도라 커피여행

막싸도라와 마고의 집
막 싸돌아다니는 여자 막싸도라와 '마음의 고향'이 닉네임인 남자 마고. 남자는 뚝딱뚝딱 집을 짓고 테이블을 만들고 여자는 아기자기 커피 소품 만들고 그림을 그린다. 막싸도라 커피여행은 커피향과 사랑향기, 그리고 자연이 어우러진 곳 커피의 모든 것이 이곳에 있다.

물건방조어부림 근처에 위치한 막싸도라 커피여행은 커피를 마시면서 커피를 공부하고 체험하는 곳이다. 입구의 특이한 메뉴판❶ '뭐 무까?'가 웃음을 터뜨리게 한다. 원목 베이스의 내추럴한 인테리어를 비롯해 카페의 거의 모든 것은 남편인 마고가 수작업으로 만들었다고 한다. 카페에서는 손재주가 있는 아내 막싸도라가 만든 아기자기한 소품들과 원두도 판매하고 있다. 뚝배기에 로스팅하여 핸드드립으로 커피를 추출하는 커피 체험프로그램도 운영 중이다.

주소. 남해군 삼동면 물건리 동부대로 1030번 길 73 운영. 09:00-21:00 비용. 싱거운 놈(아메리카노) 4,000원, 부드러운 놈(카푸치노) 5,000원, 달달한 놈(카라멜마끼아또) 5,000원, 커피 체험 15,000원 문의. 010-5507-5717

독일마을

독일마을
주소. 남해군 삼동면
물건리 1074-2

마인즈하우스
주소. 남해군 삼동면 물건리
독일마을 64-1
문의. 055-867-3822

오렌지색 뾰족 지붕과 하얀 벽, 그리고 내려다보이는 쪽빛 바다가 마치 유럽의 작은 마을에라도 온 듯한 느낌을 주는 독일마을은 1960년대에 광부와 간호사로 독일에 건너갔던 교포들이 40여 년 만에 고국에 돌아와 보금자리를 튼 곳. 독일의 건축 재료로 지은 20여 채의 독일식 집 창문마다 놓인 화분과 잘 가꾸어진 정원이 특히 이국적인 풍경을 이루어 마치 세트장 같은 느낌을 준다. 그래서인지 이곳은 드라마 〈환상의 커플〉의 주 배경지가 되기도 했다. 매년 10월, 마을에서 열리는 옥토버페스트는 독일 맥주, 소시지, 와인 등 독일의 먹거리를 즐기는 축제로 남해에서 독일의 축제 문화를 즐길 수 있는 기회. 이 마을에는 독일식을 내세운 펜션들이 많지만 이왕이면 독일 교포가 B&B 스타일로 운영하는 민박집에서 묵어보는 것도 좋을 듯. 독일마을 터줏대감인 김우자·루드빅 부부의 마인즈하우스❶도 그 중의 하나로 하룻밤 묵으면서 독일식 브런치를 즐겨보자.

가천 다랭이마을

가천 다랭이마을
주소. 남해군 남면
홍현리 895
문의. 055-860-3946

시골할매 막걸리
주소. 남해군 남면
홍현리 856
문의. 055-862-8381

CNN에서 선정한 '한국에서 가봐야 할 아름다운 50곳' 중에서 3위에 이름을 올린 가천 다랭이마을은 산기슭에서 바닷가까지 신비롭게 이어진 계단식 논으로 유명한 곳이다.

가천 다랭이마을의 작은 논에 대한 이야기가 하나 있다. 옛날 한 농부가 일을 하다가 논을 세어봤는데 논 한 배미가 모자랐다. 아무리 찾아도 없기에 포기하고 집에 가려고 삿갓을 들었더니 그 밑에 한 배미가 있었다고 한다. 농토를 한 뼘이라도 더 넓히려고 비탈진 경사지를 깎아 석축을 쌓고 계단식 논을 만들었기 때문에 아직도 소와 쟁기가 필수인 마을이다. 척박한 환경 속에서도 억척스러운 생명력으로 자식을 공부시켰던 애환의 상징인 다랭이논의 구불구불한 선이지만 여행자에겐 그저 그림처럼 아름답게만 보인다.

쪽빛 바다와 다랭이논 사이에는 지붕에 유자, 꽃을 그린 정겨운 집들과 벽화가 피어나는 멋진 마을이 있다. 마을을 둘러보고 바다 쪽으로 내려가면 득남을 기원하는 암수바위가 있다. 지붕에 유자가 그려진 집은 유자잎 막걸리 원조집인 시골할매 막걸리. 근처의 응봉산, 설흘산 등산객들이 그 맛을 인정한 유자잎 막걸리와 매콤한 부침개 한 접시는 잊지 말고 맛볼 것.

물건리 여행지

해오름예술촌
주소. 남해군 삼동면
물건리 565-4
운영. 09:00-18:00
비용. 관람료 어른 2,000원,
어린이 1,000원,
공예 체험 12,000원
문의. 055-867-0706

원예예술촌
주소. 남해군 삼동면
예술길 39(하우스앤가든)
운영. 09:30-18:00
(계절에 따라 다름)
비용. 어른 5,000원,
어린이 2,000원
문의. 055-867-4702

독일마을이 위치한 삼동면 물건리에는 요트대회를 개최할 수 있는 마리나 시설이 있는 물건항과 몽돌해변, 물건방조어부림이 있다. 300여 년 전, 바닷바람을 막고 물고기를 부르기 위해 주민들이 심어놓은 푸조나무, 팽나무, 후박나무 등이 빽빽하게 들어서 있는 물건방조어부림은 천연기념물 150호.

폐교를 리모델링해 2003년 오픈한 해오름예술촌도 볼거리가 많은 곳이다. 입구의 야외조각공원을 비롯해서 예술촌 내의 민속자료와 독일교포들의 생활유물을 전시하고 어린 시절을 추억할 수 있는 추억의 공간과 작가의 전시 공간이 마련되어 있다. 또한 도자기, 알공예, 칠보공예, 황토염색 등을 체험해볼 수 있고 운이 좋으면 야외연주회도 구경할 수 있다.

독일마을 초입에 오픈한 원예예술촌은 한국손바닥정원연구회 회원 20명이 나라별로 테마를 정해 집과 정원을 꾸민 마을이다. 탤런트 박원숙 씨의 개인 주택에 꾸민 커피 전문점도 있어 커피를 마시면서 다리쉼을 할 수 있다.

금산 여행지

한려해상국립공원 내의 유일한 산악공원인 금산은 남해 12경 중 제1경. 주봉인 1경 망대를 비롯해 뻥 뚫린 두 개의 큰 구멍이 해골을 연상시킨다는 말을 듣는 15경 쌍홍문, 바다 위에 떠 있는 구멍 난 섬 36경 세존도, 그리고 38경인 일출경 등 기암괴석과 동굴, 섬, 일출을 망라한 총 38경이 금산 곳곳에 위풍당당 서 있다. 특히 금산 정상과 보리암에서 보는 일출이 장엄하다.

금산 동쪽 자락에 위치한 남해편백 자연휴양림은 1960년에 조림된 편백나무 숲. 산책도 하고 여름이면 아담한 수영장이 있어 더위를 식힐 수 있다. 숲속의 집 등에서 하룻밤 묵으면서 삼림욕을 즐기면 좋을 곳이다. 무인 미술관인 바람흔적미술관은 합천에 이어 남해에 두 번째로 문을 열었다. 작가들에게 작품을 무료로 전시할 수 있는 기회를 주고 누구나 부담 없이 작품을 감상하고 구입할 수 있도록 배려한 마인드가 돋보인다. 무인 카페가 있고 입구의 바람개비 조형물이 특히 인상적이다.

금산 보리암
주소. 남해군 상주면
상주리 2065
비용. 입장료 1,000원
문의. 055-862-6115

남해편백 자연휴양림
주소. 남해군 삼동면
봉화리 산 480-2
비용. 입장료 어른 1,000원,
어린이 300원
문의. 066-867-7881

바람흔적미술관
주소. 남해군 삼동면
봉화리 1981-1
비용. 무료
문의. 055-867-8055

남해 여행지

 남해 해안도로 드라이브

물미 해안도로 코스 (11km, 20분 소요)
삼동면 물건리 → 은점 → 대지포 → 항도 → 초전 → 미조항

흥현 해안관광도로 코스 (8.5km, 35분 소요)
남면 두곡 → 흥현 → 가천마을

삼동면 물건리에서 미조면 미조항에 이르는 물미 해안도로는 깎아지른 듯한 해안 절경과 파도치는 바다를 보며 달릴 수 있는 국토해양부가 선정한 해안누리길. 해안선을 따라 오르내리며 좌우로 커브를 돌 때마다 아담한 포구가 숨바꼭질하듯 나타난다. 앵강만의 서쪽인 남면의 두곡, 홍현, 가천마을까지 이어지는 홍현 해안관광도로도 그에 못지않다. 우리나라에서 가장 물살이 잔잔하다는 앵강바다와 깎아지른 바위가 조화를 이루고 점점이 떠 있는 다도해를 감상하며 드라이브하는 길로 아담한 포구와 초록 마늘밭이 인상적이다. 우리나라 최초의 현수교로 하동군 금남면 노량리와 남해군 설천면 노량리 사이를 잇는 남해대교를 건너 남해 충렬사로 이어진 해안도로를 달리다보면 길은 산 중턱으로 이어져 시원한 바다 풍경이 펼쳐지고 곳곳에서 벚꽃길을 지난다. 한국의 아름다운 길 대상에 선정된 창선·삼천포대교는 해가 진 후 형형색색으로 바뀌는 다리의 조명이 바다에 무늬를 수놓는 야경 또한 일품이다.

불편하지만 더없이 아늑한……

'타닥타닥~' 모닥불 가에 둥그렇게 모여 앉아 기타를 치며 노랫가락을 흥얼거린다. 가족이 있고 친구가 있어 세상 그 어느 것도 부럽지 않은 밤이 흘러간다. 타프 위에 통통 튀는 빗방울 소리에 저절로 눈을 뜨는 새벽, 숲을 에워싼 운무 속을 걸어 보라. 비가 올 때 텐트 안에서 바닷가에 내리는 저녁놀이나 겨울 아침, 밤사이에 설국으로 변한 숲과 조우하는 순간은 또 어떤가. 자연이 펼쳐내는 오케스트라의 유일한 청중이 되어보는 기쁨. 예측 불가능한 여행의 즐거움. 떠나봐야만 알 수 있는 오토캠핑의 매력.

#07

가평 캠핑 여행의 로망

초보 캠퍼 나평범 대리의 오토캠핑 입문기

○　　　　　30대 중반의 평범한 회사원인 나평범 대리는 지금 막 핸드밀에 원두를 갈아 핸드드립으로 내린 커피를 마시고 있다. 아날로그 감성이 물씬 풍기는 로우 스타일 테이블을 타프 아래 펼쳐놓고 편안하기 이를 데 없는 릴렉스체어에 몸을 맡긴다. 곁에 앉은 아내도 풀밭에서 뛰노는 아이들을 바라보며 흐뭇한 미소를 짓는다.

울창한 나무 그늘 아래서 여유롭게 커피를 마시던 나대리는 방금 자신이 구축한 아지트를 자랑스럽게 둘러본다. 돔텐트는 군대 시절 군복 바지 각을 잡듯 팽팽하게 세웠고 이번에 새로 장만한 렉사타프는 더할 나위 없이 만족스럽다. 부지런한 아내 역시 타프 한쪽 코너에 폴딩테이블을 펴고 부엌 진지를 구축해 놓았다. 2구 짜리 버너에 넉넉한 크기의 스테인리스 코펠, 그리고 건조대를 걸고 식기 세트를 정리했으며 쿨러에는 바비큐용의 두툼한 고기와 소시지, 그리고 야외식탁의 즐거움을 보장해줄 온갖 먹을거리들이 가득하다.

왜 진작 캠핑의 즐거움을 몰랐을까. 따지고 보면 그놈의 '고생 캠핑' 때문이다. 더벅머리 청춘 시절, 친구들과 함께 갔던 캠핑 말이다. 하지만 때로는 그 고생스럽던 캠핑 가운데서도 낭만적이었던 순간순간이 파노라마처럼 지나간다. 꽁치통조림 김치찌개 하나만으로도 얼마나 즐거운 청춘이었던가!

초보 캠퍼 나평범 대리의 첫 캠핑은 캠핑 고수 김 대리네 부부와 함께였다. SUV 차량에 테트리스 쌓듯 빼곡하게 캠핑 장비를 싣고 캠핑장으로 신나게 달렸다. 초보 캠퍼의 텐트 구축의 어려움을 아는 김 대리의 도움을 받아 멋지게 텐트를 구축했던 그

순간을 나 대리는 아직도 잊지 못한다. 그리고 그의 아내는 첨단 캠핑 장비들 덕분에 야외 생활이 집만큼 편리하다며 나 대리 못지않은 캠핑 마니아가 되었다.

나 대리와 같은 캠퍼들 사이에서 가평은 '캠핑의 성지'로 꼽힌다. 유명산과 어비계곡, 연인산과 명지계곡을 낀 지자체 오토캠핑장과 사설 오토캠핑장이 많고 캠핑동호회를 위해 살짝 공개하는 캠핑장도 있기 때문이다. 요즘은 야영장에 캠핑 장비를 풀세트로 세팅해두어 몸만 가면 되는 캠핑장도 생겼고 고정식 카라반도 인기다. 주말에는 곳곳이 캠퍼들로 북적이지만 서울에서 비교적 가까운 거리라 상대적으로 캠핑을 즐길 수 있는 시간을 더욱 확보할 수 있다는 점이 더욱 매력적인 요인으로 꼽는다.

가평, 캠핑 여행의 로망

다양하게 진화하는 캠핑 문화

○ 추산되는 오토캠핑 인구 300여 만 명, 전국의 오토캠핑장 800여 곳. 불과 몇 년 사이에 자동차에 텐트를 싣고 훌쩍 떠나는 이들이 폭발적으로 늘어가고 있는데는 5일제 근무와 5일제 수업, 그리고 SUV 차량의 보급과 더불어 〈1박 2일〉이나 〈아빠, 어디가〉 같은 아웃도어 여행 프로그램의 영향이 컸다.

이제 캠핑 문화는 세계적인 흐름이요, 주말 여가문화의 대세로 누구나 '나도 한번 떠나볼까'하는 호기심이 들기도 한다. 7년 전 국내에 오토캠핑 바람이 불기 시작했을 때만 해도 동호회를 중심으로 한 소수의 취미 정도로 여겨졌던 것도 사실이다. '어른들의 장난감'이라는 캠핑 장비 지르기 삼매경은 예나 지금이나 변한 것이 없지만 그 사이 오토캠핑 인구가 폭발적으로 증가하면서 눈에 띄게 변한 것도 많다. 전국적으로 우후죽순 생겨나는 수많은 오토캠핑장과 더불어 캠핑 문화가 다양화된 것이다. 전통적인 의미의 오토캠핑은 캠핑 장비를 차에 가득 싣고 가서 사이트를 구축하고 철수하는 데 많은 시간을 들여야 했지만 요즘은 선택의 범위가 넓어졌다. 모든 캠핑 장비를 풀세트로 구비해놓아 그저 몸만 가면 되는 캠핑장, 이동 중에 마음에 드는 곳에 머물러서 캠핑할 수 있는 모터카라반, 오토캠핑장에 고정되어 있는 트레일러카라반 등 외국에서나 봤음직한 캠핑 풍경들이 더 이상 낯설지 않게 된 것이다. 그런가 하면 도심 밖으로 캠핑갈 수 없는 이들을 위한 독특한 캠핑 콘셉트의 공간도 선보이고 있다. 텐트와 바비큐 시설을 갖추고 캠핑장을 축소시켜 놓은 듯한 모습의 야외 레스토랑은 황량한 고층건물 속의 오아시스다.

캠핑 고수들 사이에서도 변화의 바람이 불고 있다. 솔캠(솔로캠핑), 백패킹은 일체의 장비를 줄여 배낭 하나 메고 자연과 만나는 캠핑이다. 캠퍼들 사이에서는 캠핑의 초심을 고스란히 맛볼 수 있는 솔캠이야말로 캠핑 최고의 경지라고도 말한다.

기존의 오토캠핑을 즐기면서 단조로움을 극복하고 좀 더 캠핑의 재미를 극대화하는 방법도 많다. 캠핑 사이트를 베이스캠프로 구축하고 주변의 문화유적지를 돌아보기도 하고 자전거, 카누, 등산 등을 함께 즐기거나 애견 동반이 가능한 캠핑장을 찾는 애견 캠퍼들도 있다. 이제는 일상이 된 캠핑에 감성을 보태 나만의 감성 캠핑을 즐기는 캠퍼들도 눈에 띈다.

가평, 캠핑 여행의 로망

캠핑 여행 디자인하기

소개
60-70년대에 조성된 강변의 유원지들 대다수가 오토캠핑장으로 변화를 시도한 가평군의 오토캠핑장들은 대부분 계곡 주변에 형성되어 있다. 가평읍과 북면 쪽은 명지계곡을 중심으로, 상면과 하면 쪽은 조종천을 중심으로 오토캠핑장들이 다수 분포되어 있다. 명지계곡과 백둔계곡, 용추계곡 등 계곡을 중심으로 오토캠핑장이 위치해 있는 가평읍과 북면 권역은 자라섬, 남이섬, 명지산, 연인산 등의 유명 여행지가 가까이 있어 캠핑하면서 여행지도 함께 둘러보면 좋다. 자라섬 오토캠핑장 내의 이화원을 비롯해 주변의 남이섬, 쁘띠프랑스, 레저를 즐길 수 있는 청평호반 등 캠핑이 단조롭게 여겨질 때 색다른 재미를 더할 수 있는 곳들이 많다.
조종천 주변으로 오토캠핑장이 들어서 있는 상면과 하면 권역은 운악산과 꽃무지풀무지, 아침고요수목원이 가깝다. 그 주위로 유명한 맛집도 많아 돌아가는 길에 가평의 별미로 마무리하는 것도 좋다.

캠핑
자라섬 오토캠핑장. 282p 휴림 오토캠핑장. 286p 산장관광지. 288p 연인산 다목적캠핑장. 289p 가평 M파크. 292p 푸름유원지 오토캠핑장. 293p
무지개 서는 마을. 울창한 밤나무 숲과 넓고 평평한 계곡(011-9876-2340)
경반분교 오토캠핑장. 〈1박 2일〉 촬영지로 알려진 오지 캠핑장(031-581-8010)

맛집
송원막국수. 294p 명지쉼터가든. 295p 오성가든. 296p 소희네 묵집. 297p 들풀. 298p 나무아래오후. 299p

명소
남이섬. 300p 아침고요수목원. 302p 쁘띠프랑스. 304p 이화원. 306p 꽃무지풀무지. 307p

가평, 캠핑 여행의 로망

유명산 주변

캠핑 여행 디자인하기

소개 유명산은 가평에서 서울과 가장 가까운 곳에 위치하여 시간도 오래 걸리지 않고 길도 많이 막히지 않아 수도권 캠퍼들이 부담 없이 선택하는 캠핑지. 서울-춘천간고속도로 설악IC를 이용하거나 양평 옥천면 쪽에서 접근하면 된다. 수량이 풍부하고 맑아 물놀이를 즐기기에 안성맞춤인 어비계곡 주변에 대부분의 오토캠핑장이 형성되어 있다. 계곡 주변에 울창한 숲이 있어 호젓하게 삼림욕을 즐기고 싶은 캠퍼들에게 추천한다. 유명산 권역은 서울이나 수도권에서 가까운 장점이 있는 반면 주변에 이렇다 할 여행지나 맛집이 없는 편. 오고 가는 길에 청평호와 북한강 드라이브를 즐기는 것도 좋다.

캠핑 유명산자연휴양림 오토캠핑장. 284p 합소 오토캠핑장. 290p 유명산 파크밸리. 291p
밤벌 오토캠핑장. 오토캠핑과 더불어 캠핑 장비 풀세트 렌털 가능(010-4010-8899)
리스캐빈 오토캠핑장. 펜션과 함께 운영되는 오토캠핑장(031-584-7580)
늘푸른쉼터 오토캠핑장. 어비계곡에서의 물놀이(031-585-7042)
신성밸리 오토캠핑장. 수영장과 계곡이 함께 있다(010-3408-0560)
푸른숲 오토캠핑장. 잣나무 숲과 계곡 물놀이(070-7574-8891)
이지캠핑장. 침구류를 제외한 캠핑 도구 풀세트 렌털(050-5466-3626)

맛집 종점가든. 유명산자연휴양림 입구에 있는 잣칼국수로 유명한 집(031-584-0716)

명소 유명산자연휴양림. 유명계곡과 자생식물원, 숲 체험로가 조성되어 있는 휴양림(031-589-5487)
어비계곡. 어비산에서 발원해 가일리까지 이르는 6km의 청정 계곡

가평. 캠핑 여행의 로망

올 댓 캠핑
자라섬 오토캠핑장

주소. 가평군 가평읍 달전리 산 7번지
운영. 오토캠핑 체크인 14:00, 체크아웃 12:00,
카라반 체크인 14:00, 체크아웃 11:00
비용. 비수기 주말 기준 오토캠핑 15,000원,
카라반 100,000원
문의. 031-580-2700

재즈가 흐르는 섬

깊어가는 가을 별빛 속에

재즈 선율이 바람으로 흐른다.

재즈는 자유로운 영혼의 음악

잔디밭에 자유롭게 누워

재즈 선율에 마음을 싣고

자연과 하나 되는 보헤미안의 밤.

2008년 가평 세계캠핑캐라바닝 대회에 맞춰 캠핑장으로 조성된 자라섬 오토캠핑장은 약 86,000평의 넓은 공간에 오토캠핑장, 카라반 사이트, 모빌홈, 캠핑카❶ 등의 시설을 갖추고 있다. 특히 카라반이라 불리는 캠핑카와 모빌홈은 펜션 같은 시설에서 머물면서 캠핑의 분위기도 함께 낼 수 있어 장비를 갖추지 않더라도 다양한 형태의 캠핑을 즐길 수 있는 것이 장점이다. 캠핑 사이트가 넓어서 가족 간 프라이버시가 보장이 되고, 시설이 잘 갖춰져 있어서 캠핑을 처음 시작하는 사람들에게는 더없이 좋다. 여름철에는 그늘이 없어 타프가 필수. 오토캠핑장 내에는 세계 각국의 식물을 감상하며 차를 마실 수 있는 이화원과 드라마 〈아이리스〉 세트장이 있어 함께 둘러보면 좋다. 또한, 남이섬이 가까워 캠핑 여행을 조금 더 다양하게 즐길 수도 있다. 10월에는 자라섬 국제재즈페스티벌이, 1월에는 씽씽겨울축제가 열리므로 일정을 잡을 때 참고하도록 하자.

자라섬 오토캠핑장에는 오토캠핑 191사이트, 카라반 125사이트가 있어 대단위 캠핑족들을 수용할 수 있으며, 인라인스케이트장, 자전거 대여점, 농구장, 수상레포츠, 매점, 다목적 운동장 등 다양한 시설이 있어 캠핑장 내에서 재미있는 시간을 보낼 수 있다. 그리고 샤워장(온수), 식수대, 취사장 등을 잘 갖추고 있고 전기를 사용할 수 있어 캠핑 초보자들도 안심하고 이용할 수 있다.

가평, 캠핑 여행의 로망

피톤치드 속에 잠드는
**유명산자연휴양림
오토캠핑장**

그녀의 품

아름답고 풍성한 초록 머릿결에는

분홍바늘꽃, 꽃창포, 섬초롱, 꽃창포로 화관을 둘렀다.

순결한 그녀의 발 아래 맑은 물은

물고기가 뛰논다는 어비계곡이다.

늘 머리 위에 별은 빛나건만

별의 존재를 잊고 산 지 오래.

사람들은 그녀의 품에 안겨

자신의 별을 가슴에 하나씩 새긴다.

맑은 물이 흐르는 유명계곡과 잣나무 숲, 활엽수가 빽빽이 조성되어 있는 유명산자연휴양림은 서울 근교에서 가장 인기 좋은 휴양림이다. 캠퍼들뿐만 아니라 도시락을 가지고 가볍게 소풍을 즐기기에도 부족함이 없다. 깊은 계곡의 맑은 물을 따라 걷는 숲체험로는 삼림욕에도 그만이고 아이들과 함께 둘러보면 더욱 좋은 자생식물원도 함께 있다. 나무 데크❶ 위에 사이트를 구축할 수 있는 오토캠핑 사이트와 울창한 잣나무 숲에 조성된 세 개의 야영장 사이트, 그리고 텐트를 칠 수 없는 장애인을 위한 가족 텐트 등 캠퍼들의 취향과 상황을 고려한 다양한 선택이 가능하다.

캠핑장은 화장실, 개수대, 샤워장, 취사장 등 기본적인 캠핑 시설을 대부분 갖추고 있어, 편하게 이용할 수 있다. 단, 한 가지 아쉬운 점은 전기를 사용할 수 없다는 것. 그렇지만 자생식물원, 산책로, 쉼터 등 휴양림에서만 누릴 수 있는 산책 코스가 있어 진정한 자연 캠핑을 즐기기에는 무리가 없다. 매주 화요일은 휴양림 휴무일이니 참고하자.

주소. 가평군 설악면 유명산길 79-53 운영. 체크인 15:00, 체크아웃 12:00(화요일 휴양림 휴무) 비용. 비수기 주말 기준 오토캠핑 9,000원, 캠핑카 13,000-16,000원, 야영데크 6,000원, 휴양림 입장료 어른 1,000원, 어린이 300원, 주차료 1,500-5,000원 문의. 031-589-5487

가평. 캠핑 여행의 로망

오토캠퍼들이 꿈꾸는 곳
휴림 오토캠핑장

주소. 가평군 도대리 301-1
운영. 체크인 13:00-23:00, 체크아웃 12:00
비용. 비수기 주말 기준 오토캠핑 40,000원
(전기료 포함)
문의. 010-2602-0146

휴식이 있는 숲

내 상상 속의 캠핑은

푸른 그늘 드리운 고즈넉한 숲속에서

다만 바람소리, 새소리, 물소리가 나직나직 노래를 들려주는 곳

버찌와 오디, 앵두가 그저 저 혼자 익어가다가

풍만한 몸을 살포시 바위틈에 떨구는 곳

은은한 텐트 불빛 아래 소곤소곤 애기꽃을 피우다가 잠이 들면

별소리 오르골 되어 자장가를 불러주는 곳.

휴림에서는 이 모든 상상이 현실이 된다.

자연이 살아있는 휴림 오토캠핑장은 휴림수목원에서 펜션과 함께 운영하는 오토캠핑장이다. 넉넉한 사이트 규모와 깨끗하게 관리된 샤워장 등의 편의시설이 갖춰져 있고 캠퍼로서의 에티켓을 중요시 하는 분위기여서 조용한 분위기 속에서 가족들과의 오붓한 시간을 즐길 수 있다. 메타세쿼이아, 느티 나무, 밤나무가 만들어내는 무성한 그늘과 오디, 버찌가 탐스럽게 열리는 명지계곡이 있어 이상적인 여름철 캠핑장소로 꼽을 만하다. 〈힐링캠프〉 김하늘 편에 소개된 바 있는 휴림펜션은 사이트마다 손 으로 직접 그려 넣은 이름표❶가 아날로그적인 정감을 느끼게 한다. 수목원에서 운영하는 캠핑장이 라 자연이 주는 혜택을 즐길 수 있다는 것도 휴림 오토캠핑장의 장점. 한여름에는 시원한 냇가에서 더위를 식힐 수 있고, 가을에는 잘 여물어 떨어진 밤을 줍는 즐거움을 만끽할 수 있다.

캠핑장 주요 시설로는 오토캠핑장 75사이트, 샤워장(온수), 개수대, 취사장 등이 있으며, 전기와 무선 인터넷 사용이 가능하다.

가평, 캠핑 여행의 로망

계곡 낚시의 즐거움
산장관광지

주소. 가평군 상면 덕현 산장길 71
운영. 체크인 09:00, 체크아웃 24시간 개방
비용. 비수기 주말 기준 오토캠핑 20,000-
30,000원, 야영장 3,500-6,000원,
입장료 어른 1,500원, 어린이 500원,
주차료 2,000-8000원, 전기사용료 2,000원
문의. 070-4060-0820

일반 노지 야영장과 오토캠핑 사이트가 사이좋게 어우러져 있는 산장관광지는 다른 오토캠핑장에 비해 비교적 저렴한 비용으로 캠핑을 즐길 수 있는 곳. 바로 앞의 조종천❶에서 물놀이와 낚시를 즐길 수 있고 축구장, 어린이 놀이터, 자전거도로 등의 편의시설이 있는데 캠핑장 앞 하천이 얼음썰매장으로 바뀌는 겨울에는 썰매를 무료로 대여해 준다. 캠핑장 내에 소형, 중형, 대형 나무데크가 있어서 텐트 사이즈에 맞춰 예약 필수. 단, 오토캠핑장은 성수기 때도 선착순 입장을 하기 때문에 예약은 따로 받지 않는다.
80사이트가 있는 오토캠핑장은 샤워장, 음수대, 취사장을 갖추고 있으며 전기 사용이 가능하다. 또한, 편의점, 식당과 마트, 정육점 등이 있어 현장에서 편하게 음식 재료를 구할 수 있다.

○
가족적인 캠핑장
울창한 숲은 넉넉한 아빠 품 같고
자연풀장이 되는 조종천은 엄마 품 같다.
그 품 안에서 첨벙첨벙 물놀이하고
자전거로 씽씽 달리고
주르륵 미끄럼틀 타고 노는 아이의 해맑은 웃음
언제 들러도 내 집처럼 마음이 편한 곳.

연인과 함께하면 좋은 곳
연인산 다목적캠핑장

○
친구 같은 캠핑장
연인산과 명지산 자락이 어깨를 나란히 한
연인산 다목적캠핑장은
사랑이 이루어지는 곳.
초록 병풍에 둘러싸인 여름 트레킹도 좋지만
겨울 설원의 눈놀이도 색다른 즐거움
텐트, 모빌홈, 캐빈하우스에서의 하룻밤
골라 쉴 수 있는 재미가 있는 친구 같은 캠핑장

사방이 산으로 둘러싸여 아늑하고 산 아래로는 백둔천이 흐르는 수려한 경관 속에 오토캠핑장, 모빌홈, 캐빈하우스❶가 자리하고 있다. 가스레인지가 있는 취사장, 온수를 마음껏 사용할 수 있는 샤워장이 있으며 오토캠핑 사이트에는 소형 텐트에 맞는 사이즈의 데크가 설치되어 있다. 한여름에는 그늘이 부족하기 때문에 타프가 필요하지만 저렴한 이용료로 큰 불편함 없이 캠핑을 즐길 수 있다. 아이들을 위한 요리, 공예, 과학, 해병대 체험 등 다양한 체험거리가 있어 심심할 틈이 없을 듯. 전기를 사용할 수 있는 오토캠핑장은 36사이트가 있으며, 캠프파이어장 등 부대시설도 마련되어 있다.

주소. 가평군 북면 백둔로 441 **운영.** 체크인 14:00, 체크아웃 11:00 **비용.** 비수기 주말 기준 오토캠핑 20,000원 **문의.** 031-582-5701

❶

가평, 캠핑 여행의 로망

아내의 마음을 사로잡는
합소 오토캠핑장

주소. 가평군 설악면 가일리 283-4
운영. 체크인 12:00-23:00, 체크아웃 12:00
비용. 비수기 주말 기준 오토캠핑 35,000원
(전기료 포함)
문의. 010-5269-7584

○

최고의 선택

합소 오토캠핑장은

캠핑을 두려워하는 아내를 위한 최고의 선택

일단 하루만 지내보면

깐깐한 대한민국 주부들의 마음을

사로잡는다는 명품 오토캠핑장

작은 텐트와 화덕, 와인 한 병이면 OK!

유명산 자락 오토캠핑장의 원조인 합소 오토캠핑장은 캠퍼들이 '캠핑의 메카'로 꼽는 곳. 적당한 규모에 전기와 온수를 맘껏 사용할 수 있고 시설들이 워낙 깔끔하게 관리되고 있어 캠퍼들의 마음을 사로잡기에 충분하다. 초보 캠퍼도 불편함 없이 캠핑을 즐길 수 있는데 오붓한 캠핑을 위해 가족 단위 캠퍼들만 받는다. 어비계곡 물줄기가 흐르는 맑은 계곡은 여름철 물놀이터가 되며 느티나무 무성한 숲속에서의 캠핑은 휴식 그 자체이다.
오토캠핑장은 모두 55사이트로, 샤워장(온수), 개수대, 취사장 등이 있다. 또한 텐트가 없는 사람들을 위한 민박, 통나무집 등도 갖추고 있다. 무선인터넷 가능.

아이들이 행복한
유명산 파크밸리

○
동심

엄마, 아빠의 즐거운 시간만큼
우리에게도 즐거움이 필요해요.
여름에 분수 퐁퐁 솟아나는 작은 연못이
겨울에는 연못이 얼음썰매장으로 변신!
아빠가 끌어주는 썰매타고 씽씽
하늘만큼 땅만큼 재미있는 놀이터죠.

연못 속의 분수대가 있는 캠핑장 풍경도 아름답고 돔텐트 전용 사이트, 방갈로와 함께 이용할 수 있는 사이트 등 다양하게 구획된 사이트가 캠퍼의 마음을 끈다. 최대 80동 이상을 유치할 수 있는 넓은 면적이지만 캠퍼들의 쾌적함을 위해 45개 사이트만 받아들이기 때문에 넉넉하게 공간을 이용할 수 있다. 영화관❶에서는 아이들을 위한 애니메이션을 상영해주며 겨울에는 연못의 물을 얼린 얼음썰매장과 이글루가 있어 아이, 어른 모두에게 즐거운 캠핑이 보장되는 곳이다.
전기를 사용할 수 있는 오토캠핑장은 45사이트가 있으며, 캐빈, 샤워장(온수), 개수대, 취사장 등 기본 시설을 잘 갖추고 있다.

주소. 가평군 설악면 가일리 308-18 **운영.** 체크인 14:00-22:00, 체크아웃 12:00 **비용.** 비수기 주말 기준 오토캠핑 30,000원(전기료 포함) **문의.** 031-585-8027

가평, 캠핑 여행의 로망

카라반 전용 캠핑장
가평 M파크

주소. 가평군 하면 신하리 391
운영. 체크인 14:00, 체크아웃 11:00
비용. 비수기 주말 기준 스마트카라반 140,000-220,000원, 수입카라반 살렘 220,000원, 캠핑하우스 110,000원, 좌대 이용료 15,000원, 낚싯대 대여 10,000원
문의. 010-4492-8840

하면 신하리에 있는 가평 M파크는 많은 경비를 들여 캠핑 장비를 구입하거나 힘들여 텐트를 치지 않아도 캠핑의 낭만을 고스란히 만끽할 수 있는 카라반 전용 캠핑장이다. 기본형 모델인 4인용 스마트카라반에는 침대, 식탁, 샤워실, 냉난방, TV 등 그 안에서도 전혀 불편함이 없이 지낼 수 있도록 편의시설이 갖춰져 있고 업그레이드된 카라반은 그 이상으로 럭셔리하다. 또한 전용 낚시터❶와 노래방, 닌텐도, 바비큐장 등도 있어서 카라반 캠핑의 즐거움을 더한다.

도시의 유목민

그곳이 어디라도 좋다.
마음 가는 곳에 멈춰 서서
그저 흘러가는 시간을 즐긴다.
카라반은 움직이는 호텔
문을 열면 풍경이 내게 말을 걸어온다.
집착과 관계로부터
바람처럼 자유로운 나는 카라반 여행자다.

아이들의 캠핑 명소
푸름유원지 오토캠핑장

밤 줍는 즐거움

명지계곡 맑은 물에서 멱감는 여름도 좋지만
울창한 밤나무 숲에 텐트를 치고
허리 굽혀 밤 줍는 가을은 더욱 좋다.
굵은 알밤은 구워서 먹고 삶아서 먹고
텐트 안에 온가족이 모여서 다람쥐처럼 밤을 까먹는다.
밤처럼 토실토실한 즐거움이 푸름유원지에 가득하다.

아름드리 밤나무 숲 그늘이 있고 바로 앞의 명지계곡에는 화랑보가 있어 여름철 캠핑지로 좋다. 수심이 깊지 않아 아이들도 안심하고 수영할 수 있고 풀밭이 조성되어 있어 아이들이 뛰어놀기 좋다. 축구, 족구, 배구 등 각종 스포츠 시설과 닭장이 있고 천지가 밤나무 숲이라 풀밭 위에 떨어진 밤 줍기❶는 푸름유원지의 가장 큰 즐거움. 9월–10월 사이에 열리는 밤 줍기 행사는 캠퍼들에겐 무료, 화로에 구워서 간식으로 먹는 재미가 쏠쏠하다. 온수가 나오는 샤워장, 개수대, 매점, 식당 등 시설도 추가로 업그레이드되어 이용이 더욱 편리해졌다. 전기 사용 가능.

주소. 가평군 북면 제령리 197 운영. 체크인 10:00-23:00, 체크아웃 13:00(비수기 주말 기준) 비용. 비수기 주말 기준 30,000원(전기료 포함), 밤 줍기 입장료 어른 10,000원(3kg까지), 어린이 6,000원(1.5kg까지) 문의. 011-388-3761

가평의 맛집

《식객》에 소개된 별미 막국수
송원막국수

터프함과 고소함 사이
막국수는 바로 뽑은 메밀국수,
시간과의 싸움이다.
면을 뽑아 끓는 물에 재빨리 삶아내어
찬물에 휘휘 헹군다.
한껏 쫄깃해진 면발은
갖은 양념과 참기름 세례를
듬뿍 받는다.
쫄깃한 면발이 목구멍을
스르르 넘어갈 때
막국수의 터프함과 참기름의
고소함 사이에서
그만 뜻밖에도 행복해지는 것이다.

허영만의 《식객》에 소개된 송원막국수는 육수를 부어먹는 춘천식 막국수다. 메밀 70%에 전분 30% 비율로 반죽을 해 구수하고 쫄깃한 메밀 면발과 수제 양념장, 그리고 담백한 육수가 조화를 이룬다. 주문이 들어오면 바로 기계에 넣고 눌러 짜 끓는 물속에서 잠깐 삶아내 찰진 면발을 준비한다. 여기에 10여 가지 재료를 혼합해 만들어 냉장고에 숙성시킨 간장 양념, 해산물과 채소를 넣어 우러낸 육수, 그리고 참기름과 통깨를 듬뿍 뿌려 먹는데, 고소하고 깔끔한 맛이 특징이다.

주소. 가평군 가평읍 읍내 7리 363-1 운영. 11:30-19:30 비용. 막국수 6,000-7,000원, 사리 3,500원, 수육 15,000원 문의. 031-582-1408

특허받은 명품 잣국수
명지쉼터가든

가평은 전국 잣의 30%를 생산하는 잣의 고장. 명지쉼터가든은 비타민 B와 철분이 풍부해 자양강장제이자 빈혈에도 좋은 신선한 가평잣을 이용해 만든 잣국수❶로 특허를 받은 맛집이다. 잣가루와 쌀가루, 밀가루 등을 혼합해 손으로 반죽❷한 면발의 특허를 받기까지 10여 년이 걸렸다는 잣국수는 100% 잣국물과 어우러져 우아한 맛이 난다. 장작불을 때서 사흘 동안 우려낸 우족국물에 잣국물을 넣어 누린내를 없앤 잣곰탕과 씹는 맛을 위해 맷돌에 간 잣으로 끓여낸 잣죽도 별미.

주소. 가평군 북면 이곡 1리 207-2 운영. 09:00-21:00 비용. 잣국수(2인분 이상) 8,000원, 잣곰탕 10,000원, 잣죽 8,000원 문의. 031-582-9462

우아한 맛
은은한 향기 품은 잣국수 위에
오이가 새초롬이 앉았다.
젓가락을 대기 전에
우선 향기를 맡는다.
신선한 토종 가평잣 잣나무와 송진향
씹을수록 고소한 맛 우아한 맛
잣을 오래 먹으면 신선이 된다는데
국물까지 들이켜니
마음은 벌써 신선이다.

가평의 맛집

건강한 한방보쌈 명가
오성가든

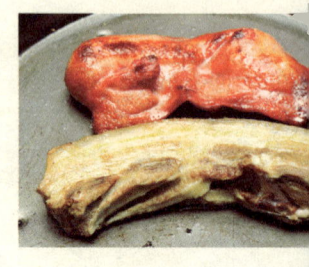

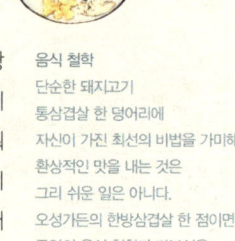

배용준의 《한국의 아름다움을 찾아서》에 소개된 30년 손맛을 자랑하는 맛집이다. 오성가든의 대표 메뉴는 한방보쌈. 돼지 통삼겹에 10여 가지 한방재료❶를 넣어 푹 삶은 후 다시 바비큐 오븐에 구워 기름을 제거한 보쌈고기가 특징이다. 재료가 많이 들고 손이 많이 가는 이런 요리법을 고수하는 것은 제대로 만든 건강한 음식을 내놓겠다는 안주인의 음식 철학 때문이다. 함께 나오는 반찬도 정성이 가득하고 맛깔스럽다. 보쌈을 곁들여 맛있는 식사를 할 수 있는 보쌈정식은 가격도 착해 아침고요수목원 오가는 길에 들르면 좋다.

음식 철학
단순한 돼지고기
통삼겹살 한 덩어리에
자신이 가진 최선의 비법을 가미해
환상적인 맛을 내는 것은
그리 쉬운 일은 아니다.
오성가든의 한방삼겹살 한 점이면
주인의 음식 철학과 자부심을
혀로 느낄 수 있다.
모든 일에 최선을 다한다는 것
참 아름다운 일이다.

주소. 가평군 상면 행현리 363-2 운영. 09:00-20:00 비용. 한방보쌈정식 8,000원, 한방보쌈 20,000-30,000원, 모둠보쌈정식 10,000원, 모둠보쌈 25,000-35,000원 문의. 031-585-5501

도토리 요리의 모든 것
소희네 묵집

다이어트 음식이자 콜레스테롤 억제 등 성인병 예방에 좋은 도토리를 이용한 다양한 메뉴를 선보이는 도토리 요리 전문점이다. 어렸을 때부터 아버지가 만들어주셨던 도토리묵을 늘 먹으며 자란 덕분에 도토리에 관한 한 일가견이 있다는 천소희 사장은 매일 도토리묵을 쒀 샐러드, 전, 무침, 전병, 쟁반국수, 묵밥 등 손수 개발한 다양한 도토리 요리를 만든다. 직접 참기름을 짜고 참깨를 볶고 유기농 채소를 곁들여 쫄깃하게, 담백하고 시원하게, 때로는 매콤하게 완성한 도토리 요리는 먹을수록 건강해지는 음식.

아버지의 맛
소희아줌마는 아버지의 다람쥐 같은 딸 아버지가 손수 만들어주신 도토리묵을 먹고 자랐다. 이제 아버지가 안 계신 그 자리에서 아버지의 맛을 세상에 내놓는다. 소희아줌마 도토리묵에는 아버지에 대한 그리움과 손님을 향한 사랑이 조미료가 되어 듬뿍 담겨 있다.

주소. 가평군 하면 신상리 191-1 운영. 09:00-21:00 비용. 도토리 코스요리 1인분 18,000원(2인분 이상 주문 가능), 도토리묵밥 7,000원, 도토리묵비빔밥 7,000원, 도토리수제비 7,000원 문의. 031-585-5321

가평의 맛집

청국장과 연잎의 스캔들
들풀

청국장 베리에이션
자연과 사람이 함께 키워낸 콩 장작불을 때서 가마솥에 삶아낸 콩들이 숯과 황토가 있는 방에서 건강하게 익어간다. 이 청국장 잘 익으면 매실청을 끼얹고 오디를 얹어 청국장 에피타이저로 탄생한다. 세련미를 더한 청국장 먹고 사람도 건강하게 익어간다.

'들풀'은 연잎밥과 청국장 위주의 밥상에 토속적이고 건강에 좋은 반찬들이 푸짐하게 오르는 세트 메뉴를 내놓는 맛집이다. 연잎밥의 재료가 되는 연잎❶은 직접 키워 수확하고 콩 농사도 직접 짓기 때문에 믿고 먹을 수 있다. 특히 재래식으로 담근 청국장은 그 맛이 별미라 오랜 단골들이 많다. 모든 정식 코스엔 에피타이저인 매실청과 오디잼을 얹은 생청국장, 단호박오디찜, 들풀우렁이무침, 누룽지샐러드, 쑥버무리, 감자떡 등이 기본. 업그레이드 메뉴에는 기본 메뉴 외에 매운소갈비찜, 단호박오리구이 등이 더해진다.

주소. 가평군 설악면 창의리 420-6 **운영.** 10:00-21:00 **비용.** 4인 기준 1인분 달맞이정식 17,000원, 들풀정식 24,000원, 청국장 정식 12,000원 **문의.** 031-585-4322

깊이와 편안함이 공존하는 카페
나무아래오후

아침고요수목원 근처에 위치하고 있는 빈티지 카페로 핸드드립 커피와 이탈리아식 화덕피자, 그리고 수제 아이스크림과 다양한 샐러드를 맛볼 수 있다. 나무로 마감한 카페 건물과 그 옆의 모던한 갤러리는 '나무아래오후'라는 이름처럼 고즈넉하고 편안한 느낌. 후지로얄 로스터를 비롯해 생두 자루들과 빈티지한 커피 관련 소품들, 핸드드립 커피와 최영 사장이 이탈리아에서 직접 배워온 이탈리안 화덕피자❶, 신선한 모짜렐라, 연어, 파스타샐러드 등 카페의 모든 것이 요란하지 않으면서 은근한 멋이 우러난다.

나무아래에서 쉬는 오후
나무 그림자 길게 누운 어느 오후
따사로운 햇살이 카페를 가득 메울 때
향긋한 핸드드립
모카 하라 커피 한 잔과
담백하게 화덕에 구운
마르게리따 피자 한 조각의 여유
빈티지 스탠드가 멋스러운
테이블에 앉아
그리운 이에게 긴긴 편지를 쓰고 싶다.
나무아래오후에서는
모든 것이 느리게 흘러간다.

❶

주소. 가평군 상면 행현리 592-14 운영. 10:00-21:00 비용. 핸드드립 커피 5,000-6,500원, 커피베리에이션 5,000-5,500원, 피자 16,000-18,000원, 샐러드 10,000-12,000원, 빙수 9,000-10,000원 문의. 031-585-3203

가평여행지

🏕 남이섬

2006년, 나미나라공화국❶을 선포한 남이섬은 가평과 바로 지척에 있어 자동차로 가는 경우라면 가평 선착장 쪽에 주차하고 배나 지프와이어를 타고 들어가야 한다. 서울 인사동과 잠실역에서 매일 아침 9시 30분에 남이섬으로 출발하는 셔틀버스도 하루에 한 번 운행하기 때문에 편리하다. 섬 안에서는 걷거나 자전거를 이용해 돌아보는 것이 일반적. 가족 나들이나 데이트 코스로 좋은 이곳엔 아직

도 드라마 <겨울연가>의 여운을 음미하는 동남아관광객도 많다. 40여 만 평방미터의 넓은 남이섬은 10여 개의 테마로 꾸민 소주제 공원들과 큰 나무들이 도열해 서 있는 산책로가 중심. 천천히 산책하는 기분으로 메타세쿼이아길과 은행나무길, 자작나무길, 이슬길 등을 걷다 보면 그 사이사이에서 다양한 콘셉트의 음식점들과 전시관, 공연장, 아이들을 위한 놀이터, 남이섬 호텔인 정관루, 기념품숍 등을 만날 수 있다. 아이와 함께라면 하늘자전거, 미니카 등 다양한 놀이시설을 갖춘 운치원 놀이터와 남이섬공예원에 들러 남이섬 작가들과 함께 하는 도자기 체험을 추천한다.

주소. 가평군 가평읍 달전리 144
운영. 선박운항 시간(가평 선착장 출발) 07:30-21:40
비용. 배 왕복요금+입장료 어른 10,000원, 어린이 4,000원, 주차비 4,000원, 셔틀버스 왕복 요금 어른 15,000원, 어린이 13,000원
문의. 031-580-8114

아침고요수목원

축령산 기슭의 울창한 잣나무 숲에 둘러싸인 한국적인 정서가 물씬한 수목원이다. 자생식물 2,000여 종과 외래식물 3,000여 종 등 5,000여 종의 식물들이 20여 개의 정원과 산책코스를 장식한다. 특히 하경전망대에 오르면 아침고요수목원의 중심인 하경정원❶ 전경이 한눈에 들어오는 멋진 풍경을 볼 수 있다. 흰색의 작은 교회와 눈부시게 핀 하얀 꽃들이 어우러진 달빛정원❷도 영화 세트장 같은

주소. 가평군 상면
행현리 산 255
운영. 08:30-일몰시
비용. 어른 8,000원,
어린이 5,000원
문의. 1544-6703

느낌을 주는 필수 볼거리. 이곳에서는 일 년 내내 테마를 달리하며 꽃과 나무의 축제를 즐길 수 있는데, 특히 매년 12월부터 석 달 동안 빛과 자연의 하모니를 연출하는 오색별빛정원전❸은 그 중 압권이다. 600여 만 개의 전구로 나무를 장식해놓은 이 축제는 칠흑같이 어두운 겨울 산속에서 환상적인 별세계를 연출하여 잊지 못할 추억을 선사한다. 어느 계절 어느 때 가도 좋지만 아침에 찾아가면 고요한 가운데 자연 속에 흠뻑 빠질 수 있어 더욱 좋다.

⛺ 쁘띠프랑스

〈베토벤 바이러스〉, 〈시크릿 가든〉 등 많은 드라마와 CF촬영지로 잘 알려진 가평의 예쁜 프랑스 전원마을이다. 〈베토벤 바이러스〉의 메인 촬영 세트❶가 고스란히 보존되어 있고 그 위층에는 강마에카페가 있어 쉬어갈 수 있다. 이곳에는 생텍쥐페리 기념관, 오르골하우스, 프랑스 전통주택관, 소극장, 스튜디오, 갤러리, 원형극장, 기념품 판매숍 등이 오밀조밀하게 모여 있어 마치 작은 프랑스 마을을 여행하는 듯하다. 특히 2012년에 개관한 인형의 집에서는 프랑스, 독

일, 체코 등 여러 유럽 지역에서 공수해온 300여 점의 중세 인형들을 만날 수 있다. 《어린왕자》의 작가 생텍쥐페리 기념관❷에서는 작가와 《어린왕자》에 대한 자료, 영상들이 갖춰져 있어서 《어린왕자》를 좋아하는 이들에겐 특별한 감회가 느껴질 듯. 매직퍼포먼스, 줄인형 마리오네트 공연, 오르골 시연, 프랑스 인형극 기뇰 등 시즌별, 테마별로 다양한 이벤트가 축제처럼 펼쳐져 매번 찾을 때마다 색다른 재미를 느낄 수 있다.

주소. 가평군 청평면 고성리 616
운영. 09:00-18:00
비용. 어른 8,000원, 어린이 5,000원
문의. 031-584-8200

이화원

자라섬 내의 이화원은 세미원이 만든 또 하나의 작은 테마 수목원이다. 동양과 서양, 수도권과 지방, 경상도와 전라도 등 대비되는 개념을 정원을 통해 표현한 것이 독특하다. 서로 다른 환경에서 자라던 나무들이지만 이 공간에서 조화롭게 어울리며 따뜻한 공간을 만들어낸다. 관람권을 가지고 브라질 커피가든 입구에 있는 하모니아 캐빈❶에 가면 브라질 커피에 홍삼가루를 혼합한 하모니아 커피와 세미원 연잎으로 만든 백련차, 고흥유자차를 마실 수 있다. 가볍게 산책하며 차 한 잔 마시기에 좋은 곳.

주소. 가평군 가평읍 대곡리 57-3 자라섬 내 운영. 09:00-18:00(3월-10월) 09:00-17:00(11월-2월) 비용. 어른 3,000원, 어린이 1,000원 문의. 031-581-0228

꽃무지풀무지

'꽃무지풀무지'라는 예쁜 이름만큼 꽃도 많고 풀도 많은 이곳은 우리나라 산과 들에서 피는 풀과 나무 1,300여 종을 자연발생적이고 생태적으로 가꾼 야생 수목원이다. 올챙이를 잡아보고 관찰하는 올챙이 연못을 비롯해 할미꽃, 원추리, 패랭이꽃 등 우리에게 친근한 야생화를 만나볼 수 있는 수생식물원, 암석원, 국화원, 약초원 등 다양한 테마의 정원이 있다. 이와 함께 야생화를 직접 심어보거나 도자기 체험, 나무공작교실 등 다양한 체험프로그램에 참여하여 부담 없는 가족나들이를 즐길 수 있다.

주소. 가평군 하면 대보리 92-1
운영. 08:00-19:00(4월-11월),
09:00-17:00(12월-3월)
비용. 어른 5,000원, 어린이 3,000원
문의. 031-585-4874

#08

태안 펜션 여행의 로망

꿈꿔왔던 하룻밤의 환상이 완성되는 공간

그림처럼 예쁜 하얀 집과 감각적인 인테리어, 창 너머 부서지는 포말을 감상하며 즐기는 거품 목욕, 노을 지는 호젓한 바닷가 산책과 별밤의 바비큐 파티, 캐노피 침대와 바삭거리는 하얀 거위털 침구, 늦은 아침 침대에서 즐기는 브런치……
일상 탈출의 로망을 우리 가까이에서 실현할 수 있는 펜션.
펜션은 마법의 성이다. 빡빡한 일상에 지친 그대, 떠나라! 바닷가 펜션의 천국 태안으로!

마법의 성, 태안의 펜션

○　　　　사랑하는 이와 로맨틱한 여행을 계획하는 연인들에게 태안 펜션 여행은 자못 유혹적이다. 수도권에서 그리 멀지 않은데다 해변을 끼고 수백 개의 커플 펜션들이 밀집해 있어 1박 2일 일정으로 떠나기에 큰 부담이 없기 때문이다. 이런 연인들이 로맨틱한 하룻밤을 보낼 공간인 펜션에는 '세상의 모든 로망'으로 가득 차 있다.

바닷가 월풀 욕조의 로망

거품 욕조에 앉아 와인을 음미하며 바다를 감상한다. 예전에는 목욕탕 한 구석으로 숨어들었던 욕조가 이젠 침대 옆, 창가로 나와 침실의 어엿한 주인공으로 등극했다. 언젠가부터 외국 인테리어 잡지에서나 보던 오픈형 월풀 욕조의 등장은 그만큼 개방적인 우리의 성문화와 자기표현을 상징한다.

룸서비스 브런치의 로망

간밤, 우아하게 거품 목욕을 즐기고 캐노피가 드리워진 침대에서 '잠자는 숲속의 공주님'은 왕자님의 키스로 슬며시 잠에서 깨어난다. 이어 왕자님이 가져다주는 베드 트레이 브런치. 공주님은 그저 우아하게 침대에 앉아 브런치를 즐기기만 하면 된다.

태안, 펜션 여행의 로망

세상의 모든 로망으로 가득 차 있는 펜션

어른들의 소꿉놀이 공간의 로망

펜션의 주방은 공주님을 감동시킬 만큼 아늑하고 깔끔하고 사랑스러운 공간이다. 왕자님은 핸드밀로 원두를 갈아 커피를 내리고 와인과 치즈 카나페로 멋스럽게 테이블을 장식한다. 사랑에 빠진 공주님과 왕자님이 미리 해보는 어른들의 소꿉놀이는 달콤하기 그지없다.

프러포즈 이벤트의 로망

센스 있는 왕자님은 공주를 깜짝 놀래줄 프러포즈 이벤트를 잊지 않는다. 풍선 장식으로 가득한 방에는 '사랑해'를 새겨 넣은 케이크와 와인이 준비되어 있고 순결한 화이트 베드커버 위에는 100송이 장미 꽃다발이 놓여있다. 여자라면 한 번쯤 이런 로맨틱한 프러포즈를 받고 싶어 한다.

바비큐의 로망

마법의 성에서 즐기는 바비큐 타임은 무엇과도 바꿀 수 없는 즐거움 덩어리. 그릴 위는 풍성하고, 바비큐는 오감을 완벽하게 만족시키면서 맛있게 익어간다. 거기에 술 권하는 별이 총총 뜨는 밤에 바닷바람이라도 살짝 불어준다면 이 세상 부러울 게 뭐가 있을까.

보석 같은 태안 펜션 찾기

○　　　8,000여 개가 넘는 전국의 펜션을 통틀어 봐도 태안처럼 바닷가 펜션이 많은 곳은 없다. 서해안고속도로가 뚫리면서 서울에서 2시간 남짓 달리면 도착할 수 있는데다 볼거리, 즐길거리, 먹을거리 삼박자가 완벽하게 갖춰져 있기 때문이다. 태안은 생각보다 넓은 반도다. 태안 펜션 여행은 많은 여행지를 둘러보는 것이 아니라 펜션을 중심으로 휴식하면서 주변 관광지 둘러보기, 그리고 별미 즐기기 정도의 가벼운 계획으로도 충분하다.

700여 개로 추산되는 태안의 펜션은 안면도에만 400여 개, 태안 중부와 북부를 합해 300여 개가 있다. 꽃지해수욕장을 비롯해 백사장항, 방포항 등 10여 개의 해수욕장이 모여 있는 안면도는 여행자들이 일반적으로 태안에서 가장 선호하는 권역. 그런 만큼 펜션도 이 권역에 가장 많이 밀집되어 있다. 그런데 명소와 편의시설 접근성은 뛰어나지만 대부분 펜션이 소나무숲에 가려져 있어 바다를 가까이 접하기는 힘든 편이다.

청포대와 마검포 등 바다 전망이 뛰어난 태안 중부의 펜션들은 안면도에 비해 조용한 분위기다. 유명한 여행지가 별로 없는 편이지만 안면도에 진입하는 위치라는 지리적 특성 덕분에 안면도 여행을 즐기기에 불편함이 없다. 천리포나 신두리 해안사구가 위치해 있는 태안 북부의 펜션들은 태안 내에서 가장 호젓하고 여유로운 분위기를 자랑한다. 항구가 가까이 있어서 바닷가에 가장 근접한 편이지만 다른 지역에 비해 편의시설은 부족한 편이다.

이런 태안 펜션의 입지에 따른 특성을 이해하고 자신의 취향과 목적을 고려해 내게 맞는 펜션을 찾아내는 과정이야말로 만족도 높은 펜션 여행의 첫걸음이 될 것이다. 그 다음으로 중요한 것은 수많은 펜션 홈페이지 가운데서 정확하게 내게 맞는 펜션을 골라내는 일이다.

첫째, 테마 펜션을 고르고 싶다면 검색어를 '안면도 프러포즈 펜션'처럼 구체적으로 입력해야 한다. 둘째, 가고 싶은 여행지의 키워드를 구체적으로 입력하여 검색한다. 예를 들어, '꽃지해수욕장 펜션' 같은 식이다. 셋째, 객실, 부대시설, 서비스, 위치, 픽업, 주변관광지 등에 관한 정보를 주의 깊게 살펴본다. 넷째, 펜션 홈페이지에서 보는 사진들은 소품을 이용한 연출 사진이거나 합성사진일 경우가 많기 때문에 펜션의 본색을 파악하기 힘들 수 있다. 이런 경우는 사진 속의 소품을 다 뺀 상태로 객실 분위기를 추측해봐야 한다.

요즘 태안의 펜션들은 럭셔리 스파, 로맨틱 이벤트, 액티비티 등의 테마와 독특한 개성을 내세우면서 다양한 손님들의 욕구에 부응하고 있다. 그러므로 여행의 목적과 취향에 따라 선택을 달리 해야 펜션 여행의 로망을 실현시킬 수 있을 것이다.

태안, 펜션 여행의 로망

펜션 여행 디자인하기

소개
안면도를 찾는 대부분의 여행자들에게 인기 좋은 여행지는 낙조가 아름다운 할미·할아비바위가 있는 꽃지해수욕장과 근처의 안면도 자연휴양림으로 서쪽 해안도로를 따라 백사장해변에서부터 꽃지해변 주위에 펜션들이 즐비하다. 이곳에 위치한 대부분의 펜션들이 10분 거리의 안면버스터미널까지 픽업서비스를 제공하기 때문에 이동이 많지 않은 뚜벅이 여행자들도 편리하게 이용할 수 있다. 낚시를 좋아한다면 가두리 낚시터가 있는 영목항 근처에 펜션을 정해놓고 낚시를 즐기는 것도 좋고 한적한 남쪽의 장곡해수욕장이나 바람아래해변에서 조개잡이 체험을 하는 것도 추억에 남을 것이다.

펜션
지중해아침 펜션. 326p 나문재. 328p 힐마레 펜션. 332p
몰디브 펜션. 안면도의 서쪽 바다가 보이는 황도에 위치한 펜션(041-672-8161)
소무 펜션. 명사들의 이름을 걸고 갤러리 형식으로 꾸민 펜션(050-2673-5119)
피아노 펜션. 낭만적인 프러포즈하기 좋은 핑크 무드의 펜션(010-9348-5255)

맛집
해송꽃게집. 337p 풍년회센타. 338p 털보선장횟집. 339p 안면식당. 340p
안면도해물손칼국수. 현지인이 추천하는 삼색 면발이 특징인 칼국수집(041-674-3688)

명소
안면도 자연휴양림. 342p 꽃지해수욕장. 343p
백사장항. 꽃게잡이와 대하잡이가 활발히 이루어지는 항구
기지포해변. 나무 데크로 조성된 1004m 길이의 천사길이 아름다운 해변
방포항. 안면도에서 회를 가장 저렴하게 맛볼 수 있는 항구

교통
• 센트럴시티터미널 → 안면버스터미널 : 1일 4회 운행, 07:20-17:40(02-6282-0114)
• 서울남부터미널 → 영목 : 1일 2회 운행, 15:00-16:00(02-521-8550)
• 동서울종합터미널 → 태안시외버스터미널 : 1일 4회 운행, 07:20-18:10(1688-5979)
• 문의 041-675-6674(안면버스터미널)

대안, 펜션 여행의 로망

태안 북부

펜션 여행 디자인하기

소개
태안 북부의 천리포수목원이나 신두리 해안사구, 안흥항 쪽으로 여행지를 정했다면 서해안고속도로 서산IC에서 32번 국도를 이용하는 것이 좋다. 이 지역은 안면도보다 다양한 여행지가 있는데 그 가운데 제법 규모가 큰 안흥항(신진도)는 꽃게 집산지로 언제 가도 활기 넘치는 전형적인 항구의 분위기를 느낄 수 있다. 천리포수목원이나 신두리 해안사구를 들러보고 싶다면 그 근처에 펜션을 정하는 것이 좋고 안흥항 근처에는 펜션이 별로 없기 때문에 연포 쪽으로 나가야 한다.

펜션
하늘과 바다사이 리조트. 신두리 최대의 대단위 리조트(041-675-2111)
자작나무 리조트. 신두리 바닷가 전망이 좋은 리조트형 펜션(041-675-9995)
자드락 펜션. 탁 트인 바다가 내려다보이는 아늑한 펜션(041-675-9908)

맛집
이원식당. 336p
원풍식당. 태안 향토음식인 박속밀국낙지탕으로 유명한 곳(041-672-5057)
토담집. 우럭젓국과 꽃게장백반이 맛있는 집(041-674-4561)
안흥항 주변과 만리포해수욕장 주변에 음식점들이 많이 모여 있다.

명소
천리포수목원. 346p 신두리 해안사구. 346p 안흥항(신진도). 347p
만리포해수욕장. 모항리에 위치한 서해안 3대 해수욕장 중의 하나
연포해수욕장. 서해에서 일출과 일몰을 모두 볼 수 있는 해수욕장

교통
• 서울남부터미널 → 만리포 : 1일 6회 운행, 08:00-19:20
• 서울남부터미널 → 태안시외버스터미널 : 06:40-20:00(02-521-8550)
• 센트럴시티터미널 → 태안시외버스터미널 : 1일 10회 운행, 07:10-20:10(02-6282-0114)
• 문의 041-674-2009(태안시외버스터미널)

태안, 펜션 여행의 로망

🏠 펜션 여행 디자인하기

소개 태안의 남면을 중심으로 하는 태안 중부권은 안면도로 들어가는 길목에 위치해 있다. 몽산포와 청포대, 마검포 바닷가에 펜션들이 들어서 있고 주변에 가볼 만한 곳으로는 볼거리와 먹을거리, 체험까지 다양하게 즐길 수 있는 팜카밀레 허브농원과 독특한 체험 여행을 할 수 있는 별주부마을이 있다. 태안 북부와 안면도를 잇는 위치에 있어 이곳에 펜션을 정하면 안면도 여행지를 둘러보는 데 무리가 없다.

펜션 모켄 펜션. 322p 게스트하우스 소소. 324p 더 클래식 펜션. 330p 아그리나 펜션. 333p 린더버그 펜션. 334p 밀키블루 펜션. 335p
그람피하우스. 산토리니를 연상하게 하는 지중해풍 펜션(010-5588-6653)

맛집 산해진미. 341p
곰섬나루. 종가집 며느리들이 만드는 우럭젓국 등의 태안 향토 음식(041-675-5527)

명소 팜카밀레 허브농원. 344p 별주부마을. 344p 청포대해수욕장. 345p
몽산포항. 멋진 일몰을 볼 수 있는 항구
몽산포해변. 오토캠핑장으로 유명한 해변

교통
- 서울남부터미널 → 남면(몽산포) : 1일 11회 운행, 06:40-16:00(02-521-8550)
- 서울남부터미널 → 태안시외버스터미널 : 06:40-20:00(02-521-8550)
- 센트럴시티터미널 → 태안시외버스터미널 : 1일 10회 운행, 07:10-20:10(02-6282-0114)
- 문의 041-674-2009(태안시외버스터미널)

태안 중부

태안. 펜션 여행의 로망

건축물 자체가 작품
모켄 펜션

○
미로의 선

곡선만큼 자유분방한 직선

끊일 듯 이어지고 이어지다 끊어지고

직선을 가로지르는 또 다른 직선이 만들어낸

선의 아름다움과 공간의 여백.

가파른 경사를 따라 밀려 내려오는

파도 같기도 하고 우주정거장 같기도 하고

변신로봇 트랜스포머 같기도 하다.

상상과 몽상으로 가득 찬 수수께끼 같은 공간.

주소. 태안군 남면 신온리 652-280
운영. 체크인 17:00, 체크아웃 13:00
비용. 비수기 주말 객실료 300,000-700,000원,
조식+석식 50,000원
문의. 010-9293-4275

〈그 겨울, 바람이 분다〉 등을 비롯한 여러 인기 드라마 촬영지로 유명한 모켄 펜션은 고소영의 청담동 테티스와 원빈의 정선 루트하우스 등을 설계한 건축가 곽희수의 작품이다. '모켄'은 카약 제품의 이름. 카약 디자이너인 펜션지기가 살던 호주 시드니 해변가의 3단 방 구조를 모티브로 하여 모켄 펜션을 구상한 것이라고 한다. 산을 깎아내지 않고 경사면을 그대로 살려 지은 이곳은 콘크리트 건물인데도 마치 종이를 접은 것처럼 직선을 자유자재로 구사해 기하학적이면서도 모던한 이미지를 풍긴다. 모켄 펜션의 하이라이트는 야경❶. 램프다리를 중심으로 건물 전체에 불을 밝힌 모습은 마치 우주정거장에라도 와 있는 듯 몽환적이다. 내부 역시 그에 걸맞은 수입 인테리어 자재로 꾸민 럭셔리한 객실과 대형 스파, 자연을 안으로 끌어들인 독특한 설계로 호응한다. 특별히, 숙박객이 아니더라도 관람비 10,000원을 내면 모켄 펜션을 둘러볼 수 있다.

대안, 펜션 여행의 로망

삶의 쉼표

자연을 그린 정물화 같은 풍경 속에서 쉬어간다.

커튼을 젖히면 거기 고즈넉한 솔숲이 있고

따끈한 월풀 욕조에 몸을 누이니

시간은 꿈결처럼 흐른다.

햇살 가득한 늦은 아침 그대와 함께 즐기는 브런치

행복이란 그대와 눈빛 마주치며

그저 작은 미소를 보내는 것.

숲 속의 작은 별장
게스트하우스 소소

청포대 숲 속에 자리 잡은 아늑한 펜션 게스트하우스 소소少笑는, 이름처럼 작은 미소가 슬며시 떠오르는 공간이다. 펜션에 머물고 있으면 마치 숲 속의 별장 같은 느낌을 주지만 몇 걸음만 나가면 청포대 바다가 펼쳐져 있어 뜻밖의 즐거움을 선사한다. 노출 콘크리트로 마감한 독채들과 목재 마감의 카페는 모던 내추럴하고 스타일리시한 분위기로 안면도에서 보기 드문 독특한 개성을 보여준다. 독립된 6개 객실은 화이트나 베이지 같은 자연주의적 컬러 주조로 그에 어울리는 빈티지 가구와 소품으로 마무리했고 자연을 벗삼아 즐기는 월풀 욕조와 푹신한 거위털 침구 등을 세팅해 온전한 휴식을 위한 공간으로 꾸몄다. 젊은 커플의 셀프웨딩포토❶를 위한 웨딩드레스도 대여해준다.

주소. 태안군 남면 양잠리 1230-86 **운영.** 체크인 15:00, 체크아웃 11:00 **비용.** 비수기 주말 객실료 170,000-250,000원, 조식 제공, 그릴+숯불 대여 10,000원 **문의.** 041-674-5700

대안, 펜션 여행의 로망

유럽풍 휴양지에
간 듯한
지중해아침 펜션

꿈속의 산토리니

펜션의 푸른 돛단배 침대에서 잠이 들면

꿈에 푸른 돛단배를 타고 산토리니에 간다.

절벽 위에 옹기종기 모여 있는 동화 같은 이아마을.

작은 교회에서 울려 퍼지는 푸른 종소리와

좁은 골목을 오르는 나귀의 또각또각 발자국 소리

문득 눈을 뜨면 푸른 돛단배는 사라지고

나는 푸른 돛단배 침대 속에서 산토리니를 그리워한다.

장곡해변이 내려다보이는 언덕 위에 우뚝 서 있는 지중해아침 펜션은 유럽풍 휴양지를 안면도에 재현한 대규모 펜션이다. 산토리니, 그리스, 몰디브 등 지중해를 떠올리는 지명으로 이름 붙인 22개의 객실은 각기 다른 인테리어 콘셉트로 꾸며 객실에서 해외여행 기분을 만끽하기에 충분하다. 특히 야자수로 둘러싸인 이국적인 느낌의 산토리니 수영장, 열대식물과 선인장으로 가득 찬 온실카페, 철마다 튤립, 수선화, 구절초가 흐드러지게 피는 정원, 무인도에서 머무는 듯한 호젓한 전용 해수욕장❶ 등이 있어 펜션 안에서 이 모든 것들을 즐기기만 해도 하루가 짧다. 해 질 녘에는 장곡 앞바다에 운치 있게 펼쳐지는 노을을 감상하며 바비큐 파티를 즐길 수 있고 밤에는 빛축제❷를 구경할 수 있다.

주소. 태안군 고남면 장곡리 403-18
운영. 체크인 15:00, 체크아웃 11:00
비용. 비수기 주말 객실료 140,000-200,000원, 조식 제공
문의. 010-5499-8655

펜션지기들이 꿈꾸는 펜션
나문재

주소. 태안군 안면읍 통샘길 87-340
운영. 체크인 15:00, 체크아웃 12:00
비용. 비수기 주말 객실료 170,000-400,000원.
조식 없음
문의. 041-672-7634

○

섬 안의 특별한 섬

담쟁이덩굴에 둘러싸인 나문재의 집들은

세월의 강을 건너 묵직하고 고풍스러워진다.

비가 오고 바람 불고 계절이 수도 없이 바뀌는 동안

바닷가의 붉은 나문재

산책로의 나무 한 그루, 꽃잎 하나

바닷바람 속에서 싹을 틔우고 꽃을 피우고

섬 안의 특별한 섬

나문재의 맛은 그렇게 깊어질 것이다.

오크통 속에서 포도주가 익어가듯이.

쇠섬 전체를 유럽풍 펜션 단지로 꾸민 나문재는 안면도 펜션의 터줏대감이다. 두 동의 펜션, 잔디밭과 정원, 산책로와 꽃길, 레스토랑, 갤러리, 작은 수영장 등이 80,000㎡에 구석구석 위치해 있어 마치 작은 수목원❶에 온 듯하다. 펜션 1단지는 회벽과 장식 벽돌로 마감한 객실에 수작업으로 만든 가구들을 배치시킨 빈티지 콘셉트이며, 2단지는 경쾌한 오렌지, 올리브그린 등의 컬러 베이스에 유려한 단조 장식 등을 가미해 곡선미를 살린 복층 객실로 이루어져 있다. 펜션 바로 앞에 갯벌이 펼쳐져 있어 장화와 호미만 빌리면 곧바로 갯벌 체험이 가능하다. 돈까스와 스파게티 등의 메뉴를 즐길 수 있는 레스토랑과 유럽의 앤티크 소품 컬렉션을 감상할 수 있는 갤러리도 둘러보자. 나문재 홈페이지에 꽃이 피는 시기에 대한 정보가 올라와 있으므로 개화 시기에 맞춰 들른다면 꽃놀이도 함께 즐길 수 있다.

태안, 펜션 여행의 로망

바다가 보이는 욕조가 있는
더 클래식 펜션

바다가 있는 풍경

바다가 있는 풍경 속에서 잠드는 것은 참 행복한 일이다.
따끈한 스파에 몸 담그고 바다와 눈맞춤 하다보면
어느새 나는 푸른 바다를 헤엄치는 한 마리 고래가 된다.
푸른 장막을 드리운 밤바다
파도 소리 자장가 삼아 잠이 들면
꿈결 속에 찰랑이는 푸른 바닷물은 엄마의 자궁 속 같다.
그저 세상사가 아련하고 꿈같은 휴식은 달콤하다.

주소. 태안군 남면 원청리 512-135
운영. 체크인 15:00, 체크아웃 11:00
비용. 비수기 주말 객실료 140,000-250,000원, 조식(2인) 12,000원
문의. 041-675-0059

청포대 바닷가의 더 클래식 펜션은 바닷가 펜션의 로망을 실현시켜주는 곳. 밀물 때 객실에서 바다를 바라보면 발밑에 바닷물이 찰랑거리는 느낌이 들 정도로 바다가 가까워 월풀 욕조❶에 몸을 담그고 바다를 감상하기 좋다. 푹신한 침대에 누워 파도 소리를 들으며 잠이 들고 파도 소리와 함께 잠을 깨는 아침이나 객실에서 감상하는 바닷가 저녁놀은 이곳의 가장 큰 매력. 따뜻한 날에는 바다 쪽으로 낸 테라스에서 바다를 벗 삼아 바비큐 파티를 즐겨보자. 특별한 날을 위한 미니 웨딩드레스와 아이 드레스를 대여해주며 비누 만들기, 헝겊인형 만들기 체험도 가능하다.

태안, 펜션 여행의 로망

편안한 힐링 공간
힐마레 펜션

주소. 태안군 안면읍 승언리 1947-25
운영. 체크인 15:00, 체크아웃 11:00
비용. 비수기 주말 객실료 210,000-300,000원,
조식 제공
문의. 010-3900-6670

언니네 집

언덕 위의 하얀집 힐마레 펜션은
바지런하고 살림 잘하는 언니네 집 같다.
세련된 안목으로 꾸민 우아하고 품위 있는 객실에
정갈하게 세팅하고 손님을 맞는다.
바다가 보이는 테라스에서 커피 한 잔하며
나도 이렇게 살아보고 싶다고,
넌지시 내 마음에 미래의 꿈 하나를 그려 넣는다.

언덕 위에 위치한 힐마레 펜션에서는 밧개해수욕장을 끼고 있는 탁 트인 바다를 큰 스케일로 감상할 수 있다. 부지런하고 깔끔한 펜션지기의 성품이 엿보이는 객실은 전체적으로 잘 꾸민 언니네 집 같은 편안함과 고급스러움이 느껴진다. 거품 입욕제를 푼 스파에 몸을 담그고 바다를 만끽하는 낭만은 기본. 특히 손맛 좋은 펜션지기가 돼지목삼겹 바비큐 일체와 한식으로 차린 아침 식사를 무료로 제공하고 있는데, 맛 또한 수준급이다. 동물을 사랑하는 펜션지기 부부가 키우는 앵무새와 공작, 강아지가 있어 특히 아이들이 좋아한다.

즐거운 테마파크 같은
아그리나 펜션

즐거움에 풍덩 빠지다

좋은 사람과 함께 가고 싶은 펜션은……
스파에서 피로도 풀고 수영장에서 헤엄도 치고
시원한 맥주 한 잔 하면서 얘기꽃을 피우고
에어로범퍼카 타면서 놀이공원 기분도 내고
노래방이나 게임장에서
신나는 시간을 보낼 수 있는 곳이지요.
즐거움에 풍덩 빠져 하루를 보낼 수 있는
아그리나 펜션 같은 곳 말이지요.

펜션이 모텔과 다른 점은 자연 속에서 다양한 즐거움을 누릴 수 있기 때문이다. 객실을 벗어나 펜션의 다양한 즐길거리를 만끽하며 재미있는 추억을 만들고 싶은 여행자라면 아그리나 펜션이 답이다. 스파와 복층, 깔끔한 인테리어의 객실, 바비큐장은 요즘 웬만한 펜션의 기본. 아그리나 펜션은 실내수영장❶, 노래방, 게임방, 에어로범퍼카❷, 골프연습장, 해변자전거와 갯벌 체험, 닌텐도 게임 등 지루할 틈이 없이 하루를 보내고 싶은 여행자의 욕구를 충실히 반영하는 곳이다.

주소. 태안군 남면 양잠리 1230-22
운영. 체크인 14:00, 체크아웃 11:00
비용. 비수기 주말 객실료 110,000-200,000원, 조식 제공, 숯불 대여(2인) 10,000원
문의. 041-675-5995

태안, 펜션 여행의 로망

유럽의 고성을 재현
린더버그 펜션

주소. 태안군 남면 신온리 952-19
운영. 체크인 15:00, 체크아웃 11:00
비용. 비수기 주말 객실료 170,000-240,000원,
조식 제공, 그릴+숯불 대여 1인당 5,000원
문의. 010-2818-1496

❶

마검포해수욕장에 위치한 린더버그 펜션은 중세의 고성을 재현한 건물에 실내 인테리어, 가구, 소품까지도 유럽 고성❶의 분위기로 꾸몄다. 럭셔리한 11개의 객실은 모두 복층 구조로 시원하게 낸 창을 통해 소나무숲과 바다를 감상할 수 있다. 특히 꼭대기층의 호젓한 스위트룸은 스파, 와인 냉장고, 넓은 테라스의 바비큐 시설, 일몰을 즐기기에 더없이 좋은 공간. 로비에서 솔밭까지는 모래밭이어서 맨발로 걸어 바다로 나갈 수 있는데 바닷가에도 또 다른 저녁놀 감상용 체어와 해먹이 있어 로맨틱하기 그지없다.

◯

마치 어린왕자처럼
한 번쯤 내게 주어진 하루를 그저
해가 뜨는 풍경과 해가 지는 풍경을 위해
온전히 바치는 것도 좋은 일이다.
린더버그 펜션 꼭대기 층
아무도 찾아오지 않는 그곳에서
어깨를 맞대고 의자에 앉아 솔숲 너머로
어린왕자처럼 해가 지는 풍경을
하염없이 바라보는 것은 참 행복한 일이다.

화이트로 완성한 로맨틱 밀키블루 펜션

밀키블루에 대한 단상

블루는 블루인데 밀크를 살짝 섞은 듯한 밀키블루.
세상 모든 것이 블루 컬러처럼 선명해야만 한다는 생각
밀키블루 펜션에서는 버려도 좋다.
따스한 햇살 스며드는 화이트 카페에서
향긋한 커피 한 잔 놓고 책 한 줄 읽을 때
좋은 사람과 바비큐에 술 한 잔 나눌 때
비로소 우리 인생은 밀키블루여도
행복하다는 것을 알게 된다.

밀키블루 펜션에서 울창한 소나무 숲을 지나 2분 정도 걸으면 바로 청포대해수욕장이다. 바닷가 산책이나 갯벌 체험, 저녁노을 감상은 기본. 무엇보다도 깃털처럼 가볍게 가서 맘 편하게 쉬다 올 수 있도록 웬만한 것이 다 준비된다는 점이 큰 매력이다. 푸짐한 바비큐 세트와 아침식사, 그리고 카페에 커피와 차는 물론 컵라면이나 간식거리도 늘 비치해 두고 있어 마음껏 즐길 수 있고 스파 입욕제까지 제공한다. 객실은 화이트를 베이스로 연한 파스텔톤을 가미, 로맨틱한 분위기를 연출해 여심을 사로잡는다.

주소. 태안군 남면 양잠리 1230-92 **운영.** 체크인 15:00, 체크아웃 11:00 **비용.** 비수기 주말 객실료 140,000-200,000원, 조식 제공 **문의.** 010-6888-6755

태안의 맛집

박과 낙지의 맛있는 만남
이원식당

랑데부
지친 황소에게 먹이면 벌떡 일어난다는 낙지와 조선시대 궁중 음식 재료로 쓰였다는 귀한 박과 쫄깃한 칼국수가 만났다. 이보다 더 시원할 수 없는 낙지와 박의 랑데부 낙지는 박 국물 속에서 더욱 쫄깃해지고 박 국물이 배어든 칼국수는 더없이 담백하다.

태안의 향토 음식인 박속밀국낙지는 태안반도의 가장 북쪽에 위치한 원북, 이원면 지역 해안에서 흔히 잡히는 낙지와 박, 그리고 밀국(칼국수)이 어우러진 독특한 음식이다. 이원식당은 2대째 박속밀국낙지 메뉴를 이어가는 맛집. 낙지와 환상적인 궁합을 자랑하는 박은 재래박보다 살이 많도록 개량한 식용박을 쓴다. 박에 양파를 넣고 끓여낸 육수에 쫄깃하고 부드러운 맛이 일품인 가로림만의 낙지를 넣어❶ 익힌 후 간장 양념과 고추장 양념에 찍어먹는다. 그 국물에 칼국수를 넣어 끓여내면 박속밀국낙지가 완성된다.

주소. 태안군 이원면 포지리 82-2 운영. 09:00-20:00 비용. 박속밀국낙지 15,000원, 낙지볶음 15,000원, 생선매운탕 12,000원, 백반 6,000원 문의. 041-672-8024

안면도 간장게장의 명가
해송꽃게집

안면도 장금이
'눈으로만 봐도 맛을 안다'는 안면도 장금이인 그녀. 간장게장 맛깔스런 이유를 물어보았더니 봄날, 안면도 백사장항 근해에서 갓 잡은, 알이 노랗게 꽉 찬 암꽃게여야만 한단다. 거기에 아주 평범한 간장으로 아주 평범한 채소를 넣어 삼삼하게 간장게장을 담그는데 그 맛이 사람들을 깜짝 놀라게 한다.

해송꽃게집의 간장게장은 짜지 않으면서도 유난히 신선하게 느껴지는 감칠맛이 일품이다. 태안의 꽃게는 그 자체로 달짝지근한 감칠맛이 있기 때문에 최소한의 양념❶만으로 간장게장을 담근다. 고소한 간장게장은 입에 짝짝 달라붙는 밥도둑. 참기름과 통깨를 뿌린 김가루에 밥을 비벼먹으면 입맛이 절로 돈다. 간이 살짝 밴 간장게장에 매운 양념을 더해 만든 양념게장이나 탱탱한 굴과 견과류를 듬뿍 얹은 돌솥굴밥, 태안 향토 음식인 게국지와 우럭젓국 등 어느 것 하나 빠지는 것이 없다.

주소. 태안군 안면읍 승언리 757-42 운영. 07:30-21:00 비용. 간장게장 1인분 20,000원, 양념게장 1인분 20,000원, 대하장 1인분 15,000원 문의. 041-673-5363

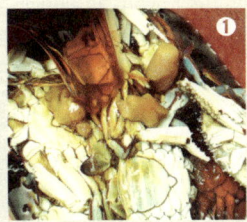

태안의 맛집

싱싱한 조개 만찬
풍년회센타

안면도 방포항에 위치한 풍년회센타는 싱싱하고 푸짐한 조개 코스 메뉴와 회로 유명하다. 1층은 조개구이 전문, 2층은 회센타로 이곳을 운영하는 조동운 사장은 조개류를 채취하는 잠수기를 비롯해 어선을 3척이나 운영하는 베테랑 어업인. 직접 채취한 수산물이라 신선하고 저렴하고 푸짐하게 서비스할 수 있다고 한다. 워낙 조개의 종류가 다양하고 큼직해 조개만 먹어도 배가 부르다. 하지만 갖은 채소에 모짜렐라 치즈를 얹고 바지락국물을 끼얹어 잘박하게 끓여낸 조개구이 특제양념탕❶은 빼놓을 수 없는 마지막 메뉴이므로 꼭 맛보도록 하자.

세상의 모든 조개
그 집의 수족관에는
물을 찍찍 뿜어내는
키조개, 개조개, 참조개, 돌조개,
민들조개, 홍조개, 가리비, 민소라,
모시조개, 백합이 가득.
세상의 모든 조개는
이 수족관에 모인다.
지글지글 끓어오르는 뽀얀 조개 국물
군침이 꿀꺽꿀꺽 목을 타고 넘어간다.
푸짐한 곁들이 반찬에
다양한 조개 골라먹는 재미
안면도의 푸짐한 인심은
풍년회센타에서 난다.

주소. 태안군 안면읍 승언8리 1331-34 운영. 09:00-21:00 비용. 조개구이 45,000-80,000원, 조개+회 70,000-130,000원, 조개+대하 60,000-120,000원, 조개+대하+회 70,000-150,000원 문의. 041-674-4254

정직한 음식으로 승부하는
털보선장횟집

하얀 범선을 타고 떠나는
미각 여행
바다 사나이 털보 선장님은 이제 바다로 나가지 않는다. 대신, 아버지가 타시던 풍년호를 본떠 만든 하얀 범선에서 형님이 채취한 신선한 바다의 선물을 최대한 맛깔스럽게 요리해낸다. 털보 선장님의 싱싱하고 푸짐한 회와 함께 손님들도 풍년호를 타고 행복한 미각 여행을 떠난다.

백사장항에서 단연 눈에 띄는 하얀 범선. 돛을 나부끼는 풍년호는 진짜 배가 아니라 횟집이다. 독특한 외관으로도 유명하지만 정직한 음식으로 횟집을 기억하게 하는 믿음직한 주인 털보 선장님 덕분에 오래된 단골들이 많다. 가족들이 운영하는 횟집 1층에서는 각종 구이와 식사를, 2층에서는 두세 가지 메뉴를 세트로 만든 털보 스페셜을 즐길 수 있다. 세트 메뉴가 부담스럽다면 대하얼큰칼국수나 바지락칼국수를 선택하는 것도 나쁘지 않다. 얼큰하면서도 감칠맛 나는 매운탕도 별미.

주소. 태안군 안면읍 창기5리 1265-47(백사장항) 운영. 10:00-22:00 비용. 2인 기준 회랑 전복이랑 간장게장 120,000원, 회랑 대하랑 120,000원, 대하얼큰칼국수 12,000원, 바지락칼국수 7,000원 문의. 041-672-1700

태안의 맛집

잠수부 사장이 요리한 큰조개칼국수
안면식당

안면식당에서 맛보는 그 모든 조개들은 잠수부가 바닷속에서 건져 올린 100% 자연산. 큰조개칼국수를 주문하면 칼국수 면발을 완전히 뒤덮은 주먹만 한 개조개와 그 주위에 수북하게 올린 오동통한 디웅조개❶에 벌린 입을 다물지 못하게 된다. 직접 반죽해 뽑아낸 면발을 건져먹고 국물까지 다 후루룩 마신 후에는 정말 잘 먹었다는 느낌이 절로 든다. 자연산 회가 듬뿍 든 회덮밥과 낙지의 부드럽고 쫄깃한 맛을 잘 살린 매콤한 낙지볶음❷도 방송에 소개된 메뉴.

조개의 마음
조개에 살고 조개에 죽는다는 안면식당 주인장 조개 요리를 잘하려면 '조개의 마음'을 알아야 한단다. 조개가 원하는 것이 무엇인지 잘 살펴서 돌봐줘야 튼실한 몸으로 보답을 한단다. 칼국수 한 그릇에 넘치는 튼실한 디웅조개와 위풍당당 개조개를 맛보기 위해 오늘도 안면식당에는 사람들의 발길이 끊이지 않는다.

주소. 태안군 안면읍 창기리 1262-199(백사장항 입구) 운영. 06:00-23:00 비용. 큰조개칼국수 7,000원, 해장국+칼국수+회덮밥(2인) 17,000원, 낙지볶음 30,000-35,000원, 회덮밥 10,000원 문의. 041-673-7736

바다의 감칠맛을 요리로 표현한
산해진미

돌솥굴밥❶과 꽃게 요리가 맛있다고 소문난 맛집이다. 이 요리들을 내놓는 박상록 사장이 가장 중요시하는 것은 바로 '감칠맛'. 자신의 손맛에 더할 플러스알파를 찾기 위해 무던히도 노력한 기록이 낡은 레시피북에 가득하고 그 결과가 '산해진미'의 모든 음식이 되었다. 돌솥굴밥이든 꽃게 요리든 그녀의 손이 닿는 것이라면 무엇이든 감칠맛이 생겨나는 이유도 바로 거기 있다. 향이 짙고 알이 굵은 자연산 황도 굴, 전국 최고의 꽃게라는 안흥항 꽃게 등 최고의 재료를 쓰는 것도 감칠맛을 내는 중요한 비결.

시크릿 레시피북
주인장의 레시피북에는 무엇이 적혀 있을까. 작은 글씨로 빼곡히 적어 놓은 레시피북은 감칠맛의 비법을 찾아 다녔던 노력의 흔적이다. 방방곡곡 요리 고수들의 레시피와 주인장의 손맛이 합체하여 태안반도의 온갖 산해진미를 버무린다.

주소. 태안군 남면 당암리 1-48 운영. 09:00-21:00 비용. 돌솥굴밥 12,000원, 산해진미정식 39,000원, 간장게장 1인분 25,000원, 커플꽃게탕 35,000원 문의. 041-675-7714

태안 여행지

🏠 안면도 여행지

안면도 자연휴양림
주소. 태안군 안면읍 안면대로 3195-6
운영. 하절기 09:00-18:00, 동절기 09:00-17:00(연중무휴)
비용. 어른 1,000원, 어린이 400원
문의. 041-674-5019

리솜오션캐슬
주소. 태안군 안면읍 중장리 765-81
문의. 041-671-7000

안면도 여행의 시작은 안면도가 시작되는 백사장항에서 하는 것이 좋다. 여기서부터 해안선을 따라 계속 남쪽으로 내려가면 안면, 방포, 꽃지해변, 최남단 영목항에 이르기까지 15개의 해변과 포구가 연달아 이어진다. 특히 백사장해변에서 꽃지해변에 이르는 빽빽한 솔숲과 푸른 바다가 어우러진 태안해안관광도로❶ 12km 구간은 건설교통부가 선정한 아름다운 도로 중의 하나이며 태안해변길 5구간인 노을길 구간.

안면도에서 관광객들이 가장 많이 찾는 꽃지해수욕장은 매년 5월이면 안면도 꽃축제가 열리는 곳으로 할미·할아비바위 사이로 지는 노을이 압권이다. 그 옆의 방포항은 안면도에서 가장 저렴하게 회를 즐길 수 있는 곳이다. 대하가 많이 나는 백사장항은 가을 대하축제 때는 도로가 주차장이 될 정도로 북적인다.

안면도 자연휴양림은 현대 정주영회장이 기증한 한국 전통 정원인 아산원을 비롯한 테마원이 볼거리로 아름다운 숲에서 하룻밤 머물 수 있는 숲속의 집도 있다. 두 섬 사이로 떠오르는 일출이 장관인 안면암과 꽃지해수욕장의 저녁놀을 감상하며 노천 온천을 즐길 수 있는 리솜오션캐슬도 로맨틱하기 이를 데 없다.

태안 중부 여행지

팜카밀레 허브농원
주소. 태안군 남면 몽산리 977
운영. 하절기 09:00-18:30,
동절기 09:00-18:00
(화요일 휴무)
비용. 어른 6,000원,
어린이 3,000원
문의. 041-675-3636

별주부마을
주소. 태안군 남면 원청리 572
문의. 041-674-5206

안면대교를 건너기 전, 태안의 남면을 중심으로 한 중부권은 몽산포, 달산포, 청포대, 마검포, 곰섬 등의 해변을 지나 드르니항까지를 포함한다. 이곳에는 태안해변길 4코스 솔모랫길이 있어 좌우에 바다와 곰솔숲을 끼고 걷거나 곰솔숲길을 따라 트레킹을 즐길 수 있다.

몽산포, 달산포, 청포대해수욕장에 이르는 약 4km의 해변은 백사장과 울창한 솔숲이 펼쳐져 있는 여름 해변 바캉스 문화의 발원지. 오토캠핑장으로 유명한 몽산포해변과 일몰이 빼어난 몽대포구가 이곳에 자리하고 있다. 몽산포해변 가까이에 허브에 관심이 있는 여행자라면 꼭 들러볼 만한 팜카밀레 허브농원❶이 있다. 약 40,000㎡ 규모의 농원에는 7개의 테마 가든과 허브레스토랑, 허브가게, 허브공방 등이 오밀조밀하게 들어서 있고, 볼거리와 먹을거리와 체험거리를 두루 섭렵해볼 수 있다. 한편, 안면도에 비해 비교적 한적했던 남면이 지금은 청포대해수욕장을 중심으로 태안 전체 펜션의 트렌드를 주도하는 진원지가 되고 있다. 청포대해변에는 전래동화 《별주부전》에 등장하는 자라바위가 있는데, 이 바다에서 별주부마을이 운영하는 전통어로 방식인 독살 체험도 가능하다.

바닷가에서 가까운 청포대나 마검포에 펜션을 정하면 안면도의 길목에 위치하고 있어서 안면도 여행에 무리가 없고 바닷가의 정취를 함께 즐길 수 있어서 좋다.

태안 여행지

🏠 태안 북부 여행지

천리포수목원
주소. 태안군 소원면 천리포1길 187
운영. 하절기 09:00-17:00,
동절기 09:00-16:00(연중무휴)
비용. 하절기 어른 8,000원,
어린이 4,000원, 동절기 어른 6,000원,
어린이 3,000원
문의. 041-672-9982

태안 북부 여행지는 태안의 북쪽에 위치한 신두리, 백리포, 천리포, 만리포해변, 안흥항, 연포해변 등이 포함된다. 그 가운데 꼭 들러봐야 할 곳은 천연기념물인 신두리 해안사구. 파도와 바람이 끊임없이 실어 나른 모래가 사막 언덕을 이룬 우리나라 최대의 해안사구로 특히 가을날의 운치가 그만이다.

천리포해변 근처에는 귀화 한국인인 고 민병갈 박사가 조성한 60ha 규모의 천리포수목원❶이 있으며, 2009년 일반에 개방된 7,000여

종의 국내외 희귀수종을 만날 수 있다. 천리포를 지나면 한때 대천해수욕장 다음으로 북적였다는 만리포해수욕장이다. 신두리에서 만리포에 이르는 14km 구간은 해안 풍광이 아름다운 바라길 2구간. 만리포 아래 위치한 모항항을 둘러보고 태안의 가장 큰 항구인 신진도까지 드라이브를 즐겨보자. 신진도의 안흥항은 우리나라 최고의 꽃게 산지. 봄, 가을 꽃게철에 가면 싱싱한 꽃게를 좋은 가격으로 구입할 수 있다. 새로 조성된 부두에는 활어 가게, 건어물 가게, 음식점, 모텔 등이 들어서 있고 마도, 가의도 등 신진도 주변 섬을 한 바퀴 도는 안흥유람선이 뜬다.

신두리 해안사구 주변의 펜션들은 바닷가 바로 앞에 위치해 있는 것이 특징이다. 천리포수목원과 만리포해변 근처에는 펜션과 음식점 등의 편의시설이 모여 있어서 여행하는데 불편함이 없다. 천리포수목원에 있는 게스트하우스도 자연 속의 특별한 하룻밤을 선사할 것이다.

#09

담양 느린 여행의 로망

그곳에서 새로운 '행복의 원형질'을 발견하다

트리나 폴러스의 《꽃들에게 희망을》은 짧은 이야기 속에 인생에 대한 깊은 성찰을 담고 있다.

하늘 높이 솟은 애벌레 탑, 그 끝에 무엇이 있는지도 모르면서 그저 다른 애벌레들이 향하는 곳을 향해 위로만 전진하는 애벌레들. 나약한 애벌레들을 무참하게 짓밟으면서 주인공 애벌레가 기필코 다다른 꼭대기에는 과연 무엇이 있었을까?

어쩌면 우리의 모습이 그 애벌레들을 닮았는지도 모른다. 잠시 느릿느릿한 달팽이가 되어 잃어버린 나를 찾아보는 건 어떨까. 그곳에서 행복의 원형질을 발견할 수 있을 것이다.

내 삶의 속도는 몇 킬로인가

O　　　　　세상은 우두커니 아무 생각 없이 시간을 보내는 것, 게으르게 사는 것을 용납하지 않는다. 단지 이동하기 위해 탄 지하철에서 스치는 사람들 열에 아홉은 스마트폰을 들여다본다. 컴퓨터나 스마트폰만 있으면 외롭지 않은 우리는 '디지털 휴먼'이다. 속도가 미덕이 되는 디지털 시대에 우리는 속도를 얻은 대신 더 많은 것을 잃었다.

'느림'은 속도로 인해 잃은 것이 무엇인가에 대한 물음표를 던지게 만든다. 그리고 행복을 느낄 수 있는 삶의 방식을 찾아준다. 삶을 느리게 바꾸면 평화와 고요, 그리고 진정한 휴식이 찾아온다. '천천히 그러나 더 느긋하게 살자'를 외치는 슬로비족 Slobbie이 점점 늘어나고 있는 것도 '어떻게 살아야 하나?'라는 실존적 질문에 대한 고민의 결과일 것이다.

스케줄이 빼곡히 적힌 다이어리는 잠시 접어두고 시도 때도 없이 울려대는 휴대폰도 잠시 꺼두자. 마음을 열고 소소한 풍경에 잠시 걸음을 멈추고 상상의 나래를 펼쳐보자.

바람이 대나무를 깨우는 소리를 들어 보았는가? 이른 새벽, 대나무숲 속에서 이슬이 후두둑~ 하고 숲의 정적을 깨는 소리는? 메타세쿼이아 가로수길을 걸으며 영화의 주인공처럼 한 점 소실점이 되어보는 것은 어떨까.

해 저무는 저녁, 아주 오래된 돌담길을 따라 고택을 기웃거리다 보면 뒤 집에선가 저녁밥을 짓는 연기가 골목 안을 떠돈다. 그 연기 따라 느릿느릿 걸어보자. 조선시대 정원을 거닐다 보면 눈부시게 하얀 도포자락 휘날리며 풍류를 즐기던 옛 선비들의

껄껄껄 웃음소리가 들려오는 듯하다.
평화로움과 느긋한 시간이 허락되는 곳. 시간의 힘으로 익혀낸 장맛 같은 담양 사람들이 사는 곳. 옛 것의 정겨움과 푸르름이 공존하는 곳, 다시 일상으로 돌아가서도 세상의 속도에 상관없이 내가 중심이 되는, 삶의 방식이 바뀌는 여행이 가능한 곳, 그곳이 바로 담양이다.
'느리고 불편하고 갑갑하지만' 느림 속에서 더 큰 행복을 느낄 수 있다면 이것이 바로 행복의 경제학이 아닐까. 담양이 슬로라이프의 원형을 발견하고 누리는 여행지로 떠오른 것도 바로 그런 이유에서다.

담양 느린 여행 즐기기

○ 대부분 메타세쿼이아 가로수길이나 죽녹원 산책, 그리고 떡갈비를 맛보는 것으로 담양을 여행했다고 말한다. 남도의 여유와 풍류, 맛으로 기억되는 별미들이 가득한 담양은 그저 스쳐 지나가면 진면목을 보지 못하는, 느리게 머무는 여행을 해야 하는 곳이다.

그 가운데서도 시간이 멈춘 듯한 창평 슬로시티 삼지내마을은 담양 느린 여행의 핵심이다.

삼지내마을의 트레이드마크인 돌담길 산책과 수백 년 된 전통 가옥들을 여유롭게 둘러보는 시간은 여행자들의 '슬로타임'이다. 이곳에서는 바쁘게 걸을 필요가 없다. 구석구석 돌아도 한 시간 이내면 다 돌아볼 만큼 작은 마을의 정겨운 돌담길은 이 골목 저 골목으로 얽혀 있다.

수백 년 된 고씨 전통 가옥들을 둘러본 후 마을 주민들과 함께 야생화효소나 한과를 직접 만들어보고 한옥에서 다도 체험도 해보자. 슬로시티 방문자센터에 가면 체험프로그램도 추천해주고 자전거도 무료로 대여해준다. 수십 가지의 약초장아찌가 입에 착착 달라붙는 약초밥상 체험으로 한 끼 식사를 대신해도 좋을 것이다.

매월 둘째, 넷째 토요일마다 슬로시티 방문자센터 마당에서 열리는 달팽이시장 구경도 재미있다. 도시의 마트에선 구할 수 없는 토속적인 맛과 멋이 달팽이시장에 풍성하게 펼쳐진다. 장에 나오는 물건들이 매번 바뀌는 5일장에 가면 이 계절에 창평 사람들은 무엇을 하고 사는지를 알게 된다.

담양, 느린 여행의 로망

수백년 된 전통 가옥들을 여유롭게 둘러보는
시간은 여행자들의 '슬로타임'이다.

죽녹원 대나무 숲길을
걸으면 몸과 마음이
저절로 여유로워진다.

창평교회 맞은편의 달팽이가게도 들러보자. 이 지역에서 나는 명인들의 제품과 마을 부녀회에서 내놓은 대통술, 한과, 나물, 죽공예품, 염색제품 등을 구경하고 구입할 수 있다.

담양 시내에는 삼지내마을과 또 다른 느린 풍경이 펼쳐져 있다.

빽빽한 대나무 숲과 메타세쿼이아 가로수길. 담양을 찾는 젊은 여행자들이 도착하자마자 첫 번째로 가고 싶어 하는 이곳들이 담양 시내에 있다. 죽녹원, 메타세쿼이아 가로수길, 관방제림은 담양여객버스터미널에서도 그리 멀지 않고 서로 연결되어 있어서 한꺼번에 둘러보기 편하다.

맛으로 기억하고 몸이 좋아하는 담양의 슬로푸드는 여행의 하이라이트다. 대나무를 재료로 한 대통밥, 죽순 요리, 죽로차, 몸에 좋은 약초를 이용한 약선 요리, 소갈비에 잔 칼집을 수없이 내어 만든 떡갈비, 세월이 묵히고 삭힌 구수한 장맛이 일품인 남도정식 등은 패스트푸드에 익숙해진 우리의 혀를 놀라게 할 깊은 맛을 경험하게 한다.

담양, 느린 여행의 로망

삼지내마을 주변

🌱🌿 느린 여행 디자인하기

소개 삼지내마을은 담양 시내에서 자동차로 30여 분 거리에 있는 아름다운 슬로시티다. 마을에서는 천천히 산책을 하며 힐링 여행을 즐길 수 있고, 발품을 조금 더 팔아 주변으로 나가면 소쇄원, 식영정, 환벽당 등 기품 있는 조선시대의 정자와 정원에서 산책을 즐기며 조용하게 사색의 시간을 가질 수 있다. 단, 소쇄원은 마을에서 상당히 떨어져 있어 버스로 이동해야 하는 불편함이 있다. 시간이 부족하다면 자전거로 15분 정도 거리에 있는 명옥헌원림만이라도 꼭 들러보자. 생각 이상으로 괜찮은 매력적인 명소다. 자전거는 슬로시티 방문자센터에서 빌릴 수 있다.

명소 소쇄원. 381p 명옥헌원림. 381p 식영정. 381p 환벽당. 381p
한국가사문학관. 송강 정철의 친필유묵을 비롯한 가사문학 관련 자료 전시(061-380-2700)

맛집 행복한 임금님. 372p 멘토르. 373p 전통식당. 375p
명지원. 전통차와 작품 전시, 공연이 어우러진 복합 공간(061-383-2576)
명가은. 운치 있는 공간에서 차 한 잔하고 싶은 곳(061-382-3513)

교통 • 삼지내마을 → 소쇄원 : 3-1번 버스 이용 고서면 소재지 정류장 하차, 2-1번 버스로 환승

삼지내마을

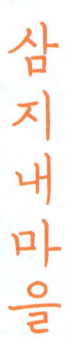

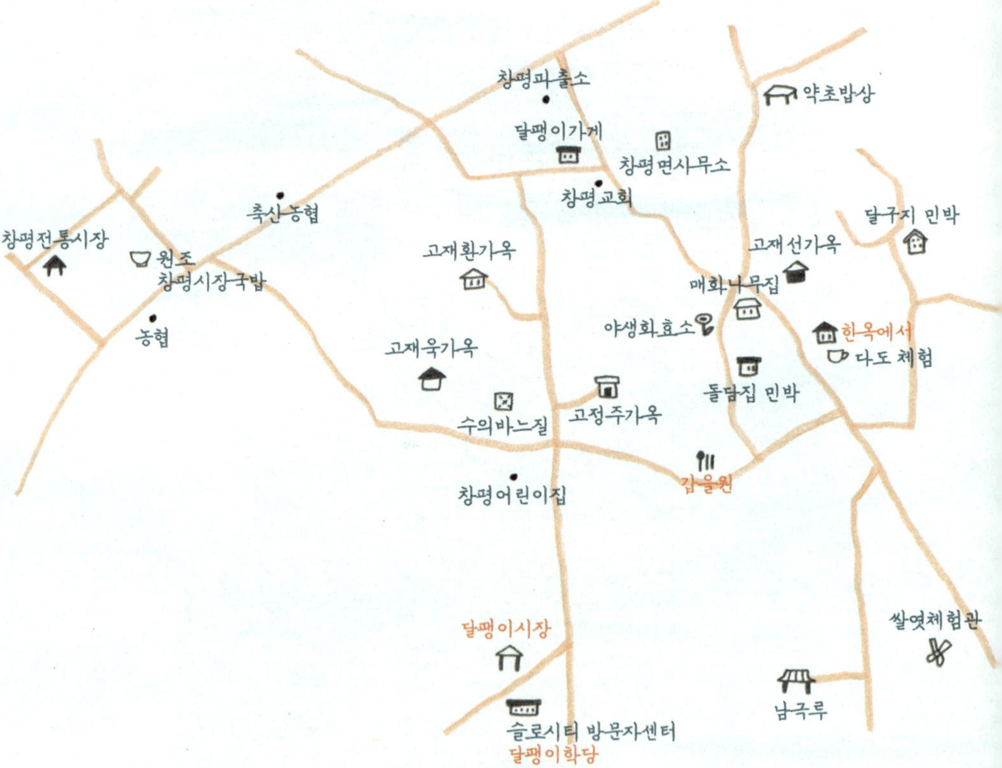
창평파출소
약초밥상
달팽이가게
창평면사무소
창평교회
축산농협
창평전통시장
원조
창평시장국밥
고재환가옥
고재선가옥
달구지 민박
매화나무집
야생화효소
한옥에서
다도 체험
농협
고재욱가옥
돌담집 민박
수의바느질
고정주가옥
갑을원
창평어린이집
달팽이시장
쌀엿체험관
남극루
슬로시티 방문자센터
달팽이학당

느린 여행 디자인하기

소개 담양군 창평면사무소 주변에 형성된 창평 슬로시티 삼지내마을은 10여 곳의 다른 슬로시티와 달리 보고, 느끼고, 체험하고, 맛볼 수 있는 꺼리가 한데 모여 있어 걸으면서 돌아볼 수 있다. 죽녹원과 메타세쿼이아 가로수길이 있는 담양 시내와는 다소 거리가 있으므로 삼지내마을 중심으로 산책을 하면서 느긋하게 체험 여행을 즐기도록 하자.
1박 이상을 계획했다면 선택의 폭이 넓지 않은 담양 시내 숙박업소보다 삼지내마을 한옥 민박에서 묵는 편이 좋다. 여유 있게 느린 여행을 즐길 수 있을 뿐만 아니라 고즈넉한 한옥에서의 하룻밤은 일상으로 돌아가서도 두고두고 마음에 남는 추억이 되기 때문이다.

명소 달팽이학당. 365p 달팽이시장. 367p
슬로시티 방문자센터. 체험프로그램 안내, 자전거 대여(061-383-3807)
달팽이가게. 삼지내마을 명인이 만든 한과, 창평엿, 담양 특산물을 판매하는 나눔 가게
전통 고택. 100년이 넘는 전통을 지닌 고정주 가옥, 고재선 가옥, 고재환 가옥, 고재욱 가옥
남극루. 삼지내마을에 위치한 조선 후기의 누각

맛집 갑을원. 374p
원조 창평시장국밥. 창평시장의 원조 국밥집(061-383-4424)

교통 • 담양여객버스터미널 → 삼지내마을 : 3-1번, 4-1번, 4-2번 버스

숙박 한옥에서. 383p
매화나무집. 아침식사로 나오는 구수한 누룽지와 장아찌 밥상이 별미(010-7130-3002)
달구지 민박. 쌀엿을 만드는 노부부가 운영하는 민박(010-9945-8115)
돌담집 민박. 넉넉한 인심의 할머니가 운영하는 민박(010-9086-1039)

담양, 느린 여행의 로망

느린 여행 디자인하기

소개

담양에서 가장 알려진 여행지는 죽녹원과 메타세쿼이아 가로수길로 담양 시내와 그 근교에 위치해 있다. 명소들이 많이 떨어져 있지 않기 때문에 여유 있게 산책을 즐길 수 있다. 먼저 죽녹원과 죽향 문화체험마을을 둘러본 후 관방제림을 따라 걷다 보면 메타세쿼이아 가로수길이 2km가량 펼쳐진다. 걷다가 출출해지면 관방제림 국수거리에서 국수를 한 그릇 먹거나 죽녹원 옆에 있는 대잎 찹쌀도넛도 맛보자. 관방제림 근처에서 자전거를 대여해서 한 바퀴 돌아보는 것도 좋다. 신분증을 지참하고 담양군청에 가면 두 시간 무료로 빌려준다. 한편, 담양 별미인 떡갈비, 대통밥, 죽순 요리 음식점은 대부분 시내에 모여 있어서 뚜벅이 여행자들도 찾아가기 어렵지 않다.

담양 시내에는 10여 개의 모텔과 펜션밖에 없어 숙박지 선택의 폭이 좁은 편이다. 1박 이상의 여행 일정을 생각한다면 삼지내마을 한옥 민박이나 죽향문화 체험마을, 명가혜, 온천을 겸한 담양온천리조트도 고려해볼 만하다.

명소

메타세쿼이아 가로수길. 368p 관방제림. 368p 죽녹원. 371p 죽향문화 체험마을. 371p
채상장전수관. 현대적인 감각으로 재해석한 채상장 작품 전시와 판매(061-381-4627)
대나무골 테마공원. 오랜 시간 가꾼 국내 최대의 대나무 집단 군락지(061-383-9291)

맛집

덕인관. 376p 민속식당. 377p 명가혜. 378p 아트센터 대담. 379p
신식당. 100여 년 전통의 참나무숯불로 구워내는 한우 떡갈비(061-382-9901)
승일식당. 숯불에 석쇠로 구워내는 푸짐한 양의 숯불돼지갈비(061-382-9011)
박물관 앞집. 한국대나무박물관 앞에 위치한 대통밥 전문 음식점(061-381-1990)
담양애꽃. 다양한 남도식 반찬과 함께 즐기는 떡갈비 메뉴(061-381-5788)

교통

- 센트럴시티터미널 → 담양여객버스터미널 : 1일 4회 운행, 08:10 11:10 14:10 17:10
- 담양여객버스터미널 → 센트럴시티터미널 : 1일 4회 운행, 09:00 11:00 15:00 17:00
- 광주종합버스터미널 → 죽녹원 : 311번, 311-1번 버스
- 광주역 → 죽녹원 : 311번, 311-1번 버스
- 문의 02-6282-0114(센트럴시티터미널), 061-381-3233(담양여객버스터미널)

담양, 느린 여행의 로망

느리게 걷는 마을
삼지내마을

○ 돌담이 있는 풍경

울퉁불퉁 삐뚤삐뚤 휘어진 돌담길 걷다보면
오래된 돌담이 골목에서 골목으로 이어지고
어떤 풍경일까 까치발 들어 훔쳐보고 싶은 담 너머 풍경
감나무에 매달린 홍시 돌담 너머 갸웃하며 얼굴 붉히고
해 저물 녘 저녁밥 짓는 연기 담 너머로 피어오를 때
자전거 탄 젊은이들, 돌담을 쓰다듬는 바람처럼
느릿느릿 오래된 골목을 지나고 있다

―
슬로시티 방문자센터
운영. 09:00-18:00(월요일 휴무)
비용. 자전거 대여 무료(신분증 제시)
문의. 061-383-3807

구멍가게, 한약방, 비료가게, 세탁소 등이 오밀조밀하게 밀집해 있는 창평은 시골 분위기 물씬 나는 전형적인 풍경을 보여준다. 그러다가 면사무소 부근의 골목길로 접어들자마자 마치 타임머신을 타고 옛날 여행을 하는 듯한 딴 세상이 펼쳐진다. 삼지내마을은 임진왜란 때 유명한 의병장이었던 고경명의 후손들이 세운 마을로 '삼지내 고씨' 집성촌이다. 3,600m의 구불구불한 돌담길을 따라 걷다 보면 고재선, 고정주 가옥 등 전형적인 남도 부농의 고택을 만나게 되는데 대부분 개방되어 있어 안까지 들어가서 구경할 수 있다. 복개되었던 삼지천을 원래의 모습으로 복원시킨 실개천이 동네를 돌아 나가는 돌담길 중간쯤에는 창평전통쌀엿, 민박, 체험공간 등을 알리는 개성적인 간판의 글귀와 감각적인 디자인이 눈길을 붙든다.

담양, 느린 여행의 로망

자연주의 체험 즐기기
달팽이 여행 1

자연주의자의 하루

원추리, 구절초, 꿩의비름, 까실쑥부쟁이 – 효소 만들어보기

노나무, 헛개나무, 비비추 등 40여 가지 약초 반찬 – 약초 밥상 받아보기

볶은 쌀을 조청으로 버무려 만드는 전통 간식 – 한과 만들어보기

양파, 감, 홍화씨, 황토, 쪽을 이용해 염색하기 – 천연염색 해보기

얇은 창호지 너머 달빛 자장가 들으며 단잠에 빠지기 – 한옥에서 자보기

구멍 숭숭 바람 든 엿치기 – 쌀엿 만들어보기

몸도 마음도 깃털처럼 가벼운

자연주의자의 하루.

슬로시티 사무국에서 운영하는 달팽이학당 체험교실에 참여해보는 것은 삼지내마을 사람들의 삶의 지혜를 가장 효과적으로 배우는 지름길이다. 야생화효소, 약초 밥상, 한과 만들기, 천연염색 등을 비롯한 10여 가지의 프로그램들이 운영되고 있으며 주민들로 구성된 강사와 함께 직접 만들어보고 먹어본다. 야생화 꽃이 마당 가득한 야생화효소 체험관❶에서는 야생화, 산야초 등 자연에서 얻어지는 재료를 이용해 쉽게 효소를 만드는 법을 배운다. 40여 가지의 약초로 만든 장아찌와 구수한 된장국을 곁들인 약초 밥상❷은 혀는 즐겁고 몸이 반응하는 독특한 식사. '하늘이 내린 맛'이라 할 희귀한 약초장아찌에서는 약초 특유의 진한 향기가 입안을 맴돈다. 오로지 엿기름과 쌀로만 만드는 전통 간식 한과 만들기❸도 인기 있는 체험. 머리는 차갑게 하고 발은 따뜻한 건강 잠자리인 한옥에서의 하룻밤은 그윽한 정취도 그만이지만 자고 나서도 개운하다. 체험에 대한 문의는 슬로시티 방문자센터(061-383-3807)로 하면 된다.

남양, 느린 여행의 로망

재미있는 시장 구경
달팽이 여행 2

❶

매주 둘째, 넷째 토요일에 열리는 달팽이시장❶에 가면 창평면에서 나는 자연주의적인 먹거리들과 공예품 등을 구경하고 구입하는 재미가 있다. 마을 할머니들이 직접 기른 채소나 산나물, 재래식으로 담근 장류와 장아찌 등 전통 식품도 구입할 수 있고, 수제 막걸리, 빈대떡, 족편, 한과 등 고향 별미들도 한데 모여 있다. 떡메치기로 만드는 인절미도 맛볼 수 있거니와 마을 부엌에서 주민들이 요리해내는 소박한 한 끼도 정겹고 푸근하다.

창평 전통시장에서 끝자리 5와 0이 붙는 날마다 서는 창평 5일장❷은 창평 사람들의 느리지만 평화로운 삶의 풍경을 엿볼 수 있는 재래시장. 비단 5일장이 아니더라도 이곳에 가면 꼭 들러봐야 할 별미 맛집이 있으니 바로 원조 창평시장국밥❸(061-383-4424). 즐비한 국밥집과 더불어 맛좋기로 유명한 한우를 저렴하게 맛볼 수 있는 한우 식당들도 여럿 있다.

시골 장터

말린 대추, 말린 나물, 콩과 누룩, 찹쌀과 들깨……

햇빛, 바람, 물과 할머니가 함께 길러낸 자연의 선물

연신 쪽파를 다듬는 할머니의 굵은 손마디

주름진 얼굴로 애잔하게 웃는 얼굴은

정직하게 살아온 세월을 말해준다.

"할머니, 이건 얼마예요?"

쭈그리고 앉아 할머니와 눈빛 마주치면

말하지 않아도 전해지는 믿음이 오고간다.

달팽이시장
주소. 담양군 창평면
창평리 113-1
문의. 061-383-3807
(슬로시티 방문자센터)

담양, 느린 여행의 로망

담양 로맨틱가도
담양의 길

메타세쿼이아 가로수길
주소. 담양군 담양읍 학동리 578-4
운영. 09:00-19:00(하절기),
09:00-18:00(동절기)
비용. 어른 1,000원, 어린이 500원
문의. 061-380-3150

담양에서 순창으로 가는 국도 24번 길은 대나무 숲과 함께 담양의 트레이드마크가 된 메타세쿼이아 가로수길이다. 수많은 영화와 드라마, CF를 통해 로맨틱한 이미지를 각인시킨 이 길 중 1.2km 구간은 이전의 포장도로를 걷어내고 흙길로 단장하여 더욱 자연친화적으로 변모하게 되었다. 예전에는 자전거 대여점에서 빌린 자전거를 타고 이 길을 씽씽 달릴 수 있었으나 이제는 오로지 보행자 통행만 허용된다. 새로 단장된 이 길에는 메타세쿼이아길 이야기가 깨알같이 적혀 있는 생태숲 메타길 이야기 패널과 굴다리갤러리, 그리고 장승공원이 새로 조성되었다.

메타세쿼이아 가로수길과 이어지는 관방제림❶은 담양천을 따라 푸조나무, 팽나무, 개서어나무 등 300여 년이 넘은 노거수들이 서 있는 멋진 산책길. 홍수 피해를 막기 위해 조성한 인공림으로 천연기념물이다. 관방제림 근처의 국수거리❷에서 맛보는 국수와 댓잎 찐 계란도 별미.

연인의 길

따로 걷다가 언젠가 만나게 되는

메타세쿼이아 길의 소실점처럼

우리도 그렇게 하나의 소실점이 되고 싶다.

푸르던 나무 수백 년 세월 견디며

옹이 지고 둥치만 남았지만

노거수 서로 기대어 아늑한 숲의 터널 되었다.

우리도 그렇게 늙어가고 싶다.

담양, 느린 여행의 로망

대숲 소리
대숲에 홀로 서서 눈을 감으면
사라락 사라락 죽순 크는 소리
따닥따닥 바람이 대나무를 깨우는 소리
후드득 댓잎 이슬 떨어지는 소리
스삭스삭 댓잎 스치는 소리
소리로 느끼는 대나무 숲은 자연의 오케스트라

자연을 느낄 수 있는 곳
대나무 숲 여행

담양읍 향교리 언덕에 자리 잡은 죽녹원은 대나무숲이 많은 담양에서도 관광객의 발길이 가장 잦은 곳이다. 2003년 5월에 약 5만 평의 울창한 대나무 숲을 조성해 2.3km의 산책길을 냈다. 운수대통길, 죽마고우길 등 8가지 주제로 조성된 길을 따라 걷다보면 머리가 맑아지고 심신이 안정되는 죽림욕 효과를 볼 수 있다. 하지만 연간 입장객이 100만 명을 넘어서는 이곳을 제대로 만끽하기 위해서는 부지런함이 필수, 아침 일찍 들러야 한다. 죽녹원 산책길이 거의 끝날 즈음 담양의 유명한 정자들을 재현해놓은 죽향문화 체험마을(010-7633-2690)에 이른다. 〈1박 2일〉 담양편에서 이승기가 빠졌다 해서 '이승기 연못'으로 불리는 연못❶이 이곳에 있다. 죽마고우길 옆의 채상장전수관(061-381-4627)❷에 가면 얇게 다듬어 물들인 대나무로 만든 채상장 장인의 작품들을 만날 수 있다. 좀 더 한적한 대나무숲 산책을 원한다면 오랜 시간 가꾼 국내 최대의 대나무 집단 군락지 대나무골 테마공원(061-383-9291)에 가는 것도 좋은 선택이다.

죽녹원
주소. 담양군 담양읍 향교리 산37-6
운영. 09:00-19:00 (연중무휴)
비용. 어른 2,000원, 어린이 1,000원
문의. 061-380-2680

담양의 맛집

눈으로 먼저 맛보는 즐거움
행복한 임금님

음식으로 그린 그림 행복한 임금님의 요리는 컬러풀한 접시 위에 음식으로 그린 그림 앙리 마티스의 팔레트 같다. 임금님처럼 대접받고 행복해지는 곳, 눈으로 먹고 향으로 즐기고 맛으로 여심을 사로잡는다.

창평면 소재지 입구에 위치한 행복한 임금님은 퓨전 한정식 전문점이다. 메뉴는 오로지 정식 한 가지 뿐. 두 종류의 샐러드가 나오는 애피타이저로 시작해서 줄줄이 등장하는 10여 가지의 화려한 메인 요리에 이어 가정식 백반으로 마무리되는 코스다. 이 가운데 전라도를 대표하는 떡갈비와 홍어삼합을 빼고는 늘 메뉴가 바뀌곤 한다. 음식 컨설팅팀이 있어서 늘 실험적인 음식을 디자인해 내놓기 때문이다. 이곳에서만 맛볼 수 있는 홍국으로 지은 붉은 밥❶은 이색적인 건강 밥.

주소. 담양군 창평면 의항리 86 면사무소 골목 운영. 11:50-20:30 비용. 임금님 정식(1인) 14,000원, 커플정식 30,000원 문의. 061-381-8008

세상 음식에 지쳤을 때 생각나는
멘토르

음식의 철학
쾌락을 위한 음식에
더 이상 속지 말아야 한다.
음식의 근본은 최소한의 양념으로
본래 가진 맛을 살리는 것.
음식을 보는 눈을 가져야 한다.
음식으로 조언해주는
멘토 같은 자연주의 레스토랑.

철마다 피고 지는 300여 종의 야생화가 가득한 자연주의 레스토랑 멘토르는 효소 음식 전문점이다. 유럽풍 레스토랑 같은 외관이지만 그 안에서 맛보는 모든 음식들은 뜻밖에도 세월의 켜가 차곡차곡 쌓인 자연주의적인 힐링 푸드이다. 수제 산야초효소❶와 흑초는 모든 음식의 기본 양념. 장류와 장아찌, 김치, 막걸리, 차, 산나물에 이르기까지 몸이 느끼고 혀가 즐거운 메뉴들로 가득하다. 메인 요리 전에 나오는 현미효소(단술)와 채소와 함께 된장을 얹어 먹는 콩쌈도 별미.

주소. 담양군 창평면 용수리 306-2 운영. 10:30-21:30 비용. 굴비정식 15,000원, 산야초신록비빔밥 10,000원, 보쌈정식(2인 이상) 30,000원, 간장게장 20,000원 문의. 061-381-9390

담양의 맛집

청아한 한옥에서의 만찬
갑을원

풍경을 맛보다
푸른 여름날 아자살문 시원하게 열어놓고
정갈한 잔디마당의 담장 밑 꽃무릇과
굴뚝 타고 오르는 능소화 감상하며
담백한 오리 요리를 음미하다 보면
맛과 운치의 하모니를 몸으로 듣게 된다.

삼지내마을에 위치한 갑을원은 유황오리 코스 요리를 즐길 수 있는 곳이다. 100여 년 된 운치 있는 한옥①과 단아하게 관리된 정원을 보면 얼핏 '이곳이 음식점인가?' 하고 머뭇거릴 만큼 대가집의 기품이 느껴진다. 하지만 한옥 방에 자리를 잡으면 애피타이저 샐러드부터 시작해서 유황오리를 이용한 다양한 메뉴가 줄줄이 이어진다. 오리 특유의 비린맛을 제거한 유황오리가 테마지만 음식 하나하나에서 정갈하면서도 세련된 맛을 느낄 수 있다.

주소. 담양군 창평면 삼천리 401-2 삼지내마을 내 운영. 11:30-21:30 비용. 오리코스 1인 23,000원(3인 이상), 2인 50,000원, 알찬코스 1인 19,000원(3인 이상), 2인 42,000원, 편한 식사 1인 16,000원(3인 이상), 2인 36,000원 문의. 061-382-3669

진짜배기 남도 한정식
전통식당

음식의 품위
5년 된 묵은지와 홍어,
삼겹살이 조화로운 삼합
오래 묵은 진석화전의
차원이 다른 깊은 맛
쌀뜨물에 불려 살짝 쪄낸 보리굴비찜
조청을 고아 은은한 단맛을 낸 식혜
정갈한 놋그릇에 담은 오랜 세월의 내공
전통의 아름다움을 살린 예스러운 맛
화려함을 뒤에 감춘
격조 있는 본연의 맛
그것이 음식의 품위라는 것이다.

남도에 가서 가장 '남도스러운' 한정식이 생각난다면 전통식당을 추천한다. 전통식당은 윤선도의 11대손인 친정 어머니로부터 물려받은 반가음식의 전통을 남도 한정식 한 상에 고스란히 살렸다. 전통 방식으로 담근 장류로 낸 깊은 맛은 이 집의 음식들이 정갈하고 은은한 맛을 내는 비결. 〈1박 2일〉 팀의 복불복 촬영이 이곳에서 이루어졌고 노무현 전 대통령이 다녀간 흔적이 부채에 적은 사인❶으로 남아 있다. 코스 요리로 나오는 복 한정식은 접대 만찬으로 손색이 없는 스페셜한 메뉴.

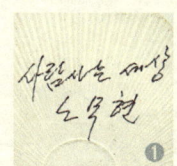
❶

주소. 담양군 고서면 고읍리 688-1 운영. 11:30-20:00 비용. 전통 한정식 1인 20,000원, 수 한정식 1인 30,000원, 복 한정식 1인 50,000원 문의. 061-382-3111

담양의 맛집

담양 떡갈비의 원조
덕인관

〈1박 2일〉에 소개되어 더욱 유명해진 50년 전통의 덕인관은 담양하면 떠오르는 별미 '떡갈비'의 원조 집이다. '떡갈비'라는 이름은 쇠고기를 다져 만든 모양이 떡을 닮은 데서 유래한 것. 대부분 다른 음식점의 떡갈비는 고기를 다져서 만드는데 비해 덕인관 떡갈비는 뼈에 붙은 갈빗살에 잔칼질❶을 하여 그 위에 다진 갈빗살을 동그랗게 뭉쳐 얹는다. 석쇠에 초벌구이한 후 무쇠 철판 위에서 약한 불로 익혀가며 먹는데 부드럽고 쫄깃하면서도 '갈비 뜯는 맛'이 제대로 살아있다.

효후 갈비
옛날, 어르신께 올리는 떡갈비는
정성이 양념이었다.
기름기 깨끗이 도려낸
암소 한우갈비를 준비해
갈비뼈에 붙은 갈비살이
떨어지지 않도록 조심하면서
수백 번 정성껏 잔칼질을 해야 한다.
육질은 연하되 쫄깃해야 하며
육즙은 고소하되 느끼하지 않아야 한다.
덕인관 떡갈비는
어머니의 효심이 깃든 손맛
입에서 살살 녹는다.

주소. 담양읍사무소 앞(본관), 담양읍 죽항대로 1121(신관) 운영. 11:00-21:30
비용. 떡갈비 27,000원, 갈비살 불고기 52,000원, 대통밥 11,000원, 죽순추어탕 8,000원 문의. 061-381-2194(본관), 061-381-7881(신관)

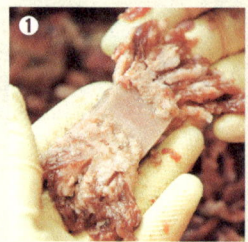

가장 담양스러운 죽순 요리
민속식당

시골 외갓집에 놀러간 듯 입구에서부터 푸근한 느낌을 주는 민속식당은 55년 전통의 죽순 요리 전문점이다. 당시 사양길에 접어든 죽물시장의 여파로 남아도는 죽순을 이용해 요리를 개발한 것이 그 시초. 죽순 가운데 가장 맛있다는 분죽의 죽순을 이용해 만든 '담양스러운' 음식을 맛볼 수 있다. 오랜 세월을 건너서도 변함없이 주인장이 메주를 띄워 만든 고추장, 된장, 간장 등의 재래식 장류를 기본으로 사용하고 직접 모든 음식을 요리한다. 죽순회❶, 죽순장아찌, 죽순정과 등이 별미.

주소. 담양군 담양읍 객사리 252-1 담양 동초등학교 후문 운영. 08:30-20:00 비용. 진 20,000원(A:기본+죽순회+죽순육회, B:기본+죽순회+죽순낙지볶음), 선 15,000원(기본+죽순회), 미 1인 10,000원(3인 이상), 2인 25,000원(기본 상차림) 문의. 061-381-2515

죽순회무침
대나무 땅속 줄기에서 태어난 어린 죽순 초록 바람, 맑은 물, 따스한 햇살이 키워준다. 비온 뒤 우후죽순으로 돋아난 어린 죽순들 매년 봄 죽순이 가장 맛있을 때. 그 죽순 쑥 뽑아서 팔팔 삶아 하루쯤 물에 담가 아린 맛을 뺀다. 질긴 밑동은 된장국용, 연한 윗부분은 횟감으로 우렁과 오이, 미나리를 넣어 초고추장으로 무치면 죽순회 싱싱한 죽순회 한 접시는 봄날의 별미.

담양의 맛집

남도 소리와 다향의 하모니
명가혜

명가혜란 '차로 가는 지혜로운 길'이라는 의미를 담은 이름. 담양 소리꾼인 국근섭 선생과 다도 사범인 안주인 부부가 운영하는 전통 찻집이다. 국 선생이 직접 덖어 만든 죽로차나 죽신황금차를 즐기는 공간으로 《한국의 아름다움을 찾아서》를 집필한 배우 배용준❶이 들러서 차와 전통 문화에 대한 깊은 대화를 나누기도 했던 곳이다. 함께 운영하는 한옥 민박에서는 국 선생의 시원한 남도 소리❷ 한마당이 흥겹게 펼쳐지기도 한다. 각종 효소와 장아찌 위주로 차린 가혜차림 밥상을 원한다면 일주일 전에 미리 예약하자.

마음의 주름살 펴다
감성 찻집 명가혜의
죽로차 한 잔 마음을 녹이고
주인장의 흥타령 한 대목
애잔하게 마음을 울린다.
죽로차나무 울창한 삼다리 대숲에서
누워서 하늘 보고 맨발로 걷고
대나무를 껴안아본다.
감성 넘치는 주인장의
마음 섬김 따스하고
지친 마음 치유하는
명가혜에서 마음의 주름살 펴다.

주소 담양군 담양읍 내다길 83 **운영** 11:00-19:00, 차와 판소리 공연 19:00-20:00(매주 금·토) **비용** 죽로차 5,000원, 죽신황금차 4,000원, 죽로발효차 5,000원, 가혜차림 밥상 1인 9,000원(4인 이상), 한옥민박 50,000-120,000원(비수기 주말 기준) **문의** 010-5789-6015

향긋한 커피 한 잔의 여유
아트센터 대담

영화 속 주인공처럼
작은 연못에 배롱나무 그림자
길게 드리울 때
물길 따라 난 오솔길에도
서서히 어둠이 내린다.
해 뉘엿뉘엿 져가는 창밖을 보며
향긋한 커피 한 잔 앞에 두고
영화의 주인공이 되어 본다.
그 길 따라 기다리는 사람이
올 것만 같은 저물녘 풍경

죽녹원 옆에 자리한 아트센터 대담은 카페와 갤러리, 아트 체험 그리고 게스트룸이 공존하는 복합 문화공간. 오래된 나무와 벽돌로 꾸민 편안한 인테리어의 카페는 통창❶을 통해 보이는 정원 풍경이 특히 일품이다. 카페 옆의 갤러리는 주로 지역작가들의 작품을 전시하는 공간. 2층에 있는 모던한 감각의 프라이빗 게스트룸❷과 뒤쪽의 한옥 체험공간인 감나무집, 은행나무집은 예약 시 이용 가능하다. 컨테이너에 예술적 감각을 불어넣어 만든 아트 컨테이너는 도자기, 패브릭 체험실과 레지던스 작가 작업공간으로 구성되어 있다.

주소. 담양군 담양읍 향교리 352 죽녹원 옆 운영. 09:30-24:00 비용. 아메리카노 5,000원, 카페라떼 5,500원, 에스프레소 솔로 5,000원, 샌드위치 9,000원, 샐러드 9,500원, 프라이빗 공간(2인 기준) 500,000원, 감나무집(2인 기준) 300,000원, 은행나무집(6인 기준) 400,000원 문의. 061-381-0081

🌲🌲 정원과 정자

담양에는 조선 중·후기에 세워진 정자와 누각들이 많다. 낙향한 문인들이 모여서 시문을 읊던 낭만적인 공간이다. 그 가운데 소쇄원은 자연과 인공을 유려하게 조화시켜 조선시대 민가 정원 가운데 가장 빼어난 조형미를 갖췄다고 평가된다. 소쇄원과 쌍벽을 이루는 명옥헌원림은 7월에서 9월 사이에 사각형의 연못 주위로 흐드러지게 피는 배롱나무꽃이 장관을 이룬다. 이때가 되면 전국에서 모여든 사진가들로 인해 고즈넉한 명옥헌원림이 모처럼 활기를 띠기도 한다. 특히 소쇄원과 가까운 곳에 위치한 식영정은 '그림자도 쉬어가는 정자'라는 뜻의 이름만큼이나 운치가 있다. 송강 정철의 '성산별곡'이 이곳에서 지어졌으며, 연못 위의 정자 부용당과 배롱나무가 함께 어우러진 풍경이 예스럽다. 창계천을 사이에 두고 식영정과 마주하고 있는 환벽당은 배롱나무, 느티나무 등에 에워싸여 있는 고졸한 정자로 사색하기 좋은 공간이다.

소쇄원
주소. 담양군 남면
지곡리 123
운영. 09:00-18:00
(계절에 따라 다름)
비용. 어른 1,000원,
어린이 500원
문의. 061-381-0115

명옥헌원림
주소. 담양군 고서면
산덕리 513

식영정
주소. 담양군 남면
지곡리 산 75-1

환벽당
주소. 광주시 북구
충효동 387

빈도림공방

빈도림공방은 천연 밀랍을 이용하여 꿀초를 만들어보거나 구입할 수 있는 곳. 귀화한 독일인 빈도림 씨❶가 토종꿀을 먹다가 버려지는 밀랍을 이용해 초를 만들어본 것이 꿀초를 만들게 된 계기다. 빈도림공방에서는 녹인 밀랍액에 초의 심지를 수십 번 담가 만든 담금초❷, 대나무그릇이나 소라껍질 속에 밀랍액을 부어 만든 대나무초, 소라초 등을 만들어보는 꿀초 체험을 할 수 있다. 삼지내마을 고재욱 주택에서 예전에 살던 문학리 전원주택으로 돌아가 다시 둥지를 튼 빈도림공방에서 꿀초 체험을 하고 싶다면 사전 예약은 필수.

주소. 담양군 대덕면 문학리 48
비용. 체험 비용 한 팀당 100,000원(10인 이하)
문의. 061-383-8130

🌲🌲 한옥에서

삼지내마을 안에 있는 단아한 한옥의 아름다움을 살린 민박집이다. 천여 평의 너른 공간에는 잘 관리된 잔디밭을 중심으로 깔끔하고 아담한 10개의 객실과 다도 체험실이 있다. 객실에 들어서자마자 기분을 상쾌하게 해주는 나무 향기가 물씬 풍기고 개인별로 제공하는 뽀송뽀송한 침구 시트, 뜨끈뜨끈한 방바닥은 단잠을 이루게 한다. 온돌방과 직접 군불을 때서 방을 덥히는 구들방이 있다. 다기가 정갈하게 갖춰져 있는 다도 체험실❶에서는 다도를 배우거나 차를 마실 수 있다. 체험 비용은 10,000원.

주소. 담양군 창평면 삼천리 364 **운영.** 체크인 15:00, 체크아웃 11:00 **비용.** 비수기 주말 객실료 2인실 60,000-100,000원, 4인실 100,000-160,000원 **문의.** 061-382-3832

#10

삼척 기차여행의 로망

바다로 가는 기차 여행

읽고 싶었던 책 한 권 가방에 넣고 음악을 들으며 기차를 타고 바다로 떠나는 여행. 기차를 타면 미지의 세계로 나를 멀리멀리 데려다줄 것만 같은 기대감에 부푼다. 어린 시절 엄마 가슴에 얼굴을 파묻고 듣던 엄마의 심장 박동소리 같은 일정한 리듬은 저절로 마음을 느긋하게 한다. 기차를 타고 낯선 도시에 내려 바다열차, 레일바이크, 모노레일까지…… 다양하게 변주된 기차를 타보며 '탈 것의 로망'을 완성하는 동해 기차 여행 출발!

'탈 것의 로망'을 완성하는 삼척 여행

○ '은하철도 999'를 타고 은하수를 건너가는 철이와 메텔이 될 수는 없지만 쓸쓸한 날 상상의 나라에선 유럽의 기차를 타고 국경선을 넘고, 대륙을 횡단하기도 한다. 기차 여행은 설렘 그 자체. 여기에 〈비포 선라이즈〉의 제시와 셀린느처럼 옆자리에 앉은 누군가를 만나 사랑에 빠진다는 상상까지 더해지면 아무도 못 말릴 로망의 방점을 찍는 여행이 된다.

기차 여행은 맛으로 기억되는 추억이다. "오징어 있어~ 김밥이요 김밥~" 유난히도 맛나게 느껴지던 열차 카트의 김밥, 1분 만에 해치우던 그 따끈한 국물과 호르르 목구멍을 타고 넘어가던 탱탱한 가락국수의 추억, 그러다가 기차를 놓치기도 했더랬다. 가락국수 면발과 떠나는 기차 사이의 갈등. 먹는 재미가 있어 더욱 즐거웠던 느린 완행열차의 기억.

밤기차를 타고 어느덧 깜빡 졸다가 문득 잠이 깨어 창밖을 보면 푸르스름하게 사위어가는 하늘 아래 마을에 하나둘씩 가로등이 켜진다. 집으로부터 멀리 떠나왔음을 비로소 실감하는 순간이다. 밤으로의 긴 여로를 떠나는 기차는 이윽고 아득한 터널로 빨려 들어간다. 아무 것도 보이지 않는 바깥세상, 차창엔 오로지 내 모습만 또렷하다. 때로 소박한 간이역에 내려 그 풍경 속으로 들어가 보는 것도 좋겠다. 겨울이라면 '대합실 밖에는 밤새 송이 눈이 쌓이고 흰 보라 수수꽃 눈 시린 유리창마다 톱밥 난로가 지펴지는' 간이역 풍경 속에서 곽재구의 시를 떠올려보기도 할 것이다.

삼척, 기차 여행의 로망

벽화가 있고 벤치가 있고 드라마를 촬영했던 간이역도 지나고 탄광촌 풍경들도 아스라이 흘러간다.
세월이 흘러도 버스 여행으로는 느끼지 못할 기차 여행의 낭만은 여전히 유효하다. 기차에서 바다열차로, 해양레일바이크로, 모노레일로 '낭만적인 탈 것의 로망'을 테마로 한 삼척 여행. 철로를 매개로 한 여행을 즐기기에 삼척만한 도시는 없다. 바다와 동굴 모두를 한 도시에 품고 있는 삼척은 침체된 탄광도시의 이미지를 깔끔하게 탈피하고 현재와 같은 이색 테마로 무장한 관광도시로 부활했다. 오래된 철로를 바다열차와 해양레일바이크로 멋지게 승화시킬 수 있었던 삼척의 바다, 그리고 모노레일을 타고 진입하는 삼척의 동굴 등 자연과 '탈 것'의 로망을 절묘하게 결합시킨 삼척의 매력은 전국의 여행자들을 블랙홀처럼 빨아들인다.

버스 여행으로는
느끼지 못할
기차 여행의 낭만

삼척 2박 3일 기차 여행

○   삼척 여행은 그 자연적인 아름다움과 즐거움에 비해 교통편과 숙박시설이 여행자에게 그리 친절한 편은 못된다. 하지만 꼼꼼하게 준비만 잘 한다면 기차에서 하룻밤을 보내는 2박 3일 여정으로 정동진, 삼척, 동해의 엑기스를 제대로 맛보는 알찬 여행이 가능하다. '탈 것의 로망'을 실현하는 이 여정의 매력은 정동진 밤기차 여행과 삼척 바다와 동굴 여행 그리고 동해 추암 촛대바위까지 둘러보는 '일타삼피의 여행'이라는 데 있다. 삼척에 도착하면 첫날은 삼척의 바다를, 둘째 날은 도계를 중심으로 한 동굴 위주로 계획을 세우면 좋다. 금요일 밤기차를 타고 내려가 일요일이면 다시 서울로 완벽하게 안착할 수 있는, 2박 3일 같지만 실제로는 1박 2일인 주말 여행으로 추천한다.

청량리에서 아침 기차를 타고 삼척 도계역에 내려서 바로 환선굴 먼저 돌아보는 방법도 있다. 이 경우에는 동굴 구경만으로 하루를 보낸 후에 다음날 바다열차나 해양 레일바이크를 즐기게 되는데 여행자의 상황과 취향에 따라 선택이 달라질 것이다.

기차 여행은 청량리에서 23시 15분에 출발하는 무궁화호 밤기차에 몸을 싣는 그 순간부터 시작된다. 5시간을 달려 정동진역에 도착하는 시간은 다음날 새벽 4시가 넘어서다. 근처 카페에서 커피 한 잔 하면서 해돋이를 기다리자. 정동진역은 밤기차 타고 해돋이를 보러가는 낭만 기차 여행의 아이콘. 장엄한 해돋이를 감상하며 시간을 보내다보면 삼척으로 가는 첫 바다열차가 정동진역에 도착한다. 바다를 옆으로 끼고 50분가량 달리는 열차의 네모난 창을 통해 바라보는 바다는 마치 액자 속에 든 그림처럼 아름답다.

바다열차의 종착역인 삼척역에서 내려 이번에는 삼척해양레일바이크를 타는 궁촌역으로 이동한다. 궁촌역에서 용화역까지는 레일바이크 타는 시간을 포함해 1시간 정도 소요된다. 삼척의 레일바이크 앞에는 '해양'이라는 두 글자가 붙는다. 문경, 정선, 양평, 춘천 등에도 레일바이크가 있지만 바다를 온전히 바라보며 달릴 수 있는 곳은 삼척이 유일하다.

만약 여름 휴가철에 삼척해양레일바이크를 타러 간다면 용화역과 그리 멀지 않은 장호어촌 체험마을에 들러보길 권한다. 이곳에서 투명 카누나 스노클링 같은 해양레저를 즐길 수 있다면 금상첨화. 한적한 작은 어촌이었다가 해양레저로 매년 대박을 치는 체험마을로 변모한 지 불과 몇 년 되지 않았다. 한여름엔 믿을 수 없을 만큼 엄청난 수의 체험객들로 넘쳐나는 이 마을은 한적한 비수기에 가더라도 후회하지 않을 이국적인 바다 풍경을 보여준다.

간밤부터 열심히 달려온 여행자의 첫날 나머지 시간은 삼척과 동해의 경계선에 있는 이사부 사자공원을 둘러보고 애국가에 등장하는 해돋이 못지않게 아름다운 추암 촛대바위의 해넘이도 감상하자. 그런 다음 삼척 시내로 나가 잠자리도 찾고 별미도 맛보며 느긋한 시간을 보내자. 삼척 여행의 교통편과 숙박, 맛집은 삼척 시내에서 시작되고 끝난다 할 정도로 대부분 시내에 몰려 있다.

동해 바다에는 사진가들의 로망을
실현시켜주는 멋진 풍경들이 많다.

삼척, 기차 여행의 로망

'탈 것의 로망'을 실현하는
기차 여행의 매력

마지막 날에는 환선굴, 대금굴을 중심으로 삼척 내륙을 돌아본다. 삼척종합버스터미널에 가면 환선굴 행 버스가 하루 5, 6회 있다. 환선굴까지는 1시간 30분가량 소요된다. 삼척 관광명소의 대명사인 환선굴에 비해 한참 뒤늦게 발견된 대금굴 모두 모노레일을 타고 동굴 입구까지 갈 수 있다. 광대한 스케일의 환선굴과 아담하지만 스펙터클한 대금굴은 같은 지역의 동굴인데도 느낌은 사뭇 다르다.

환선굴과 대금굴을 둘러본 후에는 탄광도시인 삼척의 정체성을 엿볼 수 있는 도계읍의 탄광촌을 둘러보자. 영화 〈꽃피는 봄이 오면〉에 등장했던 수연이네 언덕, 도계중학교 관악부 아이들이 연주하던 탄광촌, 실비집 등을 둘러보고 도계중학교에 들르면 지금도 관악부 아이들의 우렁찬 관악기 연주가 들려올 것이다. 이곳에서 3km쯤 떨어진 도계 유리마을에 들러 유리공방 체험을 하면서 기념품 하나쯤 만들어 보는 것도 좋은 추억이 된다.

삼척 여행의 대장정은 도계에서 출발하는 청량리행 무궁화호로 마무리 한다. 하루에 7회 정도 운행하는 이 기차의 막차를 타는 것으로 여행은 끝이 난다.

기차 여행은 맛으로 기억되는 추억이다.

삼척, 기차 여행의 로망

기차 여행 디자인하기

소개
삼척은 바다열차, 해양레일바이크 등 기차 여행을 즐기기에는 좋은 여행지이지만 서울에서 직접 가는 기차 편은 없다. 먼저 강릉으로 가는 기차를 타고 정동진에서 내려 그곳에서 시간을 보낸 후 바다열차를 타고 삼척으로 들어가야 한다. 일정에 여유가 있다면 동해 묵호역에서 내려 묵호항과 어시장을 둘러봐도 좋다. 삼척은 여행지가 산간 지역과 해변 지역에 흩어져 있어서 대중교통만으로 여행 동선을 짜기 쉽지 않지만 환선굴과 대금굴, 해양레일바이크 등 꼭 가보면 좋은 곳이 많다. 지도를 보며 여행지를 정하고 대중교통 시간표를 최대한 꼼꼼하게 챙겨 여행 계획을 짜보자.
삼척역 근처에는 숙소나 음식점이 별로 없기 때문에 다른 여행지로 이동하기 편리한 삼척종합버스터미널 근처에 숙소를 마련하는 것이 좋다.

명소
삼척해양레일바이크. 402p 환선굴. 404p 대금굴. 405p 도계 탄광촌. 412p 도계 유리마을. 413p 장호어촌 체험마을. 414p 덕풍계곡. 415p 묵호항. 416p 추암해변. 418p 무릉계곡. 419p
새천년해안도로. 삼척해수욕장에서 삼척항까지 이어지는 약 4km 해안도로
해신당공원. 재미있는 남근 조각들이 전시되어 있는 공원(033-572-4429)
임원항. 맛있는 횟집이 많은 조용한 항구
솔섬. 사진작가들의 발걸음이 끊이지 않는 아름다운 섬
묵호등대. 시원한 바다와 마을의 집들이 내려다보이는 명소
논골담길. 통영의 동피랑 벽화마을을 연상시키는 아름다운 길

맛집
장호항 회타운. 408p 여정식당. 409p 텃밭에 노는 닭. 410p 해변으로. 411p

교통
• 삼척 시내 → 삼척 해양레일바이크 : 23번, 24번 버스
• 삼척 시내 → 환선굴 : 60번 좌석버스

삼척, 기차 여행의 로망

기차 여행 디자인하기

소개
대중교통을 이용해서 삼척 여행을 제대로 즐기려면 교통이 편리한 삼척 시내에 숙소를 잡는 것이 좋다. 동굴 여행과 해양레일바이크 등을 즐긴 후 여유가 있다면 관동팔경의 하나인 삼척 시내의 죽서루와 동굴에 대한 이해를 돕는 삼척 세계동굴엑스포타운 등을 둘러보자. 항구를 따라 즐비한 횟집에서 저렴하고 싱싱한 회와 삼척 별미인 곰치국을 맛보면서 하루를 마무리하는 것도 좋다.
동해 시내는 삼척 시내로부터 약 10여km 밖에 떨어져 있지 않을 정도로 매우 가깝기 때문에 여유가 된다면 잠깐 짬을 내서 동해시의 대표 여행지인 묵호항과 어시장, 추암해변, 그리고 동해와 삼척의 경계에 위치하고 있는 이사부 사자공원까지 부담 없이 둘러볼 만하다. 자가용을 이용해 다닌다면 절벽이 그려내는 동해 바다 풍경이 아름다운 새천년해안도로 드라이브를 즐겨보자.

명소
바다열차. 400p
삼척항. 맛있는 횟집이 많은 고즈넉한 분위기의 항구
이사부 사자공원. 신라장군 이사부를 기리는 가족형 테마공원(033-570-3568)
삼척 세계동굴엑스포타운. 재미있고 신비한 동굴의 세계(033-574-6828)
죽서루. 절벽 위에 자리 잡은 아름다운 누각(033-570-3670)

맛집
바다횟집. 406p 예항막국수. 407p
삼척해물. 매콤한 해물찜이 맛있는 식당(033-574-6611)
동아식당. 곰치국과 별미 성게알비빔밥으로 가벼운 한 끼 식사(033-574-5870)
맛과 향이 있는 집. 문어요리로 유명한 맛집. 일명 문어집(033-575-0215)
부일막국수. 삼척 시민들 사이에서 소문난 막국수 전문점(033-572-1277)

교통
• 삼척종합버스터미널 : 삼척시 남양동 341(033-572-2085)
• 동해종합버스터미널 : 동해시 부곡동 88(033-531-3400)

삼척시내

삼척, 기차 여행의 로망

밤기차 여행의 로망
바다로 가는 기차

불현 듯 떠나는……
매일 똑같은 풍경과 사람의 숲을 벗어나
탁 트인 동해 바다로 향하는 기차는
낭만을 찾아가는 해방구.
정차와 전진을 반복하는 기차의 느린 흐름
간이역이 펼쳐내는 풍경의 변주는
바다에 이르러 마침표를 찍는다.

청량리, 강릉 구간은 단선이라 간이역이 많고 풍경도 다채롭게 펼쳐진다. 아쉽게도 밤기차를 타고갈 때는 볼 수 없지만 돌아오는 기차에서는 이런 풍경들을 만날 수 있다. 원주, 제천, 영월을 지나면서부터는 터널이 많은 산악 지역을 지나는데 영월 근처의 시멘트 공장, 태백의 탄광지대가 펼쳐지며 강원도가 국내 제1의 광업도시임을 새삼 깨닫게 한다. 급경사 구간을 극복하기 위해 개발한 나한정역과 흥전역 사이의 명물 스위치백은 솔안터널 개통으로 지금은 폐철로가 되었지만 2014년에 철도 체험형 리조트로 다시 부활한다고 한다. 동해역을 지나 묵호역 부근부터 시작되는 동해 바다는 망상역, 옥계역, 정동진역, 안인역까지 이어지며 지금까지 지나왔던 풍경과는 또 다른 시원함을 만끽하게 한다.

운영. 서울 → 강릉 07:10-23:15(1일 6-7회 운행), 약 5시간 30분 소요 **비용**. 일반실 20,000-23,000원 **문의**. 1544-7788(코레일)

삼척, 기차 여행의 로망

바다 풍경과 함께 달리는
바다열차

운영. 강릉 ↔ 삼척, 1일 2회 운행
(주말, 성수기 3회), 10:28, 14:10, 1시간 20분 소요
비용. 특실 1호 15,000원, 특실 2호 15,000원,
일반실 12,000원, 프러포즈실 50,000원
문의. 033-573-5474

바다를 즐기는 또 하나의 방법

스킨스쿠버가 헤엄치며

바다의 품속에서 노닐듯이

길고 네모난 또 하나의 바다 속에서

우리도 한 마리 물고기가 되어

저 망망한 쪽빛 바다와 함께 달리기를 한다.

강릉, 정동진, 묵호, 동해, 추암, 삼척해변, 삼척을 연결하는 바다열차는 58km 해안선을 따라 달린다. 전 좌석이 다 바다 쪽으로 배치되어 있어 통창 너머로 시원한 바다 풍경을 감상할 수 있다. 특히 망상해수욕장과 정동진, 안인항 구간이 하이라이트로 파도치는 바다를 달리는 기차 안에서 보는 맛이 짜릿하다. 개별석인 특실 1호와 커플석인 특실 2호 그리고 단체실인 일반실과 와인, 초콜릿이 제공되는 프러포즈실❶이 있으며 산뜻하고 발랄한 분위기의 기차 외관과 함께 바다 속처럼 꾸며진 내부가 바다열차의 분위기를 제대로 돋운다. 달리는 기차 안에서 빙고 게임도 하고 엽서 신청을 하면 사연 소개와 함께 신청곡을 들려주고, 틈틈이 모니터와 화면과 함께 강원도의 여행지들을 재미있게 소개해주어 지루할 틈이 없다. 승차권은 강릉, 정동진, 동해, 삼척역에서만 발매한다.

삼척, 기차 여행의 로망

네 바퀴 자전거의 낭만
삼척해양레일바이크

바닷가의 낭만 궤도

마치 그리운 누군가를 만나러 가는 듯 설레는 얼굴들
손을 뻗으면 금방이라도 닿을 듯한 바다가 지나간다.
솔숲사이 초록 바람도 느릿느릿 흐른다.
풍경은 속도를 붙들고
우리는 그 느린 풍경 속으로 기꺼이 들어간다.
네 바퀴를 힘차게 굴리며.

운영. 궁촌역 출발 08:30-16:10(주간), 18:10(야간) / 용화역 출발 08:40-16:20(주간), 18:00(야간), 1시간 소요 **비용.** 2인승 일반 20,000원(야간 22,000원) **문의.** 033-576-0656(궁촌레일바이크 정거장), 033-576-0651(용화레일바이크 정거장)

삼척해양레일바이크는 바다를 보며 철로 위를 달리는 네 바퀴로 된 자전거. 줄곧 동해 바다와 나란히 달리는 국내 유일의 해양레일바이크다. 궁촌역에서 용화역까지 5.4km 구간을 달리는 동안 파도 철썩이는 바다와 소나무 숲, 그리고 초곡 1, 2, 3 세 개의 터널을 지난다. 특히 두 번째로 지나는 초곡 2터널❶ 안은 장엄한 교양곡이 울려 퍼지는 가운데 휘황한 루미나리에와 LED조명, 레이저, 디오라마가 연출하는 판타지의 세계. 페달을 직접 밟아 전진하기 때문에 운동도 되지만 오르막 경사는 전기의 힘으로 스스로 굴러가기 때문에 힘들이지 않아도 된다. 해양레일바이크는 편도로만 운영하기 때문에 출발지까지는 셔틀버스를 타고가야 하며, 항상 많은 사람으로 붐비기 때문에 인터넷 예매는 필수다. 한편, 2014년 여름에 용화, 장호 간 해상로프웨이가 완공되면 바다 위에서 해안 절경을 감상할 수 있게 된다.

삼척, 기차 여행의 로망

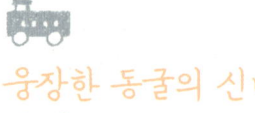

웅장한 동굴의 신비
환선굴

주소. 삼척시 신기면 환선로 800
운영. 08:30-17:00(하절기), 08:30-16:00(동절기)
비용. 입장료 어른 4,000원, 어린이 2,000원.
모노레일 요금 어른 5,000원, 어린이 3,000원
문의. 033-541-9266

○

신선으로 환생하다

뿌연 안개에 휩싸인 신비스러운 세상

지하로 스며든 무릉계곡 같은 환선굴

아득히 먼 옛날 도 닦으러

이 동굴로 들어간 스님

영영 세상 밖으로 나오지 않았다.

후세 사람들 이 동굴을 이르기를

'신선으로 환생한 굴'- 환선굴이라 한다.

1997년에 개방한 이래 누적 관광객 수가 천만 명을 넘는다는 웅장한 규모와 기묘한 모습의 동굴 생성물이 신비감을 자아낸다. 5억 3천만 년 전 고생대에 생성된 동양 최대 규모의 노년기 동굴로 총 길이는 약 6.2km지만 1.6km만 개방하고 있다. 15분쯤 걸어야 도착할 수 있는 환선굴 입구까지는 모노레일❶을 타고 갈 수 있다. 개방 이후 15년이 넘게 일반에 공개된 탓에 일부 훼손된 부분들이 있어 안타까움을 자아내지만 여전히 매력적인 모습을 간직하고 있다. 환선굴에서는 사진 촬영도 가능한데 어두운 동굴에서는 감도를 최대한 높여서 찍는 것이 실패 확률을 줄이는 방법.

❶

역동적인 태고의 풍경
대금굴

동굴은 살아있다
먼 태고의 단꿈을 꾸던 비밀의 동굴
억겁의 세월을 건너 나를 만나러 왔다.
수직으로 떨어지는 비룡폭포의 우렁찬 소리
아주 먼 옛날부터 그리워했던 그 누군가를
이곳에서 만난 듯 가슴을 두드린다.
그것은 첫 사랑의 두근거림이다.

은하철도 같은 모노레일❶을 타고 동굴 내부 140m까지 들어가는 대금굴은 삼척시에서 7년간의 노력 끝에 일반에 공개하게 된 보물 같은 존재. 총 연장 1.6km 중 793m만 개방하기 때문에 환선굴에 비해서 규모는 작은 편이지만 높이 8m의 비룡폭포를 비롯해 석순, 석주, 동굴 진주 등 동굴 생성물은 더욱 다양하다. 환선굴에 비해 좁고 가파른 계단을 오르내려야 하지만 그 수고로움을 충분히 보상해줄 만큼 역동적인 동굴 내부 풍경에 마음을 뺏기게 된다. 대금굴 홈페이지에서 예약이 필수이며 입장료에는 모노레일 요금이 포함된다. 사진 촬영 불가.

주소. 삼척시 신기면 대이리 189
운영. 08:30-17:00
비용. 어른 12,000원, 어린이 6,000원
문의. 033-541-9266

삼척의 맛집

삼척 곰치국의 원조
바다횟집

못생겨도 맛은 좋아
못 생겼다고 천대받던 곰치 이제는 '금치'가 되었다. 순두부처럼 흐물흐물한 살은 씹지 않아도 꿀꺽 넘어가고 입 안에서 절로 녹는다. 뜨거울 때 후루룩 마시고 땀 쭉 빼가면서 먹는 곰치국은 겨울철 해장국의 대명사다.

삼척항에 위치한 바다횟집은 시원한 곰치국으로 유명세를 타는 전국구 맛집. 여행 성수기엔 관광버스를 타고 내린 단체 관광객들이 문 밖으로 줄을 서는 광경도 드물지 않다. 곰치국의 생명은 '시원함'. 바다횟집은 생물 곰치와 삼삼하게 담근 묵은지로 곰치국을 시원하고 얼큰하게 끓여내는 삼척 곰치국의 원조집이다. 이제는 귀하고 비싸진 곰치지만 바다횟집에서는 알과 내장❶, 그리고 살을 푸짐하게 넣어주기 때문에 전국에서 찾아온 손님들로 북적거린다. 아침 해장 삼아 곰치국 한 그릇으로 시원하게 속을 풀고 하루 여행을 시작하자.

주소. 삼척시 정하동 41-9 **운영.** 07:00-22:00 **비용.** 곰치국 12,000원, 물회 12,000원, 회밥 12,000원, 도루묵찜 30,000-40,000원 **문의.** 033-574-3543

황금 비율의 면발
예향막국수

강릉 예향막국수의 레시피 그대로 만든 막국수가 맛있는 집이다. 오랜 세월 동안 손님의 입맛에 맞춰 메밀과 고구마 전분의 황금 비율을 찾아낸 면발은 주문 즉시 뽑아내 쫄깃하다. 그 면발 위에 감칠맛 나는 양념❶과 김 가루, 깨소금을 듬뿍 얹은 새콤달콤한 비빔막국수를 깔끔하게 삶아낸 수육과 함께 먹는다. 배춧잎과 부추를 듬뿍 넣어 부친 커다란 메밀전은 막국수 먹기 전에 동동주와 함께 안주로 먹으면 좋다. 화기애애한 분위기에 직원들의 친절한 서비스도 인상적이며 위생 면에서도 믿고 먹을 수 있어서 현지인들이 추천하는 맛집이기도 하다.

맛있는 막국수의 비밀
한 그릇 맛있는 막국수는 오랜 세월 손님의 입맛에 맞춘 노력의 결정판 즉석에서 뽑은 황금 비율의 면발은 쫄깃함을 더하고 잘게 다진 한우로 만든 고추장 양념을 얹었다. 육수를 약간 부어 깨소금, 김 가루와 함께 비벼먹으면 고소한 감칠맛이 솔솔 올라온다. 좋은 재료와 정성은 음식 맛이 말을 해준다.

❶

주소. 삼척시 원당동 93-7 운영. 11:00-21:00 비용. 물막국수 7,000원, 비빔막국수 7,000원, 메밀전 6,000원, 수육 25,000원, 꿩만두국 7,000원 문의. 033-574-2171

신선한 제철 활어회
장호항 회타운

다양한 어종의 활어 집산지인 장호항에서는 누구나 횟감을 쉽게 구입할 수 있지만 장호 앞바다를 바라보며 정갈한 한 상을 받는 것도 좋다. 장호항 포구의 중심에 위치한 깔끔한 외관의 장호항 회타운을 운영하는 사장님은 우연히 놀러온 장호항의 아름다운 풍경에 반해 그만 눌러앉아 음식점을 열게 되었다고. 매일 아침 경매로 구입한 자연산 활어만을 사용해 신선하고 맛깔 나는 메뉴를 내놓는다. 제철 활어회도 좋지만 횟감과 해삼에 살짝 얼린 시원하고 매콤한 양념장을 끼얹어 먹는 물회❶와 회덮밥 그리고 생선구이는 부담 없는 한 끼 식사로 그만이다.

항구의 별미
고깃배 드나드는 포구에서 막 내려진 펄떡이는 광어랑 우럭에 도다리에 도미를 숭덩숭덩 썰어 내놓는 찰진 회와 얼린 양념장 듬뿍 얹어 비벼먹는 물회와 회와 함께 쓱쓱 비벼먹는 회덮밥 한 그릇이면 세상 부러울 게 없다. 더구나 한국의 나폴리라는 예쁜 장호항에서라면.

주소. 삼척시 근덕면 장호리 3-1 **운영.** 11:00-22:00 **비용.** 모둠회 60,000-100,000원, 물회 12,000원, 회덮밥 10,000원, 생선구이 12,000원, 회무침 20,000원 **문의.** 033-575-2255

생대구탕의 명가
여정식당

생대구탕의 유혹
물 좋은 생대구로 끓인 시원한 생대구탕 화끈한 매운탕도 좋지만 맑은 탕은 한 수 위. 담백한 살에 덤으로 즐기는 머리와 내장 별 것 넣지 않아도 단맛이 나는 생대구탕은 해장하러 갔다가 낮잠을 하게 만든다.

싸고 푸짐한 회의 천국 임원항은 대구 낚시로도 유명한 항구. 이곳에서 갓 잡아 올린 대구에 콩나물을 듬뿍 넣은 시원한 생대구탕❶이 맛있기로 소문난 집이다. 재료가 워낙 신선해 주로 맑은 탕으로 내놓지만 손님이 원하면 맵게도 끓여준다. 조미료를 쓰지 않고 대구 자체의 시원한 맛을 내는 것이 맛의 비결로 생대구의 담백한 살과 시원한 국물은 술에 지친 속을 달래주는 해장국으로 손색이 없다. 착한 가격과 넉넉한 인심이 돋보이는 곳으로 소박한 식당의 분위기에서 왠지 모를 친근함이 묻어난다. 제철 오징어내장탕과 곰치국도 아는 사람들이 즐겨 찾는 메뉴.

주소. 삼척시 원덕읍 임원1리 136 **운영.** 05:00-20:00 **비용.** 생대구탕(1인분) 10,000원, 생대구탕 냄비 20,000-30,000원, 곰치국 10,000원 **문의.** 033-573-2070

삼척의 맛집

매콤한 태백식 물닭갈비
텃밭에 노는 닭

닭 한 마리를 맛있게 먹는 법
춘천에서는 춘천식 닭갈비
삼척에서는 태백식 물닭갈비.
고된 광부들의 하루를 위로해주던
태백식 닭갈비는 화끈함이 생명.
매콤한 닭갈비 살에
속이 후끈해지는 따끈한 국물
채소를 듬뿍 얹고 우동 사리까지 넣으면
든든한 한 끼 혹은 술안주로 그만이다.

'채소를 듬뿍 얹은 닭 요리'에서 모티브를 딴 상호 '텃밭에 노는 닭'은 태백식 닭갈비를 잘하는 도계읍의 맛집. 태백식 닭갈비는 원래 고된 하루 일과를 마친 태백의 광부들이 즐겨먹던 자극성 강한 닭갈비다. 춘천식 닭갈비가 자작하게 볶는 식이라면 태백식 닭갈비는 육수를 부어 전골처럼 끓여먹는 물닭갈비. 순한 맛과 매콤한 맛 두 가지 중에 선택이 가능한데 특히 매운맛은 카레와 후추, 마늘과 고춧가루를 넉넉하게 써서 매콤하고 강한 맛으로 입맛을 사로잡는다. 우동이나 라면 사리를 넣어 먹고 남은 국물에 밥을 쓱쓱 볶아❶ 먹으면 푸짐한 한 끼 식사가 완성된다. 착한 가격도 큰 매력.

주소. 삼척시 도계읍 도계1리 312 운영. 12:00-22:00 비용. 매운 닭갈비 7,000원, 순한 닭갈비 7,000원 문의. 033-541-9989

크리미한 바다의 맛
해변으로

어달항에서
작은 항구 어달항에는
성게알 품은 따끈한 칼국수와
마주할 수 있는
소박한 식당 하나 있다.
후루룩 국물을 들이키면
온몸에 퍼지는 그윽한 성게의 향
소박하지만 지친 마음을
위로하는 맛.
특별한 것이 먹고 싶을 때
찾으면 좋다.

국내산 수산물이 지천인 동해 묵호항 근처에는 회나 매운탕, 해물찜을 잘하는 음식점들이 많다. 하지만 흔한 메뉴가 아닌 뭔가 특별한 음식을 원한다면 어달항에 위치한 해변으로에서 성게칼국수나 성게비빔밥을 주문해보자. 동해안에 서식하는 말똥성게는 흔히 알이라 불리는 노란 성게 생식선❶의 맛과 향이 뛰어난데 귀한 만큼 가격도 만만치 않다고. 이 집의 대표 메뉴는 성게향이 물씬한 성게칼국수로 다시마와 무 등으로 우려낸 은은한 채소 육수와 채친 호박이 어우러지는 별미다. 성게알에 채소, 그리고 날치알을 함께 비벼 먹는 성게비빔밥도 맛있다.

주소. 동해시 어달동 9-5 **운영.** 11:00-19:00 **비용.** 성게칼국수 6,000원, 성게수제비 6,000원, 성게비빔밥 10,000원 **문의.** 033-533-5424

삼척 여행지

🚂 도계 탄광촌 시네마 여행

주소. 삼척시 도계읍 도계리

우리나라 최대의 무연탄 생산지이자 마지막 남은 몇 안 되는 탄광 중 하나가 있는 도계읍. 이곳을 배경으로 한 영화 〈꽃피는 봄이 오면〉은 강원도 탄광촌의 관악부 선생님과 아이들을 모델로 한 이야기다. 특히 영화 속의 명장면을 연출했던 산복도로 언덕의 공원, 비 맞으며 연주하던 탄광, 전국학생 관악경연대회에서 수상한 트로피와 상장이 진열되어 있는 도계중학교, 주인공이 자주 들르던 시장골목의 실비집이 그대로 남아 있다. 가슴이 따뜻해지는 잔잔한 이야기가 펼쳐지는 이 영화의 오래된 흔적들을 기웃거리다보면 탄광도시 삼척의 분위기도 느낄 수 있고 삼척이라는 도시의 여운도 길게 남을 듯.

도계 유리마을

석탄광산으로 유명한 도계읍 흥전리에는 폐석탄을 이용하여 만든 유리공예품을 감상하고 또 직접 유리공예 체험을 해볼 수 있는 유리마을이 있다. 16개의 공방과 전시관 그리고 판매장을 갖춘 이곳에서 만나는 신비스러운 유리공예품들은 석탄 폐석이 원료라는 것이 믿기지 않을 만큼 아름답다.

유리공예 작가들과 함께 녹은 유리에 바람을 불어넣어 컵을 만드는 블로잉❶, 모래를 뿌리고 갈아내 컵을 만드는 글라스 샌딩, 유리봉을 토치불로 가열해 작은 펜던트를 만드는 램프워킹❷ 등 체험을 끝낸 후에는 직접 만든 유리공예품을 기념품으로 간직할 수 있다.

주소. 삼척시 도계읍 흥전리 113-3
비용. 블로잉 35,000원, 글라스샌딩 10,000원, 램프워킹 10,000원
문의. 033-541-6259

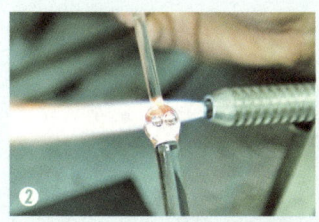
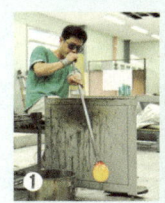

장호어촌 체험마을

맑고 깨끗한 바다 그 위로 힘차게 솟은 바위들이 만들어낸 협곡이 이국적인 장호마을은 외국 리조트에서나 보던 다양한 해양레저를 즐길 수 있는 곳이다. 매년 여름, 장호마을은 바다 체험을 즐기기 위해 들른 피서객들의 열기로 가득 차 평상시의 한가로운 풍경이 오히려 낯설어질 정도. 특히 이 마을은 물속이 훤히 들여다보이는 투명카누를 국내 최초로 도입해 매년 수십만 명의 체험객들이 찾아오는 '대박 어촌'의 주인공이기도 하다. 전망대에 올라가면 한눈에 펼쳐지는 장호항 풍경에 감탄사가 절로 나올 정도. 한적한 계절에 찾아가면 감동 게이지가 더욱 상승한다.

주소. 삼척시 근덕면 장호리 6-3 비용. 투명카누 2인 20,000원, 바다래프팅 8인용 50,000원, 스쿠버다이빙 1인 100,000원, 스노클링 1인 5,000원 문의. 010-7240-4432

덕풍계곡

〈1박 2일〉에 소개되어 관광객들의 발길이 잦아지기는 했지만 여전히 때 묻지 않은 원시의 비경을 고스란히 간직하고 있는 덕풍계곡은 우리나라에서도 손꼽히는 계곡 트레킹의 명소. 크고 작은 계곡과 3개의 용소를 품고 있는 용소골은 덕풍계곡의 하이라이트다. 걷다보면 계곡물에 발을 담그기도 하고, 철제 난간을 붙잡고 오르기도 하고, 때로는 바위에 박아놓은 밧줄에 의지해서 오르기도 하지만 계곡이 깊어질수록 파노라마처럼 펼쳐지는 진경산수에 힘들다는 생각 자체를 잊게 된다. 덕풍산장에서 제1용소까지는 2km, 제1용소에서 제2용소까지는 2.4km 정도인데, 트레킹하는 기분으로 걷는다면 대부분 제2용소까지 걸을 수 있다.

주소. 삼척시 가곡면 풍곡리 128-1
문의. 033-572-7378(덕풍산장)

삼척 여행지

묵호항

주소. 동해시 묵호진동
문의. 033-531-5891

만선으로 항구에 닻을 내린 고깃배와 활기찬 경매풍경을 구경할 수 있고 제철 해산물을 저렴한 가격에 구입할 수 있는 묵호항은 울릉도 가는 배가 뜨는 곳이기도 하다. 묵호항 어시장은 국내에서 잡은 자연산만 판매하는 곳으로 오징어, 대게, 활어 등을 이곳만큼 좋은 가격에 살 수 있는 곳도 드물 것이다. 최근에는 드라마 〈찬란한 유산〉의 촬영지였던 출렁다리와 묵호등대로 올라가는 골목길의 벽화가 아기자기한 논골담길을 보기 위해 젊은 여행자들이 많이 찾아온다.

통영의 동피랑 벽화마을을 연상시키는 이 벽화골목은 논골마을 주민들의 삶의 궤적을 때로는 해학적으로, 때로는 가슴 뭉클하게 기록하고 전달해주고 있어 오래 발길을 머물게 한다. 〈미워도 다시 한 번〉 등 여러 영화와 드라마에 등장한 묵호등대에서는 시원한 바다와 마을의 집들이 내려다보이고 출렁다리와 해안으로 이어지는 산책로가 있다. 최근에는 커피 전문점과 펜션이 들어서면서 카메라를 든 사진가들이 즐겨 찾는 젊음이 넘치는 여행지로 거듭나고 있다. 밤이면 조명이 바뀌면서 다양한 컬러로 물드는 묵호등대와 고요한 밤바다에 어룽대는 불빛을 감상하며 차 한 잔 해도 좋을 것이다.

추암해변

주소. 동해시 추암동 1-2

추암역은 벤치와 표지판이 전부인 소박한 간이역. 하지만 가까이에 호젓한 추암해변이 있어 이런 분위기를 좋아하는 여행자라면 인상에 남을 만한 역이다. 추암해변은 애국가에 등장하는 추암 촛대바위의 일출로 유명한 동해 일출 1번지로 '한국의 가볼만한 곳 10선'에 선정되기도 했다. 촛대바위 위에 걸린 해나 형제바위 사이로 뜨는 해를 카메라에 담기 위해 사진가들이 많이 찾는다. 촛대바위뿐 아니라 역동적으로 그 주변의 바위에 부딪히는 파도의 풍경과 근처의 오징어덕장. 무엇보다도 아직 때 묻지 않은 전형적인 작은 어촌의 분위기가 편안하면서도 낭만적인 느낌이다. 기차 여행을 즐기는 여행자라면 바다열차를 타고서 이곳에 내려 시간을 보내도 좋은 곳.

무릉계곡

주소. 동해시 삼화동 859
비용. 어른 2,000원, 어린이 700원
문의. 033-534-7306

드라마 〈바람의 화원〉, 〈황진이〉와 영화 〈달마가 동쪽으로 간 까닭은?〉 등 숱한 작품들의 무대가 된 무릉계곡은 계곡과 기암괴석, 그리고 폭포가 어우러져 선계에 들어선 듯한 은밀한 분위기를 자아낸다. 계곡 입구의 무릉반석은 무릉계곡의 상징. 수백 명이 앉아도 될 만큼 넓고 평평한 이 바위에는 김시습, 양사언 등 조선시대 시인 묵객들의 시가 새겨져 있어 오백 년 전 이곳에서 시를 짓고 화답하며 유유자적하던 선인들의 숨결이 고스란히 느껴진다. 입구의 무릉반석에서 최상류에 있는 이 계곡 최고 장관인 쌍폭포와 용추폭포까지 숨 돌릴 틈 없이 이어지는 진경산수는 영동 지역 최고라는 평.

🚂 삼척 낭만가도 드라이브

동해안의 비경을 제대로 감상하고 싶다면 바다 옆으로 이어진 낭만가도를 따라 드라이브 해보자. 낭만가도는 강원도 최북단의 고성에서 속초, 양양, 강릉, 동해, 삼척을 잇는 해안 절경이 빼어난 해안도로. 그 가운데 새천년해안도로와 옛 7번 국도를 따라 동해 바닷길을 달리는 동해, 삼척간의 51km 구간은 반드시 달려봐야 할 최고의 코스로 꼽힌다. 동해시와 이웃한 증산해변에서 시작해 사진작가 마이클 케나의 솔섬 사진으로 유명한 월천해변까지 이르는 구간으로 파도치는 바다와 크고 작은 포구들이 줄을 이으며 동해 바다의 매력을 유감없이 보여준다. 추암 촛대바위가 한눈에 보이는 증산해변 주변의 이사부 사자공원과 수로부인공원을 둘러본 후 이어지는 해안선을 따라 달리다 보면 삼척해변역, 새천년해안도로, 삼척항을 지나게 된다. 이후 근덕면 궁촌리에서 해양레일바이크와 나란히 달리다가 장호마을, 해신당공원, 임원항을 지나 남쪽의 월천해변 솔섬에 이른다. 특히 삼척해수욕장에서 정라항에 이르는 새천년해안도로는 '한국의 아름다운 길 100선'에 선정된 4km 정도의 길로 잠시 차를 멈추고 산책을 하거나 커피 한 잔 하면서 쉬어가기에도 좋은 포인트다.

이사부 사자공원
주소. 삼척시 증산동 4-1
운영. 09:00-22:00(하절기),
09:00-21:00(동절기),
연중무휴
비용. 무료
문의. 033-573-0561

해신당공원
주소. 삼척시 원덕읍
신남길 127
운영. 09:00-18:00(하절기),
09:00-17:00(동절기)
비용. 어른 3,000원,
어린이 1,500원
문의. 033-572-4429

#11

평창 초원 여행의 로망

green & white의 로망이 완성되는 곳, 평창

때로 초원에서 '알프스의 소녀 하이디'가 되어보는 꿈을 꾼다. 솜사탕 같은 구름이 둥실 떠 있는 푸른 하늘 아래 유유자적 풀을 뜯고 있는 양떼에게 건초를 주는 하이디가 되는 곳. 겨울에는 눈부신 설원 위를 나는 한 마리 새가 되는 곳. 푸르른 초원이면 초원인대로 순백의 설원이면 설원인대로 지쳤던 몸과 마음을 힐링하는 자연이 숨 쉬는 곳. 평창에서 green & white의 로망을 완성해보자.

초원에서 설원으로

○ 스위스의 마이엔펠트에 가면 하이디 마을이 있다. 이 마을에는 동화 속 하이디가 금방이라도 뛰어나올 것만 같은 푸른 초원 위, 하이디의 집이 있고 그녀의 방엔 그녀가 입었을 것 같은 귀여운 옷도 그대로 걸려 있다. 비록 동화 속의 주인공이지만 목가적인 생활을 하던 하이디의 흔적을 더듬으며 어른들은 순간이나마 세상의 번뇌를 잊는다.

스위스에 마이엔펠트가 있다면 우리나라엔 평창 대관령이 있다. 초록 융단이 쫙 깔린 목장에서 오물오물 풀을 뜯고 있는 양떼를 보면 '여기가 우리나라 맞아?' 하는 생각이 든다. 대관령의 목장들은 양떼가 있어서 더욱 친근감이 든다. 세 살짜리 아이는 겁도 없이 양에게 다가가 손을 내밀어 건초를 먹이고, 엄마에게 그러하듯 양에게 기대어보기까지 한다. 오물오물 건초를 먹는 푸딩 같은 양의 입술은 얼마나 귀여우며 손을 내밀면 움찔 겁을 먹고 뒷걸음질 치는 얼룩소의 커다란 눈은 또 얼마나 순진한가. 아이, 어른 할 것 없이 초원의 동물들 앞에선 모두 순한 양이 된다.

'초원'이라고 부를 만한 여행지가 흔치 않은 국내에서 대관령의 목초지는 특별한 존재감으로 다가온다. 목책으로 연결해놓은 산책로를 따라 느릿느릿 걷다보면 알퐁스 도데의 소설 《별》에 나오는 목동이 양떼를 몰고 휘파람이라도 불며 나타날 것 같다. 봄에는 들꽃이 만발하고 여름이면 바람에 출렁이는 초록빛 융단, 티 없이 맑은 하늘에 솜사탕처럼 둥실 떠 있는 흰 구름 그 아래 평화롭게 공존하는 양과 젖소들……. 우리가 목장에서 느끼는 이 한없는 평온함은 어쩌면 우리 무의식에 존재하는 파라다이스의 이미지가 그곳에 있기 때문은 아닐까.

평창, 초원 여행의 로망

푸른 초원이 눈으로 덮이는 겨울엔 또 다른 매력을 선사한다. 목장의 초원이 한 편의 동화 같다면 눈 덮인 능선은 한 폭의 수묵화 같다. 지난 계절의 흔적을 깨끗이 덮고 오로지 선으로만 표현되는 목장의 아름다움은 저마다 카메라를 손에 든 여행자들을 유혹한다. 생명의 초록과 순백의 하양, 그 두 가지 색은 대관령 목장의 이미지로 각인된다.

대관령의 목장들이 정적인 아름다움의 이미지라면 대관령의 스키장들은 동적인 젊음의 이미지다. 스키나 스노보드 마니아에게 설원은 넘어지기만 하다가 막 '감을 잡고' 미끄러져 내려가던 첫 주행의 추억일지도 모른다. 하늘을 나는 듯한 쾌감. 그것은 자유의 다른 이름이다.

그 설원이 초원으로 바뀌는 여름철에 곤돌라를 타고 정상에 올라가보면 스키장의 또 다른 얼굴을 만나게 된다. 눈 녹은 슬로프는 들꽃 가득한 언덕으로 부활하고 저 멀리 시선을 사로잡는 우뚝 선 풍력발전기들이 만들어내는 광활한 풍경은 가슴을 탁 트이게 한다. 바야흐로 계절을 가리지 않는 '스키장의 사계'가 여행자들을 향해 손짓하고 있다.

푸른 초원과 순백의 설원, 에너제틱한 즐거움과 고즈넉한 힐링이 공존하는 곳, 평창으로 떠나보자.

평창을 평창답게 만드는 것들

○　　　　　　해피 700 평창. 평창이 위치해 있는 해발 700m는 인간의 생체리듬에 가장 적합한 고도라고 한다. 그래서일까. 평창에 들어서면 공기부터 다르다는 걸 느끼게 된다. 그 가운데 산촌마을인 대관령면은 '평창을 평창답게 만드는' 그 모든 것들을 한데 모아놓은 종합선물세트 같은 곳이다. 목장들과 초원, 스키장과 눈밭, 황태덕장과 트레킹 코스들이 대부분 이쪽에 모여 있기 때문이다.

그 중에서도 '대관령의 알프스'라 불리는 대관령 양떼목장은 우리나라 여행자들이 최고로 꼽는 여행지. 아기자기한 초원의 능선과 그 위에 아담하게 선 오두막집이 그려내는 그림 같은 풍경의 양떼목장은 자타공인 '평창 로망 1번지'다. 대관령 양떼목장과 함께 평창 목장의 양대 산맥을 이루는 대관령 삼양목장은 광활한 600만 평의 초원에 설치된 거대한 풍력발전기 50여 대가 장엄한 풍경을 연출한다. 횡계리에는 대관령의 대표적인 두 목장에 비해 규모는 작지만 가까이에서 양들을 만날 수 있는 의야지 바람마을과 초원이 펼쳐진 목장길 트레킹이나 승마 체험을 할 수 있는 대관령 눈꽃마을도 있다.

목장과 더불어 평창을 평창답게 만드는 것은 뭐니 뭐니 해도 스키 리조트들이 아닐까. 겨울이 되면 폭설에 갇히곤 하는 대관령은 스노체인이 없으면 넘기 힘든 곳. 그러나 그 고개만 올라서면 그림 같은 설국이 펼쳐진다. 눈길 운전의 고생을 감수하고

평창, 초원 여행의 로망

서라도 꼭 가보고 싶은 설국 평창의 매력, 다른 도시에는 없는 평창만의 흡인력이다. 차가운 공기를 가르며 설원을 즐긴 후 땡땡 언 몸을 워터파크의 뜨끈한 온천수에 담그면 행복하다는 느낌이 파도풀처럼 밀려들 것이다. 덕장의 황태가 얼었다 녹았다 하며 맛있어지듯 여행자도 그렇게 건강해진다.
평창의 동쪽에 위치한 불교 성지 오대산과 그 품에 안긴 월정사, 그리고 근처의 한국자생식물원으로 이어지는 진부면 코스는 자연과 벗 삼아 고즈넉이 마음을 쉬어갈 수 있는 힐링 코스다. 전나무 숲길로 유명한 월정사에서의 고즈넉한 템플스테이, 진부면에서 조금 떨어진 봉평의 허브 향기 가득한 허브나라 농원, 메밀꽃 물결로 넘치는 봉평 이효석문화마을과 여름 계곡, 가을 단풍으로 유명한 흥정계곡 등 구석구석 돌아볼 곳이 많다.
그런가 하면 추울수록 더욱 재미나는 평창의 겨울 축제가 빠질 수 없다. 눈과 얼음 그리고 송어의 고장인 평창의 겨울을 가장 다이내믹하게 즐길 수 있는 것이 바로 대관령 눈꽃축제와 평창 송어축제다. 대관령 눈꽃축제에는 초대형 눈조각들과 스노모빌, 스노래프팅, 스노바이킹 등 다양한 탈거리, 그리고 평창 향토먹거리 등이 준비되어 있다. 대관령 눈꽃축제가 주로 눈을 즐기는 축제라면 평창 송어축제는 얼음을 즐기는 축제다.

한 폭의 수묵화 같은
대관령 양떼목장의 눈 덮인 능선

평창, 초원 여행의 로망

우뚝 선 풍력발전기들이 만들어내는
광활한 초원 풍경

얼음 위에 구멍을 내고 팔뚝만한 송어를 건져 올리는 송어낚시 뿐만 아니라 범퍼카, 스노래프팅, 전동바이크 등 얼음 위에서 즐길 수 있는 모든 것이 총집합되어 있다.
청정한 자연환경 속에서 길러낸 건강한 먹거리들이 많은 평창에는 별미도 많다. 황태와 한우, 산나물비빔밥, 메밀국수 등이 그렇다. 매서운 칼바람과 눈보라를 맞으며 신나게 추위를 즐기고 평창의 유명한 뜨끈한 황태국으로 언 몸을 녹여보자. 속이 확 풀리는 황태국은 온몸이 꽁꽁 얼었을 때 먹으면 더욱 맛있다. 산에서 직접 채취한 나물들과 감자나 메밀로 만든 강원도 음식들은 가공식품에 길들여진 도시인들이 쉽게 접하기 어려운 별미들이다. 투박하면서도 담백한 그 맛에 정이 들면 일상으로 돌아와서도 그 맛을 떠올리며 입맛을 다시게 된다.

건강한 여행, 건강한 먹거리들이 있어 '해피 700 평창'은 여행을 하고 돌아와도 며칠은 자연 속에서의 행복한 느낌이 오롯이 살아있는 그런 곳이다. 2018년 동계올림픽으로 인해 앞으로 더욱 볼거리, 즐길거리가 넘쳐나게 될 평창 여행은 일상에 지친 여행자의 심신에 활력을 불어넣게 될 것이다.

아이들의 천국, 양떼목장

대관령

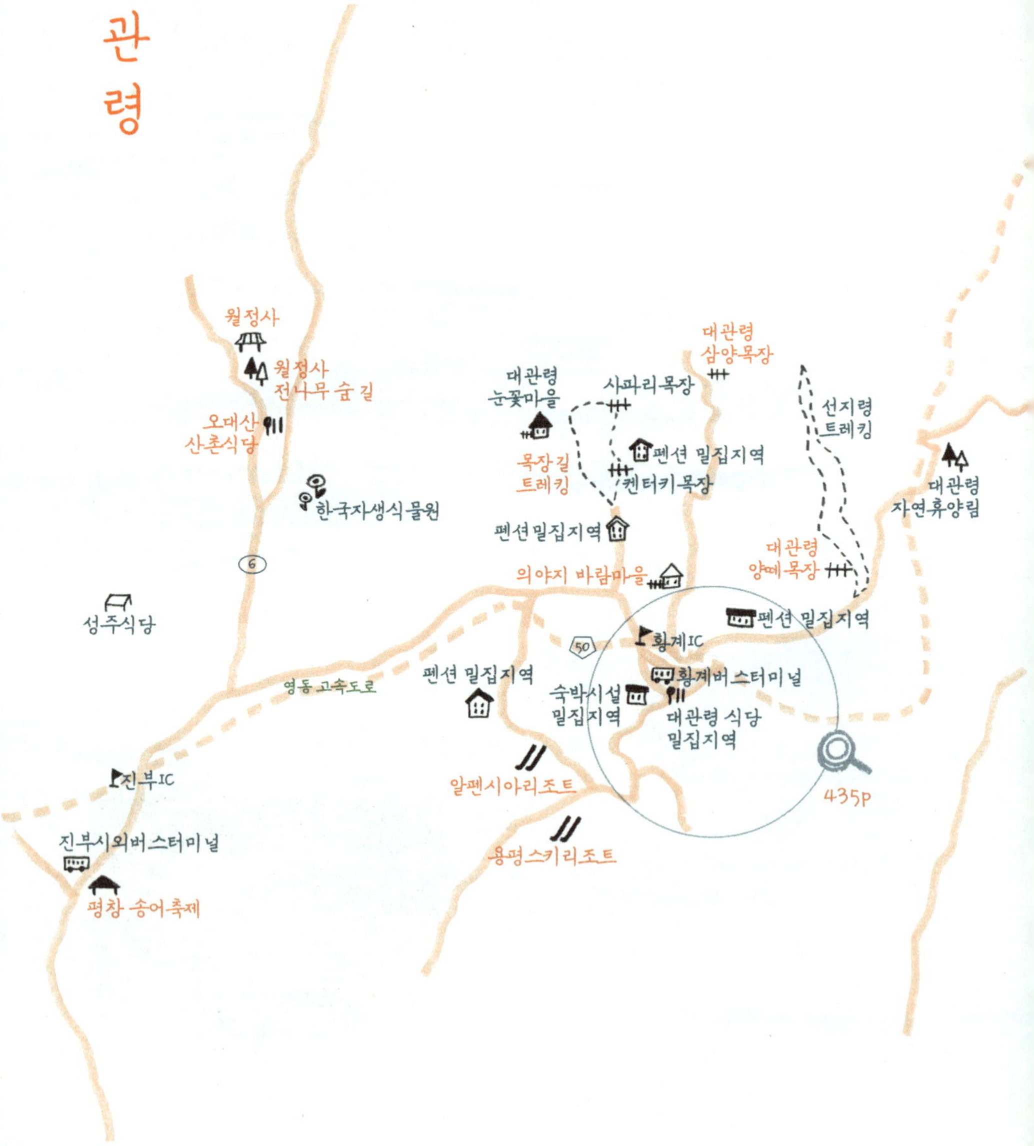
월정사
월정사 전나무 숲 길
오대산 산촌식당
한국자생식물원
6
성주식당
대관령 눈꽃마을
사파리목장
대관령 삼양목장
선지령 트레킹
목장길 트레킹
펜션 밀집지역
켄터키목장
대관령 자연휴양림
펜션 밀집지역
의야지 바람마을
대관령 양떼목장
펜션 밀집지역
50
횡계IC
횡계버스터미널
영동 고속도로
펜션 밀집지역
숙박시설 밀집지역
대관령 식당 밀집지역
435p
진부IC
알펜시아리조트
용평스키리조트
진부시외버스터미널
평창 송어축제

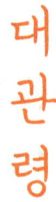

초원 여행 디자인하기

소개 대관령은 해발 800m 고원의 청정한 환경으로 인해 대관령 삼양목장과 양떼목장을 비롯해 크고 작은 초원들이 산재해 있어 산책 코스로도 트레킹 코스로도 손색이 없다. 겨울에는 다른 지역에 비해 눈이 일찍, 그리고 많이 내리기 때문에 용평스키리조트와 알펜시아리조트 등 우리나라의 대표적인 스키장에서 스키를 즐길 수 있고, 매력적인 겨울 축제도 구경할 수 있다. 1박 2일 일정으로 평창을 여행한다면 첫날은 대관령 삼양목장과 양떼목장, 목장길 트레킹 코스를 돌아보고 둘째 날은 월정사 전나무 숲길을 걷거나 봉평 지역의 허브나라 농원, 이효석문화마을을 여행하고 귀가하는 코스로 마무리하면 된다.

축제 평창 송어축제. 447p 짜릿한 손맛을 느낄 수 있는 얼음낚시 축제

명소 대관령 삼양목장. 438p 대관령 양떼목장. 440p 의야지 바람마을. 442p 목장길 트레킹. 444p 알펜시아리조트. 455p 용평스키리조트. 455p 월정사. 456p 월정사 전나무 숲길. 457p
대관령 눈꽃마을. 365일 즐거운 체험이 기다리고 있는 산속 체험마을(033-333-3301)
사파리목장. 한가롭게 산책할 수 있는 대관령의 숨은 명소(033-336-5675)
켄터키목장. 대관령 눈꽃마을에 있는 예쁜 펜션단지로 유명한 목장

맛집 오대산 산촌식당. 451p
성주식당. 곤드레밥으로 유명한 월정사 주변 맛집(033-335-2063)

교통 • 진부시외버스터미널 → 월정사 : 월정사, 상원사 방면 농어촌버스
• 문의 033-335-6307(진부시외버스터미널)

평창, 초원 여행의 로망

초원 여행 디자인하기

소개 대관령 시내와 그 근처에 음식점과 숙소들이 밀집되어 있기 때문에 이곳에서 숙소를 정하고 여행을 하면 된다. 서울에서 대관령면의 횡계시외버스터미널에 도착한다 해도 목장들로 가는 대중교통편이 없기 때문에 택시를 이용해야만 한다. 택시 요금은 편도 7,000-13,000원 정도인데, 돌아갈 때를 대비해서 콜택시 명함을 받아두어야 한다. 펜션을 숙소로 정하고 싶다면 양떼목장 주변이나 차항리 지역에 밀집해 있으므로 미리 예약을 하자. 대관령 눈꽃축제장은 횡계시외버스터미널에서 걸어서 갈 수 있는 거리다.

축제 대관령 눈꽃축제. 447p 우리나라에서 최초로 개최된 전통 겨울 축제

맛집 대관령황태촌. 448p 노다지. 449p 고향이야기. 450p
납작식당. 매콤하면서도 담백한 오삼불고기가 별미(033-335-5477)
황태회관. 황태구이로 유명한 횡계의 맛집(033-335-5795)

교통 • 횡계시외버스터미널에서 목장으로 가려면 택시를 이용해야 한다.
• 문의 033-335-5596(횡계택시), 033-335-5289(횡계시외버스터미널)

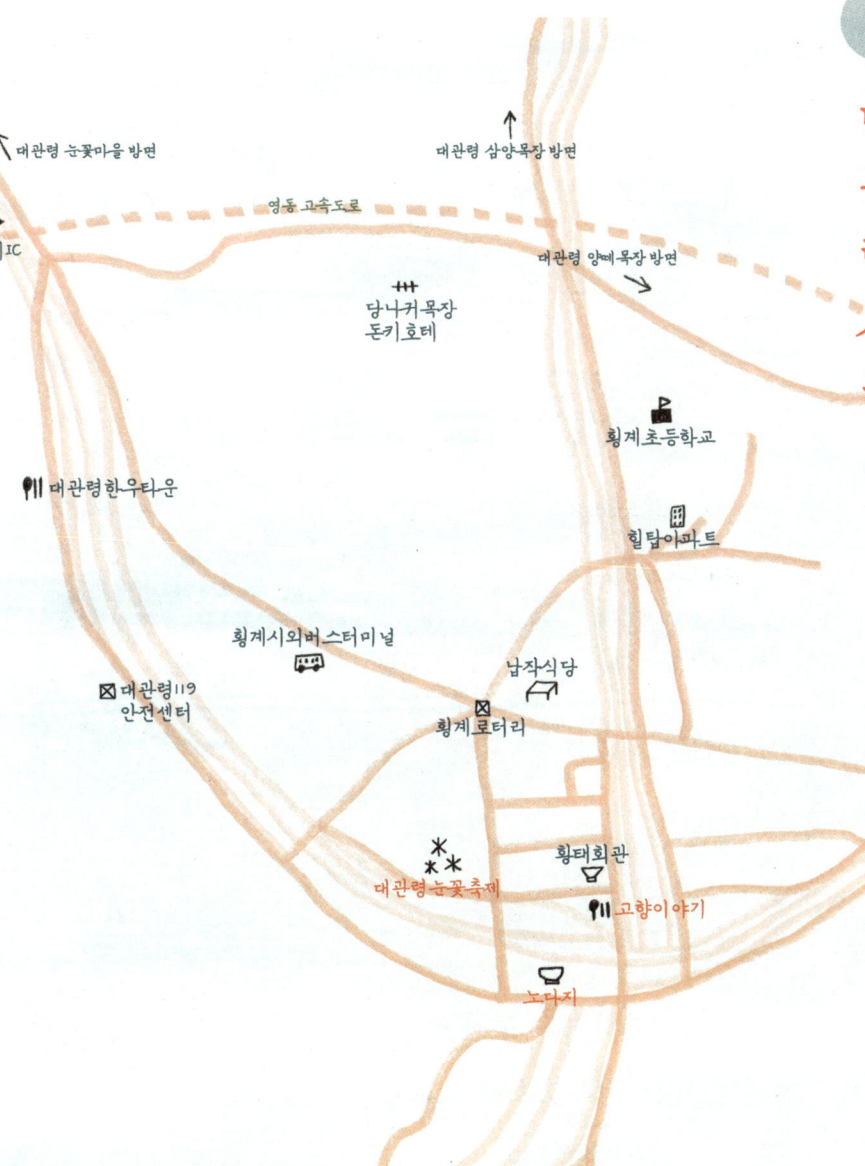

평창, 초원 여행의 로망

봉평

초원 여행 디자인하기

소개
대관령에서 봉평 지역으로 이동해서 여행하려면 횡계시외버스터미널에서 장평행 버스를 타고 장평시외버스터미널에서 하차하면 된다. 이곳에서 봉평 5일장이나 이효석문화마을이 있는 봉평 읍내로 가는 버스가 있지만 흥정계곡은 입구까지만 버스가 다니기 때문에 약 3.5km 거리에 있는 허브나라 농원을 가려면 택시를 이용하는 것이 좋다. 보광휘닉스파크 주변과 허브나라 농원이 있는 흥정계곡 주변은 펜션 밀집지역으로 이곳에 머문다면 픽업서비스를 받을 수 있다. 봉평은 메밀꽃축제로 유명한 곳이라 봉평면사무소 근처에 가면 막국수집이 많다. 봉평 5일장을 구경하고 잠시 들러 시원하게 막국수 한 그릇을 즐기자.

명소
보광휘닉스파크. 455p 허브나라 농원. 458p 이효석문화마을. 459p 봉평 5일장. 459p
무이예술관. 폐교를 활용해 예술가들이 꾸민 체험과 전시 공간(033-335-6700)
흥정계곡. 울창한 삼림과 시원한 계곡의 정취를 느낄 수 있는 명소

맛집
장평막국수. 452p 흔들바위. 453p
현대막국수. 40년 전통의 메밀 요리 전문점(033-335-0314)

교통
• 장평시외버스터미널 → 이효석문화마을 : 봉평, 무이예술, 시내 방면 농어촌버스
• 문의 033-332-4209(장평시외버스터미널)

평창, 초원 여행의 로망

**동양 최대의 초원
대관령 삼양목장**

○
하나의 점

가슴이 답답할 때 달려갈 수 있는

드넓은 초원이 있다는 것은 참 좋은 일이다.

느릿느릿 목책로를 걸어 동해전망대에 올라

바람을 안고 도는 장엄한 풍력발전기 아래 서보라.

가슴은 뻥 뚫리고

거대한 자연 앞에 선 나는

하나의 작은 점이 된다.

주소. 평창군 대관령면 횡계리 산1-107
운영. 08:30-17:30(계절에 따라 다름)
비용. 어른 8,000원, 어린이 6,000원
문의. 033-335-5044

해발 1,140m의 높이에 동양 최대인 600만 평 초원이 펼쳐져 있는 대관령 삼양목장은 시원스럽고 남성적인 풍경을 보여준다. 목장 입구부터 정상인 동해전망대까지는 총 4.5km. 봄부터 가을까지는 셔틀버스가 정상까지 운행하며, 내려오는 길에는 젖소 방목장, 양 방목장, 연애소설 나무, 야생화 군락지 등을 거친다. 정상에 오르면 웅장한 굉음을 내며 도는 풍력발전기를 만날 수 있는데 구름 낀 날이라면 맑은 날엔 느끼지 못했던 묘한 경외감이 들 것이다. 맑은 날 동해전망대에 오르면 동해 바다와 강릉, 그리고 백두대간의 산줄기가 한눈에 보여 이곳이 해발 1,000m가 넘는 고원지대임을 실감나게 한다. 이 목장은 또 〈가을동화〉, 〈베토벤 바이러스〉, 〈연애소설〉, 〈태극기 휘날리며〉 등 크게 히트했던 드라마와 영화의 촬영지❶로도 유명하다. 그리고 겨울에는 수백만 평의 설원을 따라 눈길 트레킹을 즐기는 여행자도 많다. 얼룩소와 양떼, 타조 방목장이 있어서 동물을 좋아하는 여행자라면 기쁨 두 배.

❶

평창, 초원 여행의 로망

강원도 여행 1순위
대관령 양떼목장

고운 선

푸른 초원 위 한가롭게 풀을 뜯는 양떼들이
평화롭고 정겨운 것은
아기자기한 목책들이 그려내는 아름다운 선
끊어질 듯 이어지는 아름답고 풍만한 능선
스케치북에 연필로 그린 듯
비우고 또 비운 여백의 아름다움이 있기 때문이다.

주소. 평창군 대관령면 횡계3리 14-104 운영. 09:00-17:00 비용. 어른 4,000원, 어린이 3,500원 문의. 033-335-1966

대관령 양떼목장은 강원도 여행의 검색 순위 1위를 꾸준히 유지할 만큼 여행자들이 한 번쯤 가보고 싶어 하는 곳이다. 사진 찍기에도 좋은 곳이라 계절을 가리지 않고 출사지로 인기가 높다. 특히, 눈 덮인 목장의 언덕이 그려내는 아름다움은 '설경 1번지'로 꼽힐 만큼 사랑받고 있다. 삼양목장처럼 규모가 크지 않아 아기자기한 느낌을 주며 가볍게 산책을 즐기기에도 그만이다. 영화 〈화성으로 간 사나이〉 촬영지였던 능선 중간쯤에 있는 오두막❶은 이 목장의 화룡정점. 양떼목장 티켓은 먹이주기 체험료로 대신하는데 건초 한 바구니를 받아 양들에게 먹이면서 즐거운 시간을 보내게 된다. 목장이 아니면 양을 보기 힘든 우리나라에서 직접 양에게 건초를 먹이는 체험은 아이, 어른 할 것 없이 즐거운 동심의 세계로 돌아가게 한다. 3월 중순부터 4월 중순 사이의 평일에는 양털을 깎는 이색적인 풍경도 볼 수 있다.

평창. 초원 여행의 로망

겨울 레포츠의 천국
의야지 바람마을

주소. 평창군 대관령면 횡계리 141
운영. 09:00-17:00
비용. ATV 10,000-50,000원, 치즈 만들기 50,000원,
아이스크림 만들기 6,000원, 천연비누 만들기 6,000원
문의. 033-336-9812

바람마을
대관령 청정고원에 펼쳐진
하늘 아래 첫 동네
세상 어디보다 눈꽃이 먼저 도착하는 바람마을은
아기양의 울음소리로 아침을 연다.
바람마을 아기 양을 키우는 것은 건초가 아니라
바람과 햇살, 별빛과 달빛이다.

해발 750-800m 대관령 최정상에 자리한 산골마을인 의야지 바람마을은 그 어느 곳보다도 눈이 일찍 그리고 많이 내리는 마을이다. 고랭지 농사를 지으며 사는 이 마을엔 현재 연간 12만 명의 내외국인 관광객들이 찾는데 그중 30% 정도가 외국인일 만큼 내실 있는 체험프로그램을 운영하고 있다. 작은 규모라서 더욱 양과 가까이 놀 수 있는 양 목장에서는 건초 주기, 양털 깎기 체험을 할 수 있으며, 치즈, 아이스크림, 양초, 천연비누 만들기 등 아기자기한 체험도 즐길 수 있다. 동적인 체험을 좋아한다면 ATV는 어떨까? 연습 코스부터 농로 코스, 험로 코스, 자유 코스 등 난이도에 따라 코스를 바꿔가며 사륜 오토바이를 즐길 수 있다. 젖소에서 바로 짜낸 가공하지 않은 원유를 이용해 인도식 치즈를 만드는 치즈 만들기 체험❶도 인기. 겨울에는 눈썰매, 스노래프팅, 스노 ATV 등 눈이 많이 내리는 마을의 자연적인 환경을 그대로 체험프로그램으로 녹여내고 있다.

평창, 초원 여행의 로망

목장길 따라 산길 걸으면~
목장길 트레킹

대관령 눈꽃마을
주소. 평창군 대관령면 차항2리 316
문의. 033-333-3301

목장길 따라
푸른 초원과 구불거리는 흙길,
능선에 한 그루 나무
목장길 따라 이어지는 능선에서 능선으로
느린 걸음으로 걷다보면
울타리를 넘어온 양들이 뒤따르고
나는 풀피리 부는 목동이 된다.

대관령 삼양목장이나 양떼목장처럼 잘 알려진 곳 말고, 좀 호젓한 목장길을 산책하고 싶다면 대관령 눈꽃마을 목장길을 권한다. 이 길은 대관령 바우길 2구간인 고원마루길과 약간 겹치긴 하지만 그보다는 훨씬 짧고 완만한 산책길이다. 하지만 계절마다 다른 운치와 해발 1,000m에서 내려다보는 대관령 삼양목장의 풍력발전기들과 선자령, 태기산과 오대산, 발왕산, 황병산의 파노라마❶는 목장길 산책의 참맛을 제대로 느끼게 해준다. 차항리 대관령 눈꽃마을의 켄터키목장에서 시작하여 사파리목장, 고원목장, 설목장을 거쳐 다시 대관령 눈꽃마을로 돌아오는 약 8km 거리의 1시간 30분 코스로 입장료가 필요 없어 더 즐겁다. 켄터키목장 안에는 펜션 단지가 있어서 이곳에 머무르며 대관령만의 정취를 즐겨도 좋고 승마 체험이나 ATV 체험을 할 수 있다. 사파리목장에서는 조랑말, 당나귀, 미니홀스, 산양 등 목장의 동물들도 만날 수 있어 목가적인 정취를 더한다. 겨울에 제철을 맞는 대관령 눈꽃마을에선 튜브를 타고 눈밭을 스릴 있게 미끄러져 가는 봅슬레이 눈썰매와 스노래프팅, 눈길 트레킹을 비롯해 코뚜레 투호놀이, 코뚜레 만들기 등 재미있는 체험을 즐길 수 있다.

평창, 초원 여행의 로망

추워야 더 즐거운
평창 겨울 축제

○ 녹지 않는 추억

평창 여행은 추워야 제맛이다.

얼음구멍 속 송어랑 기 싸움하는 송어축제

거대한 눈 조각 별천지 눈꽃축제.

이한치한, 추위를 추위로 다스리는 재미가 있고

추울수록 더욱 뜨거워지는 요상한 겨울 축제

행복한 순간의 추억은 결코 녹지 않는다.

1월에 열리는 평창 송어축제와 대관령 눈꽃축제는 평창을 대표하는 축제들이다. 평창은 우리나라 최초이자 최대 송어 양식지. 해마다 얼음이 꽁꽁 어는 1월이 되면 송어축제장은 빼곡히 들어선 오색의 텐트와 얼음낚시를 즐기는 사람들로 발 디딜 틈이 없다. 얼음 위에 구멍을 뚫고 낚싯대를 움직여가며 송어를 낚아채는 송어낚시❶는 짜릿한 손맛이 그만. 송어 자체가 찰지고 맛이 좋아 즉석에서 회로 먹거나 매운탕, 구이, 튀김 등으로 먹는다. 송어낚시 외에도 눈 체험 시설과 얼음 체험 시설 등 10여 가지 놀이 체험이 있어서 하루 종일 놀다가 지칠 정도. 한편, 대관령 눈꽃축제는 우리나라에서 최초로 개최된 겨울 축제. 이 축제의 대표적인 볼거리는 국내외 초청 작가들의 눈과 얼음조각 작품들. 해마다 새롭고 트렌디한 작품들이 등장해 방문객들의 셔터 세례를 받는다. 말이 끄는 눈썰매와 스노봅슬레이, 얼음썰매, 눈썰매 등의 체험을 즐길 수도 있고 이글루에서 이색적인 하룻밤을 보낼 수도 있다.

평창 송어축제 주소. 평창군 진부면 하진부리 325 진부시외버스터미널 앞 **운영.** 매년 1월 중 개최 **비용.** 텐트낚시 20,000원, 얼음낚시 13,000원, 송어맨손잡기 15,000원 **문의.** 033-336-4000(평창 송어축제위원회)
대관령 눈꽃축제 주소. 평창군 대관령면 횡계리 일원 **운영.** 매년 1월 중 개최 **비용.** 눈썰매 5,000원, 스노봅슬레이 5,000원, 얼음썰매 5,000원 **문의.** 033-336-6112(대관령 눈꽃축제위원회)

평창의 맛집

평창 황태 요리의 명가
대관령황태촌

대관령 황태로 유명한 평창 여행길에 꼭 맛봐야 하는 황태 요리. 대관령황태촌은 현지 주민들이 추천하는 황태 요리 전문점이다. 크고 두툼한 황태❶만 골라서 뼈와 머리 부분은 국물내기용으로, 몸통 부분은 황태찜이나 황태구이로 쓴다. 고추장 양념에 일주일간 숙성시킨 황태구이, 진한 황태 국물이 시원하게 속을 풀어주는 황태국, 그리고 콩나물을 듬뿍 얹어 매콤하게 쪄낸 황태찜 등 모든 음식이 다 정갈하고 맛있다. 애피타이저로 나오는 철판 두부부침도 입맛 돋우는 별미.

황태국
생태는 한겨울 눈 속에서 얼었다 녹았다
매서운 추위 견디며 안으로 깊고 구수한 맛을 품는다.
이런 황태라야 '더덕북어'라는 칭호를 얻는다.
부들부들하고 구수한 더덕북어 잘게 찢어 황태머리 푹 곤 국물에 넣고 뽀얗게 우러날 때까지 끓인다.
추운 겨울 뜨끈한 한 그릇 황태국 들이킨 사람들 저마다 발그레한 볼로 한껏 행복해져 돌아간다.

주소. 평창군 대관령 송전길 14 운영. 06:00-20:00 비용. 황태구이정식 12,000원, 황태국 7,000원, 황태찜 25,000-40,000원 문의. 033-335-8885

대관령이 탄생시킨 오삼불고기
노다지

오삼불고기
신선한 삼겹살은
얇게 저며서 야들야들하게
싱싱한 오징어는
도톰하게 썰어서 씹는 맛이 있게
거기 어머니가 손수 담근 고추장에
방앗간 기계를 돌려 손수 짠
참기름에 고추기름에
맛있는 고랭지 채소를 깍둑 썰고,
채 썰고, 무쳐낸다.
진짜 맛있는 재료를
정성어린 손맛으로 요리해낸
오징어와 삼겹살의 조화

허영만 화백의 《식객》 21편에 황태찜과 구이를 잘하는 곳으로 소개된 맛집이다. 2004년에는 오삼불고기로 맛집 프로그램 〈결정! 맛대맛〉에 출연하기도 했다. 야들야들한 삼겹살에 도톰한 오징어, 집 고추장, 고추기름, 마늘 등 갖은 양념을 하여 사흘 동안 냉장고에서 숙성시킨다. 유난히도 고소한 참기름은 노다지 전용 방앗간에서 직접 짠 것. 반찬도 직접 키운 채소들로 해서 내놓는다. 오삼불고기는 텁텁하지 않고 맛있게 매운 맛으로 남은 국물에 밥을 볶아먹으면 더욱 맛있다.

주소. 평창군 대관령면 횡계리 345-40 운영. 09:00-21:00 비용. 오삼불고기 12,000원, 볶음밥 2,000원, 황태구이정식 12,000원, 곤드레밥 9,000원 문의. 033-335-4448

평창의 맛집

강원도의 대표 별미 곤드레밥
고향이야기

맛있는 밥 한 끼
뜨끈뜨끈한 돌솥밥 뚜껑을 열자
곤드레나물 향기가 훅 하고 피어난다.
그 속에 푸릇푸릇한 곤드레나물,
돌솥 안은 언제나 봄이다.
양념장으로 비벼 파래김을 싸먹는다.
강원도 곤드레나물과 전라도 파래김,
울릉도 취나물이 한 상에 올랐다.
슴슴한 나물 반찬, 최소한의 양념
속이 편안한 엄마 밥 같은
맛있는 밥 한 끼

한우 전문점이자 곤드레돌솥밥이 맛있는 집이다. 강원도 향토 음식인 곤드레밥을 돌솥에 고슬고슬하게 지어 완도 파래김에 싸먹는다. 이 집의 곤드레밥은 생생한 초록빛과 특유의 향기가 살아있는 곤드레나물❶이 특징이다. 높은 열로 조리했는데도 초록빛이 그대로 살아있는 이유는 손질하자마자 영하 38도로 급랭시키기 때문. 입구에 진열된 말린 곤드레와 황태는 질 좋은 평창 특산물. 실내에 김연아, 이봉주 선수와 함께 찍은 사진도 걸려 있어서 눈길을 끈다.

주소. 평창군 대관령면 횡계리 348 운영. 11:00-20:00 비용. 곤드레돌솥밥 10,000원, 엄나무돌솥밥 12,000원, 곤드레등심해장국 10,000원, 생등심(1인분) 39,000원 문의. 033-335-5430

순도 100% 자연 산나물 밥상
오대산 산촌식당

오대산 산촌식당에서는 질 좋고 향기 좋기로 유명한 오대산 산나물만 쓴다. 월정사 입구에는 산채 전문점만 수십 군데가 되는데 공통적으로 들기름으로 버무린 산나물 반찬에 된장국, 그리고 더덕구이 등으로 구성된 산채 밥상을 내놓는다. 30년 전통의 오대산 산촌식당이 그 중에서도 특별한 이유는 나물이면 나물, 된장국이면 된장국, 장아찌면 장아찌, 하나하나가 다 맛깔스럽기 때문이다. 게다가 정갈한 도자기 그릇으로 세팅한 밥상만 봐도 귀한 손님으로 대접을 받는 듯한 정성이 느껴진다.

산나물비빔밥
입맛이 껄끄러운 날
오대산 산나물 생각에 침이 고인다.
부드러우면서 사각거리고
씁쓰레하면서 단맛이 나는
이율배반적인 맛.
두릅, 고사리, 냉이,
황기순, 곤드레, 다래순,
취나물, 가시오가피순,
곰취, 뽕잎, 공채, 산마늘
해마다 봄이 되면 식당 안마당도
오대산 산나물로 가득하겠지.
오대산 정기 먹고 자란
산나물 썩썩 비벼먹으면
집 나갔던 입맛이 되돌아올 텐데.

주소. 평창군 진부면 동산리 17-5 월정사 입구 운영. 08:00-19:30 비용. 산채정식(2인 이상) 15,000원, 산채비빔밥 8,000원, 감자전 8,000원 문의. 033-333-5585

평창의 맛집

봉평식 메밀막국수의 지존
장평막국수

장평시외버스터미널 입구에 위치해 있어 찾아가기 쉬운 장평막국수는 메밀의 고장 봉평의 명물 메밀막국수를 맛볼 수 있는 집이다. 비벼먹거나 육수를 따로 붓는 춘천막국수와 달리 봉평식은 육수에 메밀국수가 담겨 나오는 스타일. 메밀가루와 밀가루, 전분의 비율을 잘 맞춰 뚝뚝 끊어지지 않고 적당히 쫄깃한 면발도 맛있지만 과일과 배, 양파 등의 채소, 그리고 간장으로 간을 맞춘 새콤하면서도 시원한 육수가 압권. 맛집 프로그램 〈결정! 맛대맛〉에 출연한 막국수로도 유명하다. 김치만두처럼 매콤한 양념이 가득 들어 있는 메밀전병도 별미.

국수의 왕
냉면처럼 쫄깃하지도, 쫄면처럼 매콤하지도 않은 막국수 새콤달콤매콤 쌈박한 맛이 아니라 어찌 보면 심심한 맛 탱탱하다기 보단 투박한 갈색 면발이지만 여름날 살얼음 동동 띄운 시원한 과일 육수와 만나면 국수 중의 왕이다. 콩국수도 울고 갈 메밀의 구수하고 담백한 맛과 과일 육수의 환상적인 궁합이다.

주소. 평창군 용평면 장평리 348-3 운영. 09:00-20:00 비용. 메밀막국수 6,000원, 메밀비빔국수 6,000원, 메밀묵무침 8,000원, 메밀전병 5,000원 문의. 033-332-0033

태기산이 선물한 자연주의 밥상
흔들바위

자신감
흔들바위 메뉴판엔 오직 황태더덕산채정식 한 가지뿐이다. 노리끼리하게 잘 마른 대관령 황태 살짝 불려 향기 좋은 오대산 더덕을 섞어 고추장으로 버무리고 봄날 태기산에서 채취한 산나물에 맛난 들기름 한 방울 떨구어 엄마의 손맛으로 주물러낸다. 세상에 이보다 더 맛있는 음식이 있을 수 없다는 자신감의 표현.

생방송 금요와이드 〈사유리의 식탐여행〉에 평창의 대표 맛집 중의 하나로 소개되었다. 통통하게 살이 오른 황태는 맛있게 매운 맛으로, 쌉싸래한 더덕과 환상적인 조합을 이룬다. 봄에 주인장이 직접 채취한 곰취, 얼레지, 곤달비, 청옥 등 수십 가지의 산나물에 직접 짠 들기름과 약간의 소금만 넣고 버무리거나 볶아낸 반찬들은 나물의 맛과 향이 그대로 살아있다. 강원도식 막장을 이용해 끓여낸 된장찌개도 입에 착착 붙는다. 먹을수록 더욱 건강해지는 자연주의 음식 철학에 손맛과 정성을 더해낸 음식들이다.

주소. 평창군 봉평면 무이리 837 운영. 10:00-20:00 비용. 황태더덕산채정식 (1인) 17,000원 문의. 033-334-6788

평창 스키장

2018년, 세계의 이목을 한눈에 받게 될 동계올림픽이 열리는 알펜시아리조트, 용평스키리조트, 보광휘닉스파크는 동계올림픽 전용 경기장을 직접 체험해볼 수 있는 평창 스키리조트의 핵심. 개회식과 폐회식이 열리게 될 알펜시아리조트에는 영화 〈국가대표〉의 실제 촬영 무대였던 스키 점핑타워❶가 있고 스키와 눈썰매, 워터파크인 오션 700, 알파인 코스터를 즐길 수 있다. 자타가 공인하는 국내 겨울 스포츠의 메카인 용평스키리조트는 가족 단위 여행자들이 선호하는 곳. 최대, 최장의 슬로프에서 즐기는 스키뿐만 아니라 워터파크와 스파를 동시에 즐길 수 있는 피크아일랜드, 마운틴 코스터 등 다양한 시설이 있으며 해발 1,458m의 발왕산 정상에 올라가서 내려다보는 백두대간 능선이 압권이다. 보광휘닉스파크는 스노보더를 위한 하프파이프, 테이블탑 등이 설치된 스노보드 파크와 익스트림 파크가 있어 익사이팅한 스노보드와 프리스타일 스키를 즐기는 젊은이들의 아지트로 각광받고 있다.

알펜시아리조트
주소. 평창군 대관령면
용산리 225-3
문의. 033-339-0000

용평스키리조트
주소. 평창군 대관령면
용산리 130
문의. 033-335-5757

보광휘닉스파크
주소. 평창군 봉평면
면온리 1095
문의. 033-330-3000

월정사 & 템플스테이

오대산의 중심 사찰인 월정사는 사계절 내내 푸른 침엽수림에 둘러싸여 고즈넉한 아름다움을 띠는 천년고찰이다. 월정사를 품고 있는 오대산은 예부터 불교 성지로 신성시해온 산. 선덕왕 14년에 자장율사에 의해 창건된 이후 근대의 탄허 스님에 이르기까지 이름난 선지식이 머물던 곳이기도 하다. 월정사 템플스테이는 외국인들에게도 인기가 많은 프로그램. 새벽 4시에 이루어지는 새벽 예불과 발우공양, 스님과 함께 전나무 숲길을 걷는 명상 체험, 스님과의 다담, 108배를 하며 염주를 하나씩 꿰는 참선, 하루를 마감하는 저녁 예불 등의 수행을 통해 온전한 나를 찾고 재충전하는 시간을 갖게 된다.

주소. 평창군 진부면 동산리 63 비용. 입장료 어른 3,000원, 어린이 500원, 주말 체험형 템플스테이 어른 60,000원, 어린이 40,000원 문의. 033-339-6800(월정사), 033-339-6606(템플스테이)

월정사 전나무 숲길

월정사 일주문에서 대웅전에 달하는 1km 길을 따라 하늘을 향해 쭉쭉 뻗은 전나무들이 도열해 있는 전나무 숲길은 '우리나라에서 가장 걷고 싶은 길' 중 하나이자 2011년 '아름다운 숲' 최고상을 수상한 길이다. 부안 내소사, 남양주 광릉수목원과 더불어 한국 3대 전나무 숲길 중 하나로 울창한 나뭇잎이 하늘을 가릴 정도로 무성한 숲길을 걷다보면 그 청정한 기운에 심신이 정기로 가득 차는 느낌이 든다. 여름이면 초록 그늘을 드리우고 한겨울에는 눈을 가득 인 순백의 산책길이 연출되는 이 길은 한적할 때 걸어야 제맛. 숲의 향기 속에서 새소리를 들으며 월정사까지 자박자박 걷다보면 그저 깃털처럼 가볍게 살아야 한다는 것과 이 순간이 축복이란 생각이 저절로 들면서 마음을 비우게 될 것이다.

주소. 평창군 진부면 동산리 63
문의. 033-339-6800

허브나라 농원

흥정계곡을 흐르는 물소리가 백그라운드 뮤직이 되는 허브나라 농원은 복합 문화공간이다. 중세 가든을 시작으로 셰익스피어 가든, 팔레트 가든 등 조형물과 어우러진 아홉 가지 테마 가든을 만나게 된다. 그리고 허브박물관 '향기의 샘'에 가면 허브의 역사, 세계의 허브, 허브 이용법, 아로마테라피 등 허브의 모든 것을 한 번에 배울 수 있다. 다양한 종류의 허브로 가꾼 별세계에 심취하다 보면 허브에 대해 더욱 깊이 있게 알고 싶어질 듯하다. 허브박물관 외에도 독특한 두 개의 공간이 있으니 터키의 민속공예품으로 꾸며진 터키박물관과 70, 80년대 추억의 잡지와 만화를 한데 모은 만화갤러리가 그것이다. '허브'라는 한 가지 테마로 가든, 박물관, 공예관, 생활관, 레스토랑, 베이커리, 카페, 펜션 등 이렇게 다양한 이야기를 만들어낼 수 있다는 것이 신기할 정도. 게다가 터키와 추억의 만화까지 더해지니 이곳만 둘러봐도 하루가 짧다.

주소. 평창군 봉평면 흥정계곡길 291-42
운영. 08:30-18:30(5월-10월), 09:00-18:00(11월-4월)
비용. 어른 7,000원, 어린이 4,000원(5월-10월),
어른 5,000원, 어린이 3,000원(11월-4월)
문의. 033-335-2902

이효석문화마을

이효석의 단편소설 《메밀꽃 필 무렵》의 실제 무대인 봉평면은 작가의 고향이기도 하다. 매년 가을이면 '소금을 뿌린 듯이 흐뭇한 달빛에 숨이 막힐 지경'으로 메밀꽃이 장관을 이루는 이 마을에는 지금도 작품 속의 무대가 그대로 남아 있다. 이효석 문학의 발자취를 더듬어볼 수 있는 가산공원과 이효석문학관, 그리고 소설 속에서 장돌뱅이 허생원과 성씨 처녀가 사랑을 나눴던 물레방아, 허생원과 동이가 만났던 주막 충주집 등이 재현되어 있고 그의 생가도 남아 있다. 한편, 끝자리가 2와 7로 끝나는 날에 가면 '가는 날이 장날'로 사람 냄새 나는 봉평 5일장의 즐거움에 동참할 수 있다. 태기산에서 나는 산나물과 약재, 텃밭에서 키운 채소를 파는 할머니들, 정겨운 뻥튀기 아저씨 등 소설 속의 장돌뱅이들이 튀어나온 듯한 시장 풍경이 펼쳐진다. 특히 올챙이국수, 수수부꾸미, 메밀전병, 메밀허브찐빵 등 봉평 별미를 맛보는 재미가 그만이다. 매년 가을에 펼쳐지는 메밀꽃축제도 놓치지 말 것.

이효석문화마을
주소. 평창군 봉평면 창동리
문의. 033-335-9669

이효석문학관
주소. 평창군 봉평면 창동리
효석문학길 73-25
운영. 09:00-17:30(비수기),
09:00-18:30(성수기), 월요일 휴관
비용. 어른 2,000원, 어린이 1,000원
문의. 033-330-2700

#12

부산 사진 여행의 로망

사각 프레임 안에 간직하는 여행의 추억

"찰칵! 찰칵!" 낯선 여행지의 설렘과 호기심을 사각 프레임 안에 가둔다. 몽환적인 바다 야경과 해가 뜨고 지며 만들어내는 풍경과 왁자지껄한 재래시장과 골목에서 마주치는 치열한 삶의 현장들. 동이 트는 새벽부터 플래시를 터뜨리는 밤까지 카메라와 함께 하기에 더욱 즐거운 부산 사진 여행의 로망.

부산, 사진 여행의 로망

여행과 사진, 그 아름다운 시너지

○   여행 사진은 단순히 그곳에 갔다는 인증을 위한 사진만을 의미하지는 않는다. 여행 중에 만난 다양한 풍경 가운데 내가 선택한, 내 마음을 끄는 대상을 프레임에 잘라 넣은 사진이라야 비로소 진정한 의미의 여행 사진이라 할 수 있다. 이렇게 찍은 한 장의 여행 사진은 먼 훗날에도 여행지에서의 설렘과 즐거웠던 기억들을 고스란히 재현해준다. 카메라가 없었다면 이 느낌을 어디에 담아야 할 것인가?

여행 사진을 제대로 찍어내기 위해서는 그 여행지에 대한 정보 검색이 우선이다. 그 여행지의 매력을 최대한 사진으로 잡아내기 위해서 어떤 날씨, 어떤 시간대에 가면 좋은지, 어떤 시각으로 찍으면 좋은지 알고 가야 좋은 사진을 건질 확률이 커진다. 실제로 여행지의 로망을 불러일으키는 한 장의 사진을 찍기 위해서 프로 사진작가들은 아주 여러 번 그곳을 가보고, 끝없이 기다린다. 여행자로서 그들처럼 여러 번 갈 수 없다면 떠나기 전에 최대한 그 여행지의 촬영 조건과 그 매력을 잡아내는 여러 가지 정보에 대해 알고 가야 할 것이다. 이미 그곳을 다녀온 다른 여행자들은 어떻게 찍어냈는지 그 가운데 인상적인 사진을 미리 봐두는 것도 좋다.

그렇다면 좋은 여행 사진을 찍기 위해 고급 사양의 DSLR과 다양한 렌즈를 비롯한 장비들이 있어야만 할까. 실제로 프로 사진작가들은 그 풍경을 적절하게 찍어낼 수 있도록 기본렌즈 외에도 광각렌즈, 망원렌즈, 단렌즈 등과 플래시, 삼각대 등을 챙긴다. 그런가 하면 똑딱이 디카만으로도 충분히 나만의 사진을 찍을 수 있다.

부산, 사진 여행의 로망

요즘 디카는 기능만 제대로 체득한다면 웬만큼 원하는 바를 담아낸다. 카메라의 문제라기보다 마음이 담긴 이야기가 있고, 느낌이 있는 사진을 찍기 원한다면 그만큼의 노력이 필요한 것도 사실이다.

현지인들의 생생한 표정과 눈빛을 사진에 담기 위해서는 그들과 친해지려는 노력 또한 수반되어야 한다. 프로 사진작가들의 사진에 담긴 사람들의 표정을 보라. 친해지지 않으면 결코 뷰파인더에 담을 수 없는 그런 표정을 하고 있지 않은가. 종군 사진기자였던 로버트 카파의 '만약 당신의 사진이 충분히 만족스럽지 않다면 당신은 충분히 가까이 다가가지 않은 것이다'라는 말처럼 그들과의 친근감을 사진에 녹여낼 때 비로소 우리가 작품집에서 보는 그런 사진을 얻을 수 있는 것이다. 누구나 다 찍어낼 수 있는 사진은 묶음으로 판매하는 사진엽서로 족하다. 나만의 사진을 찍기 위해서는 카메라를 메고 이리저리 혼자서 어슬렁거리는 것도 좋은 방법이다.

어떤 카메라를 메고 가든 상관없이 부산은 사진을 위한 여행지로서는 파라다이스다. 한 도시에 그토록 다양한 풍경을 보여주는 여행지가 또 있을까. 어디를 가든 부산을 움직이는 역동적인 에너지가 곳곳에서 느껴진다. 저절로 셔터를 누르게 하는 그 무엇이 있는 곳, 바로 부산이다.

사진 여행의 파라다이스, 부산

우리나라에서 부산만큼 다양한 사진을 찍을 수 있는 도시는 없을 것이다. 해마다 수백 만 인파가 몰려드는 바닷가와 한적한 바닷가, 초고층의 마천루가 그려내는 스카이라인과 산복도로를 끼고 형성된 오래된 달동네의 구불구불한 골목, 북적이는 재래시장과 한껏 멋을 낸 젊은이들이 활보하는 시가지, 길거리 간식부터 일본식 선술집들, 부산 별미와 그것을 즐기는 사람들이 만들어내는 풍경……. 오래된 것과 새로운 것의 묘한 대비가 모두 사진의 '꺼리'가 된다.

바다를 낀 대도시 부산은 시내에 크고 작은 여러 개의 해변이 있다. 젊은이들은 물론 외국인들도 즐겨 찾는 해운대해수욕장과 광안리해수욕장, 부산 시민들이 즐겨 찾는다는 한적한 송정해수욕장과 송도해수욕장 그리고 광활한 다대포와 전형적인 어촌 풍경을 접할 수 있는 기장 바다 등 개성이 다른 바다가 '골라 찍는 바다 사진'의 재미를 준다. 특히 다대포는 사진가들이 최고로 꼽는 사진 여행지. 다대사막이라고도 불릴 만큼 파도가 만들어낸 모래 흔적이 아름답고 일몰이 장관이다. 역동적인 파도를 담고 싶다면 오랑대가 좋고, 이색적인 등대나 어부들의 멸치털이 같은 독특한 소재는 대변항을 포함한 기장 쪽이 좋다.

사람들이 만들어내는 역동적인 사진은 역시 재래시장이 제격이다. 자갈치시장, 국제시장, 부평시장 등이 한데 모여 있는 남포동과 광복동은 언제 가도 북적이는 인파로 초만원을 이룬다. 어느 시장을 가든 해산물, 구제옷, 수입품 등 모든 것이 풍성하게 넘쳐난다. 스케일 크고 화끈한 부산 사람들의 기질을 가장 피부로 느끼게 되는 곳이다. 사실 부산의 재래시장이야말로 한국전쟁 피난민사를 고스란히 품고 있는 역사의 현장이기도 하다. 이런 역사적 사실을 알고 있느냐 모르느냐에 따라 사진의 시각도 달라진다.

새로운 것과 오래된 것이 함께 공존하는 부산에선 감성적이고 빈티지한 풍경들이 구석구석 남아 있어서 이 또한 사진가들과 영화감독들의 마음을 사로잡는다. 〈친구〉, 〈해운대〉, 〈아저씨〉, 〈태풍〉, 〈무방비도시〉 등 부산을 무대로 한 영화만 얼른 떠올려 봐도 열 손가락으로 다 헤아리지 못할 정도로 부산이라는 도시 자체가 거대한 세트장이다.

감천동 문화마을, 문현동과 범일동의 매축지와 안창마을, 보수동 책방골목 등 오래된 것에 감성 센서가 발동하는 여행자라면 손가락 아픈 줄 모르고 수백 번 셔터를 누르게 되는 70년대 풍경들이 아직도 많이 남아 있다. 다만 관광지가 아닌 이런 동네에서는 주민들을 피사체로 여겨 결례를 범하는 일이 없도록 각별히 주의할 일이다.

골라 찍는 바다 사진의 재미를
주는 부산 여행

부산, 사진 여행의 로망

홍콩 못지않은 야경을
자랑하는 부산

부산은 또한 홍콩 못지않은 야경을 자랑한다. 해운대와 광안리, 황령산이나 금련산, 장산, 동백섬, 용두산 공원 등 촬영 포인트에 따라 조금씩 다른 얼굴을 가진 부산의 야경을 두루 담아보자. 그 밤 풍경 속에 피는 부산의 밤 문화도 좋은 사진의 소재가 된다. 피어오르는 연기 사이로 먹음직스럽게 익어가는 양곱창에 술 한 잔 나누는 정겨운 사람들의 모습, 불그스름한 백열등 아래 길거리 어묵을 즐기는 사람들의 모습……. 밤이 깊어갈수록 부산의 진짜 매력은 야화처럼 피어난다.

초보 사진가라면 처음부터 야경 사진을 잘 찍어내기가 쉽지는 않을 것이다. 하지만 멋진 야경 사진 포인트가 넘쳐나는 부산에서 결코 야경 사진을 포기할 수는 없다. 그렇다면 사전에 인터넷에서 찍고자 하는 야경 사진을 검색하고 촬영 팁을 얻어 그대로 모방해보는 것도 좋은 방법이다. 노출이 부족한 시간대에 촬영하게 되기 때문에 삼각대는 필수다.

한 장의 만족스러운 사진을 얻기 위해 준비하고 노력하고 떠나는 부산 사진 여행은 그래서 더욱 즐겁고 풍요로워질 것이다.

부산, 사진 여행의 로망

남포동, 광복동

사진 여행 디자인하기

소개   사진을 찍기 위한 부산의 포인트는 크게 나눠서 자갈치시장을 중심으로 한 남포동, 광복동의 시장들과 이국적인 야경을 보여주는 해운대, 광안리를 들 수 있다. 남포동의 재래시장들과 보수동 책방골목, 40계단 문화관광 테마거리, 감천동 문화마을 등은 부산 근대 역사의 흔적이 집적된 현장들. 밤에는 더욱 활기를 띠는 남포동 뒷골목의 다양한 먹자골목과 자갈치시장 길 건너편의 BIFF 광장을 즐기는 사람들의 생생한 모습을 카메라에 담아보자. 남포동과 해운대는 지하철을 이용해도 한 시간 이상 걸리는 먼 거리이기 때문에 찍고 싶어 하는 소재에 따라 어디를 거점으로 움직일 것인가를 고민해봐야 한다. 사람 냄새나는 소소한 삶을 카메라에 담고 싶다면 남포동에, 풍경 위주의 사진이 취향이라면 해운대나 광안리 쪽에 숙소를 정하고 사진 여행을 계획하는 것이 좋다.

명소   감천동 문화마을. 481p 보수동 책방골목. 481p 자갈치시장. 485p 국제시장. 485p
40계단 문화관광 테마거리. 489p
부평시장. 485p 부산시 중구 부평동 2가 11-15(051-243-1128)
BIFF 광장. 485p 부산시 중구 남포동 5가 18

맛집   백화양곱창. 490p 18번 완당집. 491p
남포동에는 국제시장의 비빔당면, 팥빙수 골목, BIFF 광장의 씨앗호떡 골목, 자갈치시장의 먹자골목 등 골목골목마다 여행자들의 발걸음을 붙잡는 길거리 음식들이 포진하고 있다.

교통   • 부산종합버스터미널(1577-9956)이나 부산역(1544-7788)에서 목적지에 가는 대중교통은 지하철과 시내버스다. 부산지하철은 1호선에서 4호선까지 운행되고 있는데 부산 사진 여행을 위한 목적지는 대부분 1호선과 2호선에 몰려 있다. 부산의 버스터미널은 노포동의 부산종합버스터미널과 괘법동의 부산서부시외버스터미널(사상터미널) 두 군데로 나뉜다. 해운대가 목적지라면 부산종합버스터미널을, 남포동이 목적지라면 부산서부시외버스터미널(1577-8301)을 이용하는 것이 비교적 편리하다.

숙박   테라 게스트하우스. 504p 숨 게스트하우스. 505p

부산, 사진 여행의 로망

해운대, 광안리

사진 여행 디자인하기

소개
부산에서 old & new의 극명한 대비를 사진에 담을 수 있는 포인트가 해운대와 광안리 그리고 범일동과 매축지에 있다. 낮에는 1970-1980년대의 오래된 풍경이 남아 있어 영화 촬영지로 인기 있는 범일동이나 매축지를 둘러보고, 저녁에는 화려한 조명이 만들어내는 부산의 야경 사진에 도전해보자. 해운대와 광안리, 센텀시티 마천루, 동백섬 누리마루, 영화의 전당 등 야경 사진만 찍으려 해도 1박 2일이 짧다. 전형적인 어촌 풍경을 담을 수 있는 기장 지역은 시내에서 조금 떨어져 있긴 하지만 이색적인 등대, 멋진 해안 도로, 멸치철의 대변항 멸치털이 등 사진가들이 즐겨 담는 소재가 많다.

명소
동백섬 누리마루 전망대. 475p 부산요트경기장. 475p 이기대 도시자연공원. 477p 영화의 전당. 477p 송정해수욕장. 479p 오랑대. 479p 문현동 벽화마을. 483p 범일동 안창마을. 483p 죽성성당. 502p 해동용궁사. 502p 부산 아쿠아리움. 503p
민락수변공원. 475p 부산시 수영구 민락동 10
다대포 꿈의 낙조분수. 477p 부산시 사하구 낙동대로 398번길 12(051-207-6041)
달맞이고개. 479p 부산시 해운대구 중 2동(051-749-5700)
대연동 문화골목. 481p 부산시 남구 대연동 52-24(051-625-0733)
매축지. 483p 부산시 동구 범일 5동
동래 온천천 산책로. 483p 부산 동래구 낙민동 49-3 일원(051-550-4122)
미포항. 499p 부산시 해운대구 중 1동

맛집
무겐. 492p 긴타로 해운대 본점. 493p 쌍둥이돼지국밥. 494p 동래할매파전. 495p 개금밀면. 496p 기장 외가집. 497p
문현동 곱창골목. 영화 〈친구〉에 등장했던 곱창골목. 칠성식당(051-632-0749)
내호냉면. 60년 전통의 부산 밀면 원조집(051-635-2295)
가야밀면 본점. 부산시 부산진구 가야동 191-5(051-891-2483)

부산. 사진 여행의 로망

바다가 있어
더 아름다운 도시
부산 야경 사진 1

○

매직 아워
신비스럽게 깨어나는 우주의 빛 혹은
코발트빛으로 사위어가는 서쪽 하늘
번잡한 일상을 푸르게 채색한다.
신비롭고 낭만적인 도심의 매직 아워
우리들의 빛나는 인생의 시간
짧지만 강렬한 마법의 세상이
내 카메라에 담긴다.

❶

부산 도심 야경의 백미는 해운대 주변 풍경과 광안대교다. 동백섬 입구 주차장에서 찍는 마린시티 야경은 초고층 아파트들이 만들어내는 반영샷이 일품. 비가 온 다음날 바닥에 고인 물을 이용해서 반영샷❶을 찍어보면 다른 곳에서는 얻을 수 없는 독특한 사진을 얻을 수 있다. 동백섬 누리마루 전망대(부산시 해운대구 우동 714-1, 051-744-3140)에 올라 누리마루와 그 뒤쪽의 광안대교를 함께 찍어보자. 저녁 무렵에는 환하게 불을 밝힌 누리마루와 광안대교가 코발트빛으로 저물어가는 하늘과 멋진 앙상블을 이룬다. 광안대교를 가장 가까이 볼 수 있는 민락수변공원은 그 자체로 운치 만점인 포인트. 화려한 광안대교는 물론 가로등 아래 방파제와 포구 등대, 도란도란 얘기꽃을 피우는 사람들까지 다양한 사진거리가 많다. 그런가 하면 부산요트경기장(부산시 해운대구 우1동 1393)❷에서 요트선착장에 떠 있는 배와 그 뒤쪽의 마린시티를 함께 담으면 홍콩의 마천루를 연상시키는 이국적인 느낌이 물씬하다. 푸르스름한 기운이 감도는 멋진 분위기의 사진을 원한다면 일몰 직후부터 약 2, 30분 이내에 하늘이 코발트빛으로 사위어 가는 매직 아워가 좋다. 시원한 풍광 사진을 찍고 싶다면 가급적이면 화각이 넓은 광각렌즈가 좋으며 삼각대는 필수다.

부산, 사진 여행의 로망

부산의 밤은 낮보다 아름답다
부산 야경 사진 2

○

추억은 힘이 세다

밤의 황령산에서 담아내는 야경도 아름답고

형형색색 춤추는 낙조분수도 환상이지만

가슴 속에 인화된 여행의 추억은

묵을수록 살아가는 힘이 된다.

부산 시내와 바다를 한꺼번에 담는 촬영 포인트가 곳곳에 있다. 황령산, 금련산, 천마산, 장산에 오르면 부산항을 중심으로 한 부산과 멀리 해운대까지 한눈에 보인다. 특히 매년 10월 불꽃축제가 열리면 이기대 도시자연공원(부산시 남구 용호 3동 산 25)은, 동백섬과 함께 전국에서 몰려드는 사진가들로 입추의 여지가 없다. 해맞이 명소로도 유명한 이기대 섭자리❶는 파도치는 갯바위 너머로 광안대교와 마린시티의 화려한 풍경이 그림처럼 아름다운 명소. 사진가들이 즐겨 찾는 다대포에는 음악에 맞춰 춤추는 꿈의 낙조분수❷가 있다. 색색으로 현란하게 바뀌는 분수와 그 속에 뛰어들어 노는 사람들을 생동감 있게 찍어보자. 분수쇼는 평일은 1회, 주말에는 2회 공연을 한다. 그런가 하면 도심 속에서 멋진 야경을 찍을 수 있는 포인트 중의 하나가 영화의 전당(부산시 해운대구 우동 1467, 051-780-6000)❸이다. 공연이 있는 저녁이 되면 시시각각으로 변하는 LED 조명쇼를 보여주는데, 영화의 전당 지붕뿐 아니라 건축물 자체와 조형물들도 훌륭한 피사체가 된다. 해 지기 전에 미리 방문하여 구석구석 카메라에 담아보자.

부산, 사진 여행의 로망

짜릿한 찰나의 감동
일출과 일몰 사진

해에게… 첫사랑 같은

날마다 해는 뜨고 또 지지만 너는

숨바꼭질이라도 하듯 쉽게 만나주지 않았지.

부드럽게 갯바위를 어루만지던 파도와 숨죽인 바람

고요함만이 나를 감싸던 그 순간.

뷰파인더를 사이에 두고 만난 너의 민낯

첫사랑을 우연히 만난 듯 황홀했었지.

멋진 일출과 일몰 사진은 사진가의 로망이다. 특히 바다에서 만나는 일출과 일몰은 장엄하면서도 신비롭다. 이런 매력이 있기에 많은 사진가들이 새벽잠을 반납하고 바다로 향하는지도 모른다. 부산은 송정해수욕장과 오랑대, 다대포, 해운대 등 다양한 표정을 지닌 촬영 포인트가 많은 곳. 그 특징을 미리 알고 가면 원하는 사진을 얻을 확률이 높아진다. 죽도공원 정자와 등대가 있는 송정해수욕장(부산시 해운대구 송정동 712-2)❶, 굿당이 있는 바위와 함께 찍는 일출로 유명한 오랑대(기장군 기장읍 연화리 산 65-1)❷, 부산에서 일출과 일몰을 함께 찍을 수 있는 유일한 곳인 다대포❸, 장산으로 해가 지는 풍경이 아름다운 해운대 달맞이고개 등 어디냐에 따라 사진의 분위기가 달라진다. 일반적으로 먼 바다에서 떠오르는 해도 좋지만 때로 밋밋한 사진이 될 수 있다. 이런 때는 해와 붉게 물들어가는 하늘을 돋보이게 하는 감초 역할을 하는 부제, 즉 등대, 갯바위, 배, 소나무 등을 걸고 화면을 구성해서 찍으면 좀 더 돋보이는 일출 사진을 찍을 수 있다.

부산, 사진 여행의 로망

과거로의 추억 여행
골목 사진 1

오래된 골목에 서서

좁디좁은 오래된 골목은 어쩐지 마음을 끈다.

어쩐지 엄마의 자궁 속처럼 편안하다.

그 좁은 골목을 걸어 들어가면

이상한 나라의 엘리스가 될 것 같은 느낌.

똑똑, 안녕하세요?

오래 전 알고 있던 누군가 문을 삐걱 열고

반가이 맞이해줄 것 같은

그 좁은 골목에서 오래도록 서성이게 된다.

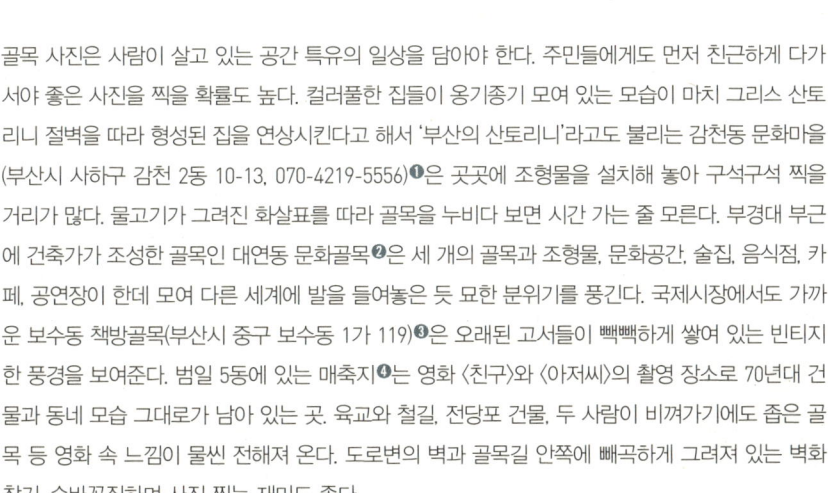

골목 사진은 사람이 살고 있는 공간 특유의 일상을 담아야 한다. 주민들에게도 먼저 친근하게 다가서야 좋은 사진을 찍을 확률도 높다. 컬러풀한 집들이 옹기종기 모여 있는 모습이 마치 그리스 산토리니 절벽을 따라 형성된 집을 연상시킨다고 해서 '부산의 산토리니'라고도 불리는 감천동 문화마을(부산시 사하구 감천 2동 10-13, 070-4219-5556)❶은 곳곳에 조형물을 설치해 놓아 구석구석 찍을 거리가 많다. 물고기가 그려진 화살표를 따라 골목을 누비다 보면 시간 가는 줄 모른다. 부경대 부근에 건축가가 조성한 골목인 대연동 문화골목❷은 세 개의 골목과 조형물, 문화공간, 술집, 음식점, 카페, 공연장이 한데 모여 다른 세계에 발을 들여놓은 듯 묘한 분위기를 풍긴다. 국제시장에서도 가까운 보수동 책방골목(부산시 중구 보수동 1가 119)❸은 오래된 고서들이 빽빽하게 쌓여 있는 빈티지한 풍경을 보여준다. 범일 5동에 있는 매축지❹는 영화 〈친구〉와 〈아저씨〉의 촬영 장소로 70년대 건물과 동네 모습 그대로가 남아 있는 곳. 육교와 철길, 전당포 건물, 두 사람이 비껴가기에도 좁은 골목 등 영화 속 느낌이 물씬 전해져 온다. 도로변의 벽과 골목길 안쪽에 빼곡하게 그려져 있는 벽화 찾기, 숨바꼭질하며 사진 찍는 재미도 좋다.

부산. 사진 여행의 로망.

벽화와 숨바꼭질하기
골목 사진 2

골목 기행

할머니와 할아버진 일하러 나가셨나.
한 자락 바람은
담벼락 위에 잠든 고양이털을 간질이고
빨래 줄에 널린 이불을 가만히 흔든다.
꼬리치며 반가이 나그네를 맞는 백구를 따라
좁고 비탈진 골목을 천천히 걷노라면
벽화 속 장미꽃밭에서 노는 아이들의
까르르 웃음소리 들리는 듯하다.

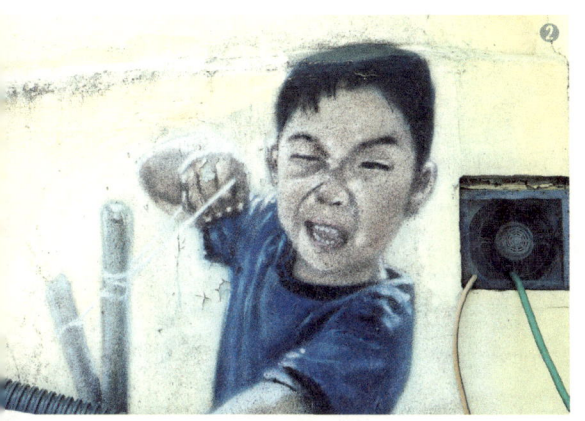

산복도로를 끼고 형성된 문현동 벽화마을(부산시 남구 문현동 산 23-1)❶은 47개의 벽화가 숨바꼭질 하듯 이곳저곳에 숨어 있다. 놓치지 않고 찾아보려면 입구에 그려져 있는 벽화 지도를 참고하자. 동네를 둘러보면 지형적인 특징 때문에 옥상이 주차장으로 사용되기도 하고 묘비가 담을 기대고 서 있는 독특한 풍경도 만날 수 있다. 안쪽에는 마을 주민들의 쉼터인 전포 돌산공원이 있는데 수저나 소화기 등의 폐품을 재활용한 조형물이 눈길을 끈다. 범일동 꼭대기의 안창마을(부산시 동구 범일동 산 65-1)❷은 비교적 넓은 도롯가에 양쪽으로 집집마다 벽화와 꽃들, 그리고 거기 터를 잡고 사는 사람들 풍경을 볼 수 있다. 예전에 있던 집이 헐려 이제는 볼 수 없는 벽화도 있지만 여전히 평화로운 분위기가 마을 전체를 감싸고 있다. 동래 온천천 산책로❸는 부산시의 천변 살리기 프로젝트로 되살아난 온천천 벽화를 볼 수 있는 곳. 그리고 광복동 쇼핑거리 뒷골목에서도 완성도 높은 벽화❹를 만날 수 있다.

부산, 사진 여행의 로망

생동감 있는
삶의 현장
시장 풍경 사진

남포동 재래시장

자갈치 아지매가 썰어주는 싱싱한 회 한 접시에
몇 천 원 짜리 구제 옷으로 나만의 스타일을 완성한 후
달달한 수입 캔디 입에 넣고
북적이는 사람들 속을 걷다 보면
인생은 오르락내리락 하는 롤러코스터.
때로 삶에 지칠 때 남포동에 가보라.
내리막이 있으면 오르막도 있다는 걸 깨닫게 된다.

남포동 재래시장과 근처의 BIFF 광장은 부산 사람들의 일상을 날것으로 만날 수 있는 부산 여행의 진수. 이런 곳들은 생동감 있는 사진을 찍을 수 있는 곳이지만 상인들을 너무 클로즈업해서 찍거나 몰래 찍는 행동은 피하는 것이 좋다. 물건도 사고 이야기도 나누면서 허락을 얻고 다가가서 찍어보자. 부산에 있는 약 180여 개의 재래시장 가운데 자갈치시장, 국제시장, 부평시장은 우리에게 너무도 친숙한 시장. 좁은 길을 따라 양쪽으로 줄줄이 늘어선 어물전들과 입맛 돋우는 먹거리들을 굽고, 지지고, 끓이는 냄새, 자갈치 아지매들과 흥정하는 손님들이 뒤섞여 언제 가도 에너지가 넘치는 곳이 자갈치시장(부산시 중구 남포동 4가 37-1, 051-245-2549)❶이다. 한국전쟁 직후부터 미군부대에서 흘러나온 수입통조림을 갖다 팔았기에 '깡통시장'이라 불리는 부평시장(부산시 중구 부평동 1가)❷은 일본, 미국, 중국 등지에서 흘러온 다양하고 저렴한 수입품 천국이다. 국내 최대의 '구제골목'으로 잘 알려져 있는 국제시장(부산시 중구 신창동 4가)❸은 흔치 않은 디자인의 옷이나 보다 저렴하게 옷을 구입하고자 하는 멋쟁이들이 즐겨 찾는 곳.

부산, 사진 여행의 로망

부산에서만
맛볼 수 있는
길거리 음식 사진

○ 시장 먹거리의 즐거움

럭셔리한 샹들리에
은으로 만든 포크와 나이프는 없어도
목욕탕 의자에 쪼그리고 앉아 먹는 비빔당면에
줄서서 먹는 이승기 씨앗호떡.
거칠게 갈아낸 얼음에
달콤한 팥 듬뿍 얹은 팥빙수에
당면 끌어안고 부추로 허리띠 묶은
유부주머니 한 그릇이면
호텔 뷔페 부럽지 않다.

길거리 음식도 사진 찍기 좋은 소재다. 부산은 시장 간식거리가 많고 주머니가 가벼운 여행자들이 즐길 수 있는 별미들도 많다. 삶은 당면에 양념을 비벼 먹는 국제시장의 비빔당면❶은 간단한 요기로도 좋고 길거리에 놓인 플라스틱 목욕탕 의자에 앉아 먹는 재미가 있다. 지금은 부산이 아니면 거의 볼 수 없는 오래된 팥빙수 기계로 갈아낸 얼음으로 만드는 팥빙수❷, 지글지글 맛난 냄새로 유혹하는 찌짐(부침개), 부평시장의 터줏대감 할매유부전골과 부산 오뎅의 역사인 환공어묵, 이승기 호떡으로 이름 날리고 있는 BIFF 광장의 씨앗호떡❸, 길거리에서 만나는 망개떡 등 부산에는 옛적의 향수를 불러일으키는 간식거리들이 아직도 남아 있다. 가격도 2, 3천 원 정도로 저렴한 편. 부산 사람 스타일로 이런 간식거리를 즐기는 것은 여행의 재미를 더해주면서 생생한 사진 한 장을 찍을 기회도 만나게 해준다.

부산, 사진 여행의 로망

📷
영화의 감동을
되새기는
영화 촬영지 사진

○
미장센

지금도 40계단에 서면 귓가에 잔잔하게 퍼지는 노래
'Beegees의 holiday'
노란 은행잎 바람에 날리고
한 소녀 계단 위에서 문득 하늘을 올려다본다.
버버리코트를 입은 킬러가
꿈결처럼 걸어 내려오던 40계단.
빗줄기 속에서 마치 연애처럼
은밀하게 행해지던 살인의 미학

국내 최고의 영화 도시로 급부상하고 있는 부산에서는 한 해 평균 30여 편이 넘는 영화가 촬영되고 있다. 2001년 800만 관객을 동원하고 조폭 신드롬을 만들어낸 영화 〈친구〉, 2009년 1,000만 관객을 돌파한 〈해운대〉를 비롯해 〈아저씨〉, 〈인정사정 볼 것 없다〉, 〈범죄와의 전쟁〉 등 굵직굵직한 영화들에 부산의 곳곳이 등장한다. 특히 중앙동의 40계단 문화관광 테마거리(부산시 중구 중앙동 5가)❶는 이명세 감독의 유명한 계단 시퀀스에 등장해 더욱 유명해진 곳. 부산 출신 곽경택 감독의 〈친구〉는 부산이 영화 도시로 발돋움하는데 큰 역할을 한 영화. 가방을 옆구리에 낀 교복 입은 남학생들이 신나게 달리던 범일동 철길❷, 문현동 곱창골목, 대변항과 자갈치시장은 10여 년이 지난 지금도 영화의 감동과 추억을 되새기게 한다. 불꽃놀이를 감상하며 행복한 순간을 만끽하던 광안대교를 쓰나미가 휩쓸고 지나가던 영화 〈해운대〉. 연희가 포장마차를 하던 미포항❸, 술 취한 만석이 쓰레기봉투를 뒤집어쓰고 진상(?)을 부리던 사직구장, 태식과 소미의 자취가 남아 있는 매축지 등 영화 촬영지만 찾아 다녀도 하루가 짧다.

부산의 맛집

60년 전통의 곱창 전문점
백화양곱창

❶

백화양곱창은 여섯 개의 코너가 모여 있는 독특한 형태로 주방을 가운데 두고 길게 놓인 의자가 있는 예스런 풍경은 60년 전통을 말해준다. 연탄불에 굽는 이 집의 양곱창은 마늘과 소금으로 밑간을 한 소금구이와 빨갛게 양념을 한 양념구이 두 가지가 있다. 개운한 소스에 찍어 먹으면 쫄깃하고 고소한 맛이 일품으로 신선도에 있어서는 이 집을 따를 곱창집이 없을 정도. 간장과 참기름, 식초만 넣어 만든 겉절이는 양곱창의 맛을 더욱 깔끔하게 해준다. 양곱창을 먹은 후 갖은 양념을 넣어 밥을 볶아주는데 즉석에서 구운 김❶에 싸 먹으면 풍미가 더한다.

곱창 블루스
연탄 화덕에 석쇠를 올리고
야들야들 양, 대창, 곱창, 막창을 굽는다.
곱창 기름 뚝뚝 떨어질 때
군침 도는 연기가 화르륵 솟고
그 연기는 소주 한 잔을 부른다.
양곱창 연기 온몸에 묻혀가며
너랑 나랑 술잔을 기울이다 보면
사는 재미 따로 있나 싶어진다.

주소. 부산시 중구 남포동 6가 32 운영. 12:00-23:00 비용. 소금구이 양곱창 25,000원, 양념 양곱창 25,000원, 양곱창 볶음밥(2인분) 12,000원 문의. 051-245-0105

부산의 명물 완당
18번 완당집

완당 한 그릇
정갈한 그릇에 구름이 떠 있다.
숟가락에 하늘하늘한 구름을
떠 한입 머금으면
입 안에서 사르르 퍼지며
몸도 마음도 나른한 행복감에 젖는다.
완당의 부드러움에 더해진
숙주의 아삭함
담백하고 뜨끈한 국물 후루룩후루룩
마지막 국물 한 방울까지
비워내고 나면
천지가 내 것이로구나.

BIFF 광장에 위치한 60년 전통의 18번 완당집은 '가장 잘하는 것'이라는 뜻을 가진 '18번'에 '구름'을 의미하는 완당(운탕)을 붙인 독특한 상호. 부산에 가야만 맛볼 수 있는 완당은 작은 물만두처럼 보이지만 투명하게 비칠 정도로 얇은 0.3mm의 완당피를 만들기 위해서는 무려 9단계의 수작업 과정을 거친다. 멸치, 소뼈, 닭뼈, 돼지뼈 등을 고루 넣어 푹 고아낸 투명한 국물은 뜨끈한 국물이 그리울 때 제일 먼저 생각날 정도로 맛있다. 가게 한쪽에서 완당 빚는 모습❶을 볼 수 있다. 완당과 함께 유부초밥, 소고기덮밥 등을 골고루 맛볼 수 있는 완당 세트도 있다.

주소. 부산시 중구 남포동 3가 1 **운영.** 10:00-22:00 **비용.** 완당 6,000원, 완당+면 6,000원, 완당 세트 8,000원 **문의.** 051-245-0018

부산의 맛집

최고급 수제 벤또
무겐

해운대의 데이트 코스로 유명한 달맞이고개의 수제 벤또 전문점이다. 신선한 재료를 사용하여 만든 10여 가지 이상의 맛깔스러운 음식을 맛볼 수 있는 창작 요리를 선보인다. 가이세키 요리에 올라가는 해산물을 사용하여 품위 있는 메뉴로 재탄생시킨 카이센벤또❶. 칼칼하면서도 진한 사골국물에 사누끼 면발이 어우러진 나가사키 짬뽕 등 하나하나 직접 굽고 졸이고 삶아서 만든 100% 웰빙 수제 요리다. 특히 메인 해산물 요리인 사시미 모리아와세와 고베산 와규 스테이크를 포함한 6가지 코스요리가 나오는 무겐정식 고젠이 인기.

수제 벤또
벤또는 일본에서
단순한 도시락이 아니다.
하나의 어엿한 요리다.
최고급 신선한 재료로 만든
100% 수제 벤또엔
보는 즐거움, 먹는 즐거움이 가득하다.
일본식 정찬이라는 가이세키 요리를
벤또 하나로 압축시킨 창작 요리
이것이 바로 무겐 스타일.

주소. 부산시 해운대구 중동 1480-2 운영. 12:00-15:00, 17:00-22:00 비용. 카이센벤또 17,000원, 특선 스테이크벤또 23,000원, 나가사키 짬뽕 9,000원, 무겐정식 고젠(2인분) 60,000원 문의. 051-747-6843

불향이 살아있는 꼬치의 비결
긴타로 해운대 본점

긴타로
일본식 선술집 긴타로는
스트레스 해방특구
간단히 딱 한 잔만, 어때? 긴타로에서.
깊고 그윽한 꼬치의
불향을 찾아 긴타로에 간다.
따끈한 사케 혹은
시원한 아사히 생맥주에
다양한 안주 골라먹는 재미
'딱 한 잔만'하고 들어간 긴타로
맛있는 안주들이 발목을 붙잡는다.

일본에서 직수입한 재료만 사용해 직접 안주를 만드는 긴타로 해운대 본점은 60여 가지의 다양한 단품 메뉴가 있어 부담 없이 술 한 잔 하기 좋은 곳이다. 깊은 불향을 간직한 긴타로 꼬치의 비결❶은 비린내를 잡기 위해 사케를 뿌리면서 소스에 여러 번 담가 숯불에 뒤집어 가며 굽기 때문. 준마이 다이긴죠를 비롯한 사케의 종류도 다양하고 신선도를 표시해주는 엔젤링이 층층이 나는 크리미한 거품의 아사히 생맥주도 인기. 재료에 따라 저마다 다른 맛이 나는 꼬치 세트를 비롯해 새로 개발한 매콤한 한치모밀국수, 수제 어묵샐러드도 별미.

주소. 부산시 해운대구 우동 647-1 수암빌딩 1층 운영. 18:30-02:00 비용. 꼬치 5종 세트 14,000원, 10종 세트 25,000원, 감자고로케 10,000원, 나가사끼 짬뽕 20,000원, 아사히 생맥주 8,000원 문의. 051-746-5994

부산의 맛집

돼지국과 수육을 함께 즐기는
쌍둥이 돼지국밥

한 그릇 돼지국밥을 위한 단상
피난민들의 배고픔과
서러움을 달래주던
한 그릇 돼지국밥이 별미로
다시 태어났다.
오늘도 쌍둥이 돼지국밥집 부엌
커다란 솥에서는
돼지고기 맛있게 삶아지는 소리
사골이 보글보글 끓는 소리 흥겹다.
신선한 생고기를 삶아
빨리 파는 것이 맛의 비법.

부산에 가면 꼭 맛봐야 하는 음식 중의 하나인 돼지국밥은 한국전쟁 당시 피난민들의 배고픔을 달래주던 대표적인 서민 음식. 이 돼지국밥이 이제는 부산 별미로 다시 태어났다. 대연동의 쌍둥이 돼지국밥은 '줄 서서 먹는' 돼지국밥집이다. 아저씨들이 즐겨 찾을 것 같은 국밥을 이제는 젊은이들도 좋아한다. 진하고 구수한 국물에 푸짐한 항정살. 깔끔한 새우젓과 고소한 부추김치를 곁들이면 금상첨화. 알코올램프에 데워가며 먹는 야들야들한 고급 부위 항정살 수육❶과 돼지국이 따라 나오는 수육백반은 수육과 돼지국을 함께 맛볼 수 있는 인기 메뉴.

주소. 부산시 남구 대연1동 887-1 운영. 10:00-24:00 비용. 수육백반 7,000원, 돼지국밥 5,500원, 내장국밥 5,500원, 돼지수육 15,000-20,000원 문의. 051-628-7020

파전의 업그레이드 버전
동래할매파전

잔칫집
전 부치는 날은 잔칫날
동래할매파전집은 늘 잔칫날이다.
유채기름 두른 번철 위에서
펼쳤다 모았다 펼쳤다 모았다
파전으로 아코디언 연주를 한다.
계란물 얹고 덮은 냄비뚜껑 속에서
파전은 노릇노릇 맛있게도 익어간다.

뜨거운 번철 위에 유채기름 넉넉히 두르고 파릇파릇 쪽파를 가지런히 올린다. 여기에 찹쌀가루 등 세 가지 곡물에 육수를 섞어 만든 반죽물을 살짝 뿌린 후 싱싱한 새우, 굴, 홍합, 대합, 쇠고기 등을 얹어 부쳐낸 두툼한 파전이 바로 동래파전이다. 서민적인 파전을 양반 주안상 같은 느낌으로 업그레이드했다. 바삭바삭한 파전에 익숙한 우리 입맛에는 약간 뜻밖인 듯한 말캉말캉한 식감과 간장이 아니라 초고추장에 찍어먹는 것이 독특하다. 파전이니만큼 산성막걸리와 함께 하면 금상첨화. 파전 부치는 모습❶을 볼 수 있도록 통유리로 개방해놓았다.

주소. 부산시 동래구 복천동 367-2 운영. 12:00-22:00 비용. 동래파전 20,000-40,000원, 버섯파전 18,000-25,000원, 뚜기상A 1인 35,000원, 뚜미상B 1인 30,000원 문의. 051-552-0791

부산의 맛집

부산 밀면의 양대 산맥
개금밀면

부산의 맛
서울에 냉면이 있다면
부산에는 밀면이 있다.
여름엔 살얼음 동동 뜬 밀면 한 그릇
겨울엔 비빔밀면에
따뜻한 육수를 곁들여
후르륵 들이키면
냉면과는 다른 끈끈한 매력
어려운 시절 꿋꿋이 견뎌왔던
밀면은 부산의 맛.

밀면은 한국전쟁 당시 피난민들이 냉면 대신 구호품이었던 밀가루를 사용해서 만들어 먹었다는 밀가루 냉면. 부산에는 내로라하는 밀면집이 많지만 특히 개금밀면은 가야밀면과 함께 부산 밀면의 양대 산맥. 개금골목시장 안쪽에 위치해 있어서 찾기가 쉽지 않지만 다른 곳에서 맛보기 힘든 밀면 한 그릇을 위해 사람들은 기꺼이 줄을 선다. 쫄깃한 노란 면발과 감칠맛 나는 육수, 그리고 쭉쭉 찢어 얹은 닭고기 고명의 환상적인 조화❶가 예사롭지 않다. 메뉴는 육수에 담긴 밀면과 비벼 나오는 비빔밀면 두 가지 뿐이지만 돌아서면 금세 생각이 나는 중독성 있는 맛.

주소. 부산시 부산진구 개금동 171-34 운영. 09:30-21:00 비용. 밀면 5,000-6,000원, 비빔밀면 5,000-6,000원 문의. 051-892-3466

짚불곰장어의 원조
기장 외가집

짚불에 산 곰장어를 석쇠 째 태워 껍질을 벗긴 뒤 먹는 짚불곰장어 원조집이다. 기장 시랑리에 모여 있는 짚불곰장어 전문점 가운데 이 집이 원조. 주문 즉시 살아있는 국산 곰장어를 활활 타는 짚불 위의 석쇠에 통째로 굽는데❶, 겉은 까맣게 타지만 속은 먹기 좋게 익히는 것이 비결. 짚불로 익힌 곰장어는 육즙이 많아 부드럽고 쫄깃한데 기름장에 찍어먹어도 좋고 상추에 싸서 먹기도 한다. 빨간 양념을 두른 채 불판 위에서 꿈틀대는 양념곰장어를 먹은 후에 밥을 볶아먹으면 별미.

짚불곰장어
빨판 같은 둥근 입으로 바다를 청소하는 눈먼 장어라 '먹장어' 곰수에 잘 걸려든다 하여 '꼼장어' 짚불 속에서 산화하는 눈멀고 단순한 꼼장어 면장갑 끼고 까만 껍질 벗기면 드러나는 뽀얀 속살 보기에는 징그러워도 맛은 좋다. 처음엔 비명을 지르며 먹다가 또 찾는 맛.

주소. 부산시 기장군 기장읍 시랑리 565-2 운영. 09:00-21:30 비용. 짚불곰장어, 양념곰장어, 소금구이, 매운탕 각 42,000원(2인분), 볶음밥 2,000원 문의. 051-721-7098

📷 미포항, 태종대, 문탠로드

여름마다 100만 인파가 몰린다는 해운대해수욕장 바로 옆에 영화 〈해운대〉 이후 명소로 떠오른 한적한 미포항❶이 있다. 선착장 부근의 횟집과 등대 근처에서 낚싯줄을 드리운 사람들과 바다로 가는 길목에 있는 예쁜 철길. 아침이면 고깃배에서 내린 싱싱한 수산물을 저렴한 가격으로 살 수 있는 작은 포구가 이처럼 가까이 있다는 게 믿어지지 않을 정도. 이제는 부산의 랜드마크가 된 광안대교를 중심으로 한 광안리에는 세련된 인테리어로 무장한 카페보다 분위기 있는 민락수변공원이 있다. 이곳은 우아한 아름다움을 자랑하는 광안대교 야경을 배경으로 가까운 민락회타운에서 떠온 회를 곁들여 술 한 잔 하며 얘기꽃을 피우는 사람들로 가득하다. 다누비 꼬마열차를 타고 도는 태종대❷는 예나 지금이나 부산 대표 관광 명소. 해송을 비롯해 파도치는 바다가 아찔하게 내려다보이는 기암절벽, 영도등대가 있다. 미포에서 달맞이고개로 이어지는 길인 문탠로드❸는 은은한 달빛을 받으며 '구름에 달 가듯이' 산책하는 운치 있는 코스. 문탠로드 중턱에서 바라본 동백섬과 광안대교 야경이 매력적이다. 화랑가로 재탄생한 달맞이고개는 세련된 인테리어의 카페와 레스토랑이 있는 데이트 코스다. 해안길이 아름다운 해맞이 명소인 이기대 도시자연공원은 해맞이공원으로 가는 해안길이 절경이다. 멀리 동백섬에 있는 누리마루 전망이 좋고 이기대 전망대에서 감상하는 바다도 멋지다.

미포항
주소. 부산시 해운대구
중동 957-15

민락회타운
주소. 부산시 수영구
민락동 181-84
문의. 051-757-3000

태종대
주소. 부산시 영도구
동삼 2동 산29-1
문의. 051-405-2004

문탠로드
주소. 부산시 해운대구
중동 991-6
문의. 051-749-4000

📷 부산의 문화공간

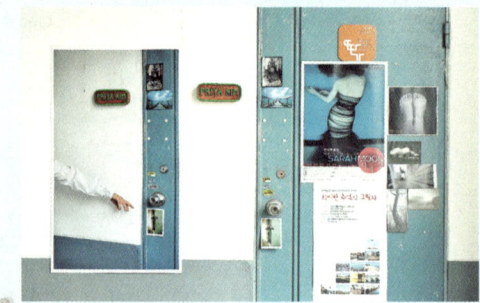

부산 특유의 문화 컬러를 찾기 위한 움직임이 활발한 부산에는 요란하지 않으면서 제 빛깔을 은은하게 발하는 문화공간들이 의외로 많다. 그 가운데 격조 높은 사진전문 갤러리인 고은사진미술관❶과 사진평론가 진동선 씨가 운영하는 해운대의 카페 루카❷는 사진에 관심 있는 여행자라면 꼭 들러보면 좋을 곳이다. 부산 출신인 임응식, 최민식 작가 등 우리나라 사진 역사의 큰 줄기를 이루는 쟁쟁한 작가를 배출한 부산답게 고은사진미술관은 순수미학적인 현대사진을 전시하는 본관과 다큐멘터리 사진을 전시하는 신관인 컨템포러리 사진미술관을 갖추고 있다. 중앙동 40계단 문화관광 테마거리에 위치한 원도심 집단창작 공간 또 따또가❸에는 사진 커뮤니티 공간 기프트, 독립영화 갤러리 보기드문, 수공예 아트숍 은여우 등 모두 18곳이 입주해 있다. 삼나무향기 젬마의 작업실❹은 보수동 책방골목에 위치한 인테리어 목공가구점 겸 카페. 컬러 감각이 뛰어난 폭탄머리 여주인 젬마의 빈티지한 목공가구와 소품이 있는 따뜻하고 개성 넘치는 공간이기도 하다.

① 고은사진미술관
주소. 부산시 해운대구 중동 1로 37번길 10
운영. 10:00-19:00
(매주 월요일 휴무)
문의. 051-744-3924(본관),
051-746-0055(신관)

② 카페 루카
주소. 부산시 해운대구 중동 1376-13 1층
운영. 11:00-22:00
(매주 월요일 휴무)
문의. 051-744-3570

③ 또따또가
주소. 부산시 중구 중앙동 3가 12-3 미진빌딩 3층
문의. 051-469-1978

④ 삼나무향기 젬마의 작업실
주소. 보수동 책방골목 내
문의. 010-2560-6958

📷 바닷길 드라이브

죽성성당
주소. 부산시 기장읍
죽성리 134-7

해동용궁사
주소. 부산시 기장군 기장읍
시랑리 416-3
문의. 051-722-7744

항구 도시인 부산에서 가장 때 묻지 않은 소박한 바다가 있는 기장은 도심의 바다와 전혀 다른 얼굴을 보여준다. 부산에서 가장 넓은 면적을 가지고 있는 기장군은 대중교통이 불편하기 때문에 승용차를 이용해서 드라이브 여행을 즐기는 것이 좋다. 임랑해수욕장에서 출발하여 남쪽으로 해운대 위쪽의 송정해수욕장까지 31번 국도와 해안도로를 따라 드라이브하다 보면 다양한 풍경의 바다와 전형적인 어촌 풍경이 번갈아 나타나며 차를 멈추게 한다. 먼저 부산 시민들이 즐겨 찾는 여름 피서지로 맑은 바닷물이 좋은 임랑해수욕장과 일광해수욕장, 그리고 드라마 〈드림〉 세트장이었던 기장해변의 예쁜 죽성성당에 들른 후 대변항으로 향하자. 멸치와 미역이 꼬들꼬들 말라가는 항구를 따라 길게 늘어선 젓갈, 멸치, 미역을 파는 아주머니들과 관광객들로 활기를 띠는 대변항을 지나 재미있는 모양의 등대들이 파노라마로 펼쳐지는 연화리 바닷가를 지나 오랑대, 해동용궁사, 송정해수욕장을 둘러보는 것으로 드라이브 여행을 마무리하면 된다.

📷 부산 아쿠아리움

부산 아쿠아리움의 매력은 다른 수족관에서는 보기 힘든 희귀어종과 체험 프로그램이다. '한국의 인어' 상괭이 두 마리❶를 캐릭터로 내세운 이곳은 상괭이뿐 아니라 개복치, 해룡, 다양한 종류의 해파리와 말미잘, 상어, 대형 가오리, 바다거북 등이 유유히 헤엄쳐 다니는 7m 대형 산호수조가 있어 한 자리에서 세계 바닷속 탐험을 즐길 수 있다. 특히 유리보트를 타고 상어를 가까이에서 볼 수 있는 상어투명보트, 거대한 상어들이 헤엄쳐 다니는 수조에서 상어와 함께 다이빙을 즐길 수 있는 샤크다이브, 의자에 앉아 3D로 바닷속 탐험을 즐기는 3D 라이더 등 단지 보는 것뿐만 아니라 체험과 공연을 통해 해저 탐험을 실감나게 할 수 있다. 사진 촬영시에는 내부가 어둡고 물고기의 움직임이 빠르기 때문에 최대한 감도를 높이고 셔터 속도를 확보하는 것이 관건.

주소. 부산시 해운대구 중 1동 1411-4
운영. 10:00-19:00(월-목), 09:00-21:00(금-일)
비용. 어른 21,000원, 어린이 15,000원
문의. 051-740-1700

📷 테라 게스트하우스

홀로 떠난 부산 여행에서 잠자리 찾기에 불편함을 느낀 여행자라면 자갈치마켓 7층에 위치한 테라 게스트하우스에서 묵어보자. 매일 갈아서 세팅하는 호텔식 화이트 순면 침구❶와 호텔 바 같은 로비 겸 카페, 그리고 전체적으로 여유로운 공간 활용 등 게스트하우스에 대한 고정관념을 깨는 곳이다. 부산항에서 걸어갈 수 있는 거리라 배편을 이용해 부산에 도착한 세계 각국의 외국인 배낭여행자들로 늘 북적인다. 남포동이나 광복동, BIFF 광장이 지척이고 자갈치시장이 바로 곁에 있어서 관광 명소 접근성도 좋다. 무엇보다도 테라스에서 바라보는 부산항 전망❷은 부산 게스트하우스 중 최고로 꼽힌다.

주소. 부산시 중구 남포동 4가 37-1 운영. 체크인 15:00, 체크아웃 11:00 비용. 비수기 주말 기준 도미토리 25,000원, 룸 70,000-170,000원(조식 제공) 문의. 070-4136-5014

숨 게스트하우스

주소. 부산시 중구 광복동 1가 15-5
운영. 체크인 15:00,
체크아웃 11:00(조식 제공)
비용. 비수기 주말 기준 도미토리
25,000-28,000원, 룸 60,000원
문의. 070-8837-0700

광복동 용두산공원 입구에 자리 잡은 숨 게스트하우스는 직접 페인트칠하고 손으로 그린 벽화 등 하나하나 주인장의 손길이 느껴지는 인테리어가 인상적이다. 배낭여행 마니아인 주인장의 배려가 곳곳에 느껴지는 이곳은 아늑한 느낌을 준다. 비교적 저렴한 숙박비와 스태프들의 친절하고 유연한 서비스, 그리고 다른 여행자들과 어울려 여행정보를 공유하는 배낭여행 문화가 숨 쉬는 곳이다. 매일 밤 맥주 한 병으로 내외국인 게스트들이 함께 모여 글로벌한 우정을 나누는 공간인 지하 클럽❶과 조식을 먹고 커피도 마시는 나무로 마감된 편안한 휴게실이 있다.

에필로그

독특한 여행서

이 책은 에세이와 시, 여행 정보가 어우러진 구성, 그리고 도시의 로망을 일깨워 독자 스스로 여행을 디자인하는, 좀 독특한 책이다.

처음 이 책을 함께 기획했던 에디터는 내게 '인문학에 바탕을 둔' 깊이 있는 원고를 주문했고, 맛집에, 여행지에 시 한 편씩을 붙여 짧지만 강렬하게 촌철살인의 묘를 살려주길 원했다. 말은 쉬웠다. 하지만 한 그릇의 시래기국을 비롯해 각각에 맞는 수백 편의 시를 지어야 했을 때 속으로 '이건 미친 짓이야! 너라면 이 모든 대상을 다 시로 표현할 수 있어?'를 몇 백번 반복했는지 모른다. 어쨌거나 그로 인해 책의 느낌이 색다른 것도 사실이고 오랜 기간 동안 '사물을 시로 표현하는' 훈련 덕분에 이젠 변기 뚜껑을 보고도 시가 흘러나올 정도가 되었다.

이 책은 로망과 감성의 옷을 두르고 나지막하게 여행 이야기를 들려주고 있지만 두 작가의 모험심 충만한 취재로 인한 잊지 못할 에피소드는 셀 수 없이 많다.
평창에서 허벅지까지 쌓인 눈발 속을 어기적거리며 황태덕장을 찍던 일, 빙판길에서 핑그르르 차가 몇 바퀴 돌던 아찔한 기억, 거의 눕다시피 달리던 요트의 캐빈 안에서 무려 7시간을 버티며 컵라면을 먹던 일, 영하 29.5도 혹한기에 시동이 걸리지 않는 차 때문에 긴급출동만 다섯 차례 했던 일, 숲에만 들어가면 모기떼에게 헌혈을 했던 일, 주전자가 바뀔 때마다 안주가 업그레이드되는 전주 막걸리집에서 마시지도 못하는 막걸리를 세 주전자까지 비우다 만취했던 일······.

특히, 맛집 취재가 압권이었다. 맛집 한 곳 한 곳마다 주방까지 쳐들어가 일일이 요리 과정을 다 찍었으니 말이다. 혹시 〈먹거리 X파일〉이 아닌가, 군청 위생과에서 나온 게 아닌가 하고 의심의 눈초리를 보내기도 했지만 대부분의 맛집 사장님들이 흔쾌히 요리 과정을 보여 주신 덕분에 알찬 사진과 정보를 얻을 수 있었다. 감사한 일이다.

쉽지 않은 원고, 까다로운 작가들 때문에 무진 고생을 했을 고현진 편집장님과 디자이너 미지 씨에게도 깊은 감사의 마음을 전한다. 어쨌거나 결코 평탄치 않은 운명을 안고 이제야 세상에 선보이게 되는 이 책에 대한 독자들의 반응이 궁금하다.

사실 이 글을 쓰고 있는 내 여행의 로망은 '마음 가는 도시에서 한 달씩 현지인처럼 살아보기'다. 이 책은 그 로망을 위한 전초전이고 아마 몇 년 후쯤에는 열두 도시를 옮겨 다니며 살고 있을지도 모른다. 그리고 우리가 한 여행에 대한 끝없는 이야기와 모험담을 듣고 누군가 그런 식으로 여행을 떠나서 좋았다고 말해준다면 정말 행복할 것이다.

낭만을 찾아 떠나는
소도시 감성여행

초판 1쇄	2013년 10월 25일
초판 2쇄	2014년 9월 25일
지은이	염관식·옥미혜
발행인	양원석
편집장	고현진
디자인	김미지
해외저작권	황지현, 지소연
디자인	문태일, 김수진
영업·마케팅	김경만, 정재만, 곽희은, 임충진, 장현기, 김민수, 임우열 송기현, 우지연, 정미진, 윤선미, 이선미, 최경민
펴낸 곳	㈜알에이치코리아
주소	서울시 금천구 가산동 345-90 한라시그마밸리 20층
편집 문의	02-6443-8891
구입 문의	02-6443-8838
홈페이지	http://rhk.co.kr
등록	2004년 1월 15일 제 2-3726호

© 염관식·옥미혜 2013

ISBN 978-89-255-5151-7(13980)

○ 이 책은 ㈜알에이치코리아가 저작권자와의 계약에 따라 발행한 것이므로
본사의 서면 동의 없이는 책의 내용을 어떠한 형태나 수단으로도 이용하지 못합니다.
○ 잘못된 책은 구입하신 서점에서 바꾸어 드립니다.
○ 가격은 뒤표지에 있습니다.

RHK 는 랜덤하우스코리아의 새 이름입니다.